メディア・リミックス

デジタル文化の〈いま〉を解きほぐす

谷島貫太/松本健太郎

|編著|

ミネルヴァ書房

メディア・リミックス
デジタル文化の〈いま〉を解きほぐす

目　　次

デジタル文化をめぐるビフォー／アフター

谷島貫太

　「メディア・リミックス」という言葉はどこの辞書にも載っていない。もしこの言葉に少しでも馴染みを覚えるとすれば，それは既存の二つの表現から派生して作られたものだからだろう。「メディア・ミックス」は，あるコンテンツをメディア横断的に展開させていくビジネスモデルを指す言葉だ。「リミックス」は，既存の音源を編集し直して新たな作品に仕上げていく手法を指す言葉だ。「メディア・リミックス」は，これら二つの言葉を合成して作られている。二つの言葉を衝突させて，空っぽの器としてできあがったのが「メディア・リミックス」だ。この言葉には，だからまだ中身はない。いまここで作られた言葉なので，定義や用例も存在しない。あるのは，「メディア」と「リミックス」という二つの言葉が結びつくことで生まれるイメージ喚起力だけだ。

　「リミックス」という言葉は，通常の用法では音楽の領域での音響的な諸要素の組み換えのことを指す。一つの完成された曲を構成する音の諸要素を，その有機的なつながりから切り離し，新たな曲として組み換え直す。そこでは当然新たな要素も加えられるし，既存の音も変形させられる。本書のねらいはひとまずは，「メディア」に関わる諸要素の「リミックス」を考える，ということになるだろう。とはいえ「メディア」もまだ茫洋としている。そこで，「リミックス」が扱う領域を画定するための視点をもう少しだけ追加してみる。クドリー (2018: 10) はメディアをめぐる研究領域を，四つの頂点をもつ立体的なピラミッドとして整理している（**図表序-1**）。その四つの頂点として位置づけられている四つの研究領域を，それぞれが扱う対象に翻訳すると「技術／テクノロジー」「テクスト／コンテンツ」「オーディエンス／実践」「経済／権力」となる。仮にこれらを「メディア」がかかわる主な領域であると設定してみる

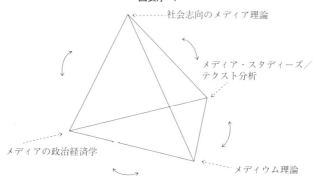

図表序-1

社会志向のメディア理論

メディア・スタディーズ／
テクスト分析

メディアの政治経済学

メディウム理論

と，「メディア・リミックス」が扱うかもしれない領域と対象の具体的なイメージをある程度絞り込むことができる。あなたがいま手に取っている書物というオブジェクトを例にとって考えてみよう。

　現在流通している書物の多くは，活版印刷以降の印刷の「技術／テクノロジー」によって制作されている。また書物を開くと，文字や図像からなる「テクスト／コンテンツ」が収められている。それらの内容は，読者による読みという「オーディエンス／実践」を通して体験される。そしてそもそも書物を読むという出来事は，商業的な流通ネットワークと，またどのような言葉や図像の流通が社会的に許されるのかに関する法制度という「経済／権力」に枠づけられている。これらの互いに相対的に自律した諸領域が複雑に交錯するところに，書物というオブジェクトが成り立っている。冊子型の書物の物理的な形状は，ページ内でのテクストの割り付けのスタイルや，書物を手に取りページをめくる読者の手の動きや，書物の流通を支える書店の本棚のサイズと緊密に「ミックス mix」されることで，一つの「ミクスチャー mixture」を形作る。

　安定した状況においては，ある時点で成立しているミクスチャーのありようは必然のようにみえる。しかしそれは錯覚だ。技術的イノベーションの歴史は，新しい技術の登場時点では，それがどのような実践とミックスされるかは常にきわめて流動的であることを示している。電子書籍が急速に普及しつつある現在，まさに書物をめぐるミクスチャーは流動化している。書物の形状（紙の冊

子，画面上のテクストデータ，オーディオブック etc.）も，テクストの形態（従来の
ページ，ハイパーリンク，縦スクロール etc.）も，読む実践（手でページを繰る，集
団的ブックマーク，移動中のオーディオ聴取 etc.）も，流通の形態（書店，amazon，
電子書籍配信 etc.）も多様化し，またそれらのミックスの仕方のバリエーション
も際限がない。長年紙の本を読んできた感覚の延長線上で電子書籍を読む読者
もいれば，電子書籍しか読まない若者が新鮮な感覚で紙の本を読んでみること
だってあるだろう。唯一の正しいミクスチャーなど存在しないのだ。

　メディアをめぐるある時点でのミクスチャーが，リミックスを経て別のミク
スチャーへと組み変わっていく。そのプロセスにつけられた名前がメディア・
リミックスだ。そして本書が焦点を当てるのは，デジタル技術にともなって引
き起こされたリミックスのプロセスである。

＊

　デジタル技術は世界を大きく変えた。誰もがそう言っている。その主張が言
わんとしていることに間違いはないだろう。しかしデジタル技術を主語とし，
世界を目的語とする文章を文字通りに受け取った瞬間，そこには問題が生じる。
そもそも技術自体が世界のなかで生み出されるものなのだから，世界の外側に
技術を位置づけ，それが一方的に世界を変えたとする捉え方に問題があるのは
自明だ。メディアをめぐる社会的な変化を扱うとき，どこかに変化をもたらす
主語を設定しようとすると必ず困難にぶつかってしまう。メディア・リミック
スという見方に利点があるとすれば，それはどこにも主語を設定しないという
点だ。ある時点でのメディアをめぐるミクスチャーがあり，それがリミックス
されていく。それ以上でもそれ以下でもない。

　重要なのは具体的な記述だ。いつ，どこで，どの領域で何をめぐってどう
いったミクスチャーが成立しており，それがどのようにリミックスされていっ
たのか。本書に収められた各論考は，それぞれの事例に焦点を当てながら，デ
ジタル文化に関わるメディア・リミックスのプロセスの具体的な記述を積み重
ねていく。大局的な変容プロセスを浮かび上がらせるのは，必ずしも俯瞰的な

視点だけではない。メディア条件の変化にともなってもたらされた衝撃は社会のあらゆる場所で反響しているが，その響き方は不均質だ。現代社会を織りなす複雑な地層は，叩く場所によって大きく異なる響きを返してくる。本書に収められた一つ一つの論考は，それぞれの地点で地層に刺さるスコップである。そうして集められた多種多様の響きの積み重ねに耳を傾ければ，やはり一つの基調が聞こえてくるはずだ。

　本書では全体として，デジタル技術とインターネットが社会のインフラとなっていった1990年代半ば以降に生じた大きな変動を一つの境目とみなし，デジタル文化をめぐっての〈ビフォー〉と〈アフター〉のコントラストに着目する。各論考はそれぞれの視点で，〈ビフォー〉と〈アフター〉の間に生じたメディア・リミックスのプロセスを取り上げていく。もちろん世界の変化は常に連続的で，〈ビフォー〉と〈アフター〉を分ける単純な切断などは存在しない。しかし変化が連続的であることと，大局的な転換を見出しうることもまた矛盾しない。近くにいると果てしない連続体にしか見えなくても，俯瞰で見ると明らかに大きな変容が生じている。変わってないけど変わっている，変わっているけど変わってない。メディアをめぐるこの微妙な変容のプロセスを具体的に捉えようとするのが，メディア・リミックスという標語だ。何かがいっぺんに変わってしまうということはない。単純な切断や転回という言葉では取り逃がされるものがあまりに大きい。どこかに小さな変化が生じる。しかし他の部分は変わらない。変化した要素と変化しない要素が結びつく。そのうち別の要素も変化しはじめる。結びつきの新たなバリエーションが生まれる。ずっと変わらない要素も，新たに変化した要素と結びつくことで働きを変えていく。何かが一挙に変わるわけではない。しかし部分的な変化と，また結びつきのバリエーションの変化が蓄積していく。リミックスに次ぐリミックス。するとある瞬間にまったく新しい風景が立ち現れる。個体レベルの遺伝子変異の蓄積が，いつしか新たな種の分岐に結びつくように。デジタル文化をめぐっての，近くで見ると微細な変化の積み重ねでありながら，しかし遠くから見ると明らかに風景を一変させている変化を，本書は描き出していく。

　それぞれの論考が扱う時間スパンはさまざまだ。デジタル時代の変容を結果的に準備することとなったプロセスに焦点を当てるものもあれば、デジタル文化の最新の動向に焦点を当てるものもある。ただしどの論考にも共通するのは、書き方にグラデーションはあるにせよ、大局的にとらえられた〈ビフォー〉と〈アフター〉の構図をもとに議論が進められている点だ。それらの議論を重ね合わせることで、わたしたちが今まさに巻き込まれているデジタル文化をめぐる変容を、立体的に浮かび上がらせていくことが本書のねらいだ。

＊

　メディア・リミックスに主語は存在しないと書いたが、しかし視点は存在する。メディアをめぐるミクスチャーは、技術、コンテンツ、実践の主体、ビジネスや権力のどこに視点を置くかで当然見え方が変わってくる。本書に収められた各論考もまた、それぞれの視点からメディア・リミックスを捉えている。本書では、論考が立脚する視点に応じて全体が二つのパートに分けられている。以下では各部・各章の内容を簡単に紹介していく。

　第Ⅰ部は「メディア」と「コンテンツ」に視点を置く論文を収めている。

　第1章の谷島貫太「アテンションのリミックス──なぜYouTuberはコラボするのか」は、「アテンション資本」という概念を手がかりに、YouTuberの実践を例としながら、デジタル化されたメディア環境において人びとが集めることのできるアテンションの量が、数字として可視化されることで生じている変化を論じる。第2章の水島久光「放送のリミックス──その「結び目」の緩みと「時間」」は、テレビの放送局によってナショナルかつ公共的なものとして統合されてきた時間性が、デジタル技術がもたらした新たな情報環境において流動化し複数化しつつある状況について、ドキュメンタリー番組『河瀬直美が見つめた東京五輪』の分析を通して論じる。第3章の西兼志「アイドルと生イベントのリミックス──リアル化するメディア環境とももいろクローバーZ」は、生身であること、生（ライブ）であること、リアルであることの意味合いが、デジタル技術によって多元化し組み替えられつつあるという事態を、

コロナ期間中のアイドルのライブイベント，とくにももいろクローバー Z の
ライブイベントの分析を通して論じる。第 4 章の塙幸枝「笑いのリミックス──
──コンプライアンス社会と「痛みを伴う笑い」」は，罰ゲームやドッキリなど
のテレビ演出における「痛みを伴う笑い」を題材とし，かつてはテレビで表象
される痛みを笑いとして受容することを可能としていた暗黙の了解が，SNS
などの新たなコミュニケーション環境のなかで機能しなくなり，代わりにコン
プライアンスにもとづく表現上のリスク回避の動きが支配的になっていく力学
を論じる。第 5 章の近藤和都「映像のリミックス──映画から配信へのメディ
ア史」は，映像視聴を支えるテクノロジーが映画，テレビ，ビデオ，そして現
在のオンライン配信へと切り替わっていくプロセスのなかで，映像受容の時間
性，空間性そして操作性がどのように組み変えられていったのかを論じる。第
6 章の大塚泰造「マーケティングのリミックス──映画広告のビフォー／アフ
ター」では，2001 年公開の『千と千尋の神隠し』と 2020 年公開の『劇場版「鬼
滅の刃」無限列車編』という 2 本の映画作品のプロモーションの比較を通して，
マスメディアへの露出をベースとするコントロールされたマーケティング戦略
から，SNS 上での自発的な発信を刺激するユーザーを主役としたマーケティ
ング戦略への変容を論じる。第 7 章の阿部卓也「ブックデザインのリミックス
──DTP による「民主化」と，失われたもの」は，ページ上に文字を組んで
いく作業である組版を題材とし，日本における金属活字の時代から，写真技術
を基盤とした写真植字の時代を経て，デジタル技術を基盤とした DTP（デス
ク・トップ・パブリッシング）の時代にいたる組版プロセスの変化を検討するこ
とで，ページ上の文字の成立条件の組み換えを論じる。第 8 章の松井広志「デ
ジタルメディアと趣味のリミックス──ゲーム機の「改造」から」は，ゲーム
機というハードウェアの改造という実践に着目し，2000 年前後を境に紙の雑誌
からインターネットのサイトへと改造に関する知識の共有手段が変わり，また
デジタル化の進展によってパーツの規格化が進みパーツの入手が容易になった
ことで，改造行為をめぐる配置が根本的に変容していったことを論じる。第 9
章の松本健太郎「「ゲーム化する世界」のリミックス──デジタル空間におけ

る虚実のカップリングとその変容」は，「Pokémon GO」と「あつまれ　どうぶつの森」というそれぞれの形でリアルな空間性をゲームのなかに持ち込んでいる二つの事例を通して，ゲームにおける虚構と現実の浸透と，さらにはそれと並行して進みつつある「世界のゲーム化」のありようについて論じる。

　第Ⅱ部は「社会」と「経済」に視点を置く論文を収めている。

　第10章の石野隆美「共有のリミックス——シェアリングエコノミーがつくる「接続」と「切断」」は，「共有／シェア」をベースとする経済活動を，現代におけるコミュニケーションのプラットフォームとなっている SNS との親近性を切り口とすることで，「つながること」と「切断すること」とを重ね合わせる両義的な現象として論じる。第11章のポンサピタックサンティ　ピヤ「アジアにおける広告のリミックス——テレビ広告におけるジェンダー役割の変容」は，1970年代から2020年代にかけてのタイの広告におけるジェンダーイメージの分析を通して，SNS などの新たなメディア環境の登場を背景としながら，ステレオタイプ的なジェンダーイメージが次第に多様化していくプロセスを論じていく。第12章の遠藤英樹「観光のリミックス——情動の産業化」は，映画が観光地の記号を作り上げていく従来のフィルムツーリズムと，SNS 上でユーザーたちが能動的に観光地の記号を作り上げていく近年登場しつつある新たな観光実践との比較を通して，観光地での体験の原理が編成し直されていくプロセスを論じる。第13章の新井克弥「テーマパークのリミックス——カスタマイズされるディズニーランドとゲストたち」は，消費社会の聖地として機能してきたアメリカのディズニーランドにおける中心化されたまなざしの構造が，現代の日本の東京ディズニーリゾートにおいては，とくに現代では SNS 上のコミュニケーションと結びつくことで，来園するゲストたちが能動的にカスタマイズする流動的なまなざしの場へと変容していることを論じる。第14章の鈴木涼太郎「おみやげと旅行写真のリミックス——観光経験の記録と共有をめぐるモノとパフォーマンスの再編」は，写真を撮り，おみやげを持ち帰るという観光行為が，簡単に写真を撮影し共有することを可能とするスマホと結びつくことによって生じた変化に着目することで，観光におけるモノと人，そしてふ

るまいの結びつきの再編成を論じる。第15章の福島幸宏「歴史好きのリミックス――日本におけるパブリックヒストリー」は，歴史学の外側で展開される歴史記述と歴史表象の実践であるパブリックヒストリーを取り上げ，インターネットやSNSという新たなメディアの登場を背景とする歴史をめぐる語りの力学の変化を，歴史好きというカテゴリのなかにアマチュアとファンという区別を導入することで論じる。第16章の増淵敏之「歴史と物語のリミックス――コンテンツツーリズムにおける歴史のフィクション化を題材に」は，歴史的人物および関連する史実のフィクション化が，コンテンツツーリズムと結びつくことによって地域のまちおこしのリソースとして機能していくとともに，地域のアイデンティティ形成を支えるリソースとしても機能していくダイナミズムを論じる。第17章の岡本健「コンテンツ文化のリミックス――「ゲーム実況／VTuber／聖地巡礼」を研究する視点とその変容」は，VTuberが登場するテレビ番組，およびホラーアドベンチャーゲームのコンテンツツーリズムという二つの事例をめぐる筆者自身のフィールドワーク実践を通して，フィクションと現実がメディアを介して複雑に絡み合うことで成立する文化現象をめぐるフィールドワークの可能性とその条件を論じる。第18章の藤野陽平「エスノグラフィのリミックス――スマホ時代の人類学とアフター・コロナ時代の人類学」は，人類学者の観点から，ネットワークへの接続によって特定の場所では完結しない出来事をめぐるフィールドワークの実践と，さらにはネットワークによって相互に接続されたモノに取り囲まれた日常という現代のリアリティを踏まえたうえで，デジタル文化時代のエスノグラフィの可能性について論じる。

　いうまでもないことだが，「メディア」「コンテンツ」「社会」「経済」というそれぞれの視点は，決して互いに排他的な領域を画するものではない。それらは多くのトンネルでつながっている。実際，上に挙げられた論考の一つ一つを詳しく見ていくと，メディアの視点で論じ進めていく途中で経済の領地を掘り当てたり，あるいは社会を入り口としていつのまにかコンテンツの領地に足を踏み入れていたりといったケースがいくらでもある。各パートの分類は，あくまでも各論考がスコップを入れはじめた地点に掲げられた看板によるものに過

ぎない。

　1章から18章まで，各章はテーマや題材，視点に従っておおまかな流れを作るように配置されている。しかし同時に各章はさまざまなトンネルでお互いにつながってもいる。それに章ごとに掘りはじめる地点が異なっていたとしても，現代のメディア文化を支えるデジタル技術をめぐる問いという地盤には必ずぶつかることになる。だから章の順番を無視して，気になるところから読んでいってもまったく問題はない。どこを掘り進んでいっても，結局はそこでスコップが奏でる響きにはデジタル文化の音色が含まれているのだ。それらをいわば音源として，読者一人一人がデジタル文化をめぐるそれぞれの理解をリミックスしていくための音源集として本書が機能することを願っている。

引用・参考文献

クドリー, N., 山腰修三監修・訳（2018）『メディア・社会・世界――デジタルメディアと社会理論』慶應義塾大学出版会。

第Ⅰ部

「メディア」と「コンテンツ」のメディア・リミックス

第1章

アテンションのリミックス
なぜ YouTuber はコラボするのか

谷島貫太

1　はじめに

　有名人の歴史は長く，有名であることの内実もメディアの進展によって変化
しつづけてきた。[1]しかし有名人がもつ影響力が現代におけるほど明示的に数値
として可視化されたことはなかった。このような新しい事態を可能としたのは，
いうまでもなくデジタルテクノロジーであり，有名人の可視性の新たな舞台と
して機能しているさまざまなデジタルプラットフォームだ。X（旧 Twitter）で
も Instagram でも TikTok でも YouTube でも，有名人の有名性はフォロワー
や登録者の数字として可視化されている。そしてこの変化は，有名人のあり方
やそのふるまいの戦略を大きく組み替えている。

　有名であるとは，多くのアテンション＝注目を安定的に集められることを意
味する。本章は，誰かに向けられているアテンションの規模が数値として可視
化されるようになった，という事態の周辺で生じているあるリミックスのプロ
セスを浮かび上がらせていく。第2節ではアテンション・エコノミー（注目経
済）をめぐる議論を振り返ったうえで，現代におけるアテンションをめぐる実
践の変容を分析する道具として，アテンション資本（注目資本）という概念を
提示する。第3節では，ビフォーの時代の時代としてのマスメディアにおける

---

(1)　写真が普及し新聞紙の発行部数が増加していった19世紀半ばを，英雄と区別されるものとしての
　　有名人という独自のカテゴリが登場した時期とするブーアスティンの議論（『幻影の時代』）がよく
　　知られているが，Krieken（2018）が整理しているように，18世紀の啓蒙の時代，宗教改革ととも
　　に活版印刷が広がっていた16世紀から17世紀，あるいはさらにそれ以前に有名人の誕生を見出すさ
　　まざまな議論がある。

アテンションの組織化のあり方を確認する。第4節ではアフターの時代としてのデジタルプラットフォーム時代におけるアテンションをめぐる実践，とくにYouTuber によるコラボという事例を検討する。以上の作業を通して，現代の私たちが新たな資本主義，アテンションをめぐる資本主義のただなかにあるという現実を考察していく。

2　貨幣としてのアテンションから資本としてのアテンションへ

(1)　資本としてのアテンション

インターネットの普及は，社会に流通する情報の量を飛躍的に増大させた。有料のコンテンツだけでなく，無料で消費できるコンテンツの量も膨大となった。結果として，手軽に手に入るコンテンツに絞ったとしてもとても消費しきれない，という状況が生まれることとなった。このような状況において，経済的な希少性は情報やコンテンツにではなく，むしろそれらを消費するアテンションの方にある，という主張するアテンション・エコノミー論が活発に語られるようになった。実際，ネット上のフリーのコンテンツがユーザーのアテンションを奪い合い，そうして集めたアテンションを広告主に販売して収益化していく，という状況は一般化している。ところでアテンション・エコノミー論においては，アテンションはしばしば通貨の比喩で語られてきた。たとえば私たちは，アプリゲームでボーナスを手に入れるために無料の広告を見たりする。これはいわば，ボーナス入手の対価として，通貨の代わりに自分自身のアテン

---

(2)　Simon（1971）が「情報の満ち足りた時代 information rich world」におけるアテンションの重要性を指摘したのは1971年だったが，実際にアテンション・エコノミーが実感として意識され，活発に議論されていくのはインターネットが普及し始めた1995年以後のことになる。

(3)　「われわれは皆，「アテンションエコノミー」に生きている。この新しい経済では資本，労働，情報そして知識は十分に供給される。（…）供給不足に直面しているのは人間のアテンションなのだ」，ダベンポート・ベック（2005）参照。

(4)　Goldheber（1997b）は「Attention Shoppers（アテンションの買い物客）」と題したウェブ記事の副題を「新しい経済の通貨となるのはもはや金ではない，アテンションだ」としており，ダベンポート・ベック（2005：9）は「今日，アテンションはビジネスや個人にとって，真の意味で通貨になった」と述べている。

ションを支払うという行為だ。ここではたしかにアテンションが通貨のように機能しているといえる。

　しかしその比喩には限界がある。現代のインフルエンサーは，SNSを駆使することで多くのアテンションを集めることに成功している存在だ。本章で取り上げるYouTuberも，成功している一部についてはインフルエンサーに当たる。このインフルエンサーたちが集めているアテンションが果たしている機能を見てみると，そこには通貨というメタファーでは扱えない何かが見て取られる。それは，集められたアテンションが，さらにより多くのアテンションを集めることを可能とする，という機能だ。アテンションがもつこの機能を，ゲオルク・フランクは「アテンション資本」と呼んだ（Franck, 2014）。使ってしまえばなくなってしまう通貨とは異なり，資本は損益をめぐるゲームを作動させる。株式市場に参加する投資家たちは，手持ちの資本をもとに利益を最大化しようと立ちまわり，勝ったり負けたりする。「アテンション資本の株式市場」（Franck, 2014 : 63）でも同じ状況が現われる。インフルエンサーたちは，手持ちのアテンションを資本として，より多くのアテンションを集めていくために立ち回る。そして多くの敗者を影として，わずかな勝者が光を放つことになる。

(2)　アテンションの資本主義

　アテンションの獲得をめぐるゲームはいたるところで展開されている。そのゲームを，資本として機能するアテンションという観点から位置づけ直すというのが本章の試みだ。YouTuberたちは日々新たな動画を投稿し，多くのアテンションを集めようと努力しているが，その競争はフラットなものではない。多くの登録者数を抱えるチャンネルは再生数を稼ぎやすく，逆に動画投稿をはじめたばかりの新参者には1,000回の再生も容易ではない。あらかじめ蓄積されている資本が大きければ大きいほど，ゲームを有利に運ぶことができる。そこには持つ者と持たざる者との不均衡な力関係からなる，資本主義社会の風景ができあがっている。もちろんその力関係は固定されたものではない。とくにSNS社会に入り，アテンションの富の流動性はますます高まっている。無名

から一気に成り上がるチャンスは大きくなっているが，同時に忘れられる速度も加速している。

　アテンション資本の損益をめぐるゲームについての考察は，そのゲームの前提条件となるメディア環境についての考察と不可分だ。上に述べたアテンションの富の流動性の変化は，誰でも広く発信することを可能としたSNSと明らかに結びついている。マスメディアの時代には，無名の個人が広範囲に発信することができる回路はきわめて限られていた。この参入障壁の存在が，あらかじめ多くのアテンションを集めている既存の有名人には有利に働いた。SNSはこの参入障壁を部分的に取り払ってしまった。加えてSNSは，フォロワー数などの形で，ある人が集めることができるアテンションの期待値としてのアテンション資本を数字として可視化した。この可視化もまた，アテンション獲得をめぐるゲームの環境を大きく変えたことは間違いない。自身のアテンション資本の増減をモニタリングし，また他者のそれと比較することが可能となったのだ。

3　マスメディアとアテンション

(1)　マスメディアとその特権性

　フランクが最初にアテンション資本という概念を提起したのは，1993年のことだった。この概念はその後，長い間注目を集めることはなかった。インターネットが普及しはじめた1995年以降のアテンション・エコノミー論の代表的な文献を見ても，フランクの名前およびアテンション資本という概念はしばらく登場しない。[5] SNSはおろかインターネットが普及しはじめる前の時点でアテンション資本の概念を提案していたフランクは，時代のかなり先を行っていた。[6] しかし早すぎたのはフランクだけではない。20世紀の初頭にガブリエル・タルドが名声を，性質を変えることなく増減する一種の「社会的量 quantité sociale」（Tarde, 1902：56）であると述べたとき，アテンション資本の概念はそう名指されていないだけですでにその輪郭がはっきりと描き出されている。タル

ドは加えて名声を数値化する「名声メーター gloriomètre」なる概念まで提示
しており（Tarde, 1902：56），フォロワー数やいいねの数が可視化される現在の
状況を100年以上前に先取りしている。

　アテンションの量を可視化する試み自体にはもちろん長い歴史がある。たと
えばテレビの視聴率は特定のテレビ番組に向けられたアテンションの量を示す
指標であるし，雑誌や新聞の発行部数も同様だ。しかしそれらは個人が集めう
るアテンションの量を示す「名声メーター」とは大きく異なるものだ。テレビ
の視聴率の例を考えてみよう。ある番組の視聴率が20％だったとする。その数
字は，その番組が集めることができたアテンションの量を示す指標となり，広
告を出稿するスポンサーからの収入に直結していく。では，20％の視聴率を集
めた番組のそれぞれの出演者が集めたアテンションの量はどのくらいだろう
か？　20％のうち，個々の出演者の貢献はそれぞれ何パーセントだろうか？　そ
の推定がまったく不可能というわけではないが，しかしSNSのフォロワー数
や登録者数のような形で数値化されることはない。[7]

⑸　インターネット以後のアテンション・エコノミー論の初期に当たる Goldharber（1997a），ダ
　ベンポート・ベック（2005）はもちろんのこと，その後それなりの時間が経過した2014年の時点でア
　テンション・エコノミーをめぐるさまざまな論点を包括的に検討している Webster（2014）にも，
　フランクの名前も資本としてのアテンションという概念も登場しない。フランクの議論に注目が集
　まるきっかけとなったのは，2014年のフランク論文の仏訳の登場だと思われる。Franck（2014）
　参照。その後，Citton（2014）などフランクのアテンション資本概念を正面から取り上げる議論も
　出はじめ，原著論文の発表から25年以上経過した2019年になって英訳が登場した。Franck（2019）
　参照。厳密には1999年に英訳が出ているようだが，あまり知られていない媒体に掲載されたことと，
　また翻訳自体にも多くの問題があったことからほとんど注目を集めることはなかったようだ。この
　点も含め，フランクのアテンション・エコノミー論の発展と受容については Krieken（2019）を参
　照。
⑹　ちなみに google で日本語の「注目資本」を検索すると「注目資本主義」というキーワードがわ
　ずかにヒットするが，これはアテンションに駆動される資本主義の意でもちいられているものだ。
　実質的にはアテンション・エコノミーとはほぼ同義であり，資本としてのアテンションという概念に
　着目したものではない。日本印刷技術協会（2010：29）参照。このような意味での attention capital-
　ism という言葉は英語圏のアテンション・エコノミー論でもしばしば登場する。日本語の「アテン
　ション資本」に関しては，近年のビジネス書で個人の脳が活用できるアテンションの量（たとえば
　メールをたくさん処理すると活用可能なアテンションが消耗する）といった意味で使われる場合も
　あるようだが，これも蓄積・運用可能なものとしての資本概念とは関係がない。池田（2022）参照。
　唯一の例外は2010年に公開された「twitter とアテンション資本」と題されたブログ記事で，X
　（旧 Twitter）のフォロワー数を動員可能なアテンション資本（注目資本）であるとみなす議論を
　展開している。Voleurknkn（2010）参照。ただしこれは筆者が大昔に書いたものだ。

マスメディアの時代には，集められたアテンションの数字が可視化されるのは番組や雑誌という単位でしかなかった。それは，番組や雑誌というものが，アテンション資本の取引が具体化される特権的な場であったからだ。SNS の時代とは異なり，マスメディアの時代には個人で活用することができる発信のためのメディアはきわめて限られていた。とくに個人が大規模なアテンションを集めようとする場合には，マスメディアに登場する以外の方法は皆無に等しかった。実際，かなりの知名度がある有名人でも，マスメディアにまったく登場することがなければすぐに忘れ去られてしまう。アテンション資本の世界では猛烈なインフレが常に進行しているようで，継続してメディアに露出することでアテンション資本を投資・運用していかないと，すぐにその価値は失われてしまう。この時代，多くの有名人はマスメディアに登場しつづけることによってのみ有名人でありつづけることができた。

⑵　アテンションの機関投資家としてのマスメディア

アテンション資本を取引する市場があるとすれば，マスメディアの時代には，そこでの取引に直接参加できるのはマスメディアだけだった。自身のメディアをもたない個人は，たとえ有名人であってもその市場に直接参加することはできず，マスメディアに仲介してもらうことでのみ間接的に市場に参加できた。テレビや雑誌に登場することが，間接的な市場参加の具体的な形だ。その番組や雑誌が多くのアテンションを集めることができれば，そこからのアテンション収益とでも呼ばれるものが，各参加者に分配された。無名の人がマスメディ

⑺　タレント個人がどのくらいの数字を持っているかを示す「潜在視聴率」という言葉がある時期からメディアに登場するようになった。これについて，視聴率を計測しているビデオ・リサーチ社に問い合わせたところ，同社からは「潜在視聴率」にはかかわっていないとの回答を得た。これはおそらく，広告代理店がスポンサー企業に出稿を営業する際の内部資料で使われている言葉であると思われる。

⑻　前述のフランクに加えて，Tarde（1902）も名声について繰り返し金融の比喩で語っている。ダベンポート・ベック（2005：9）は「ニューヨーク・アテンション取引市場」なるものを想像しているが，これはあくまでもメディアによって集められたアテンションに関するものでアテンション資本を扱う市場ではない。Webster（2014）がアテンションの「市場価値 market place」という表現をもちいる際も同様だ。

⑼　Franck は繰り返し「アテンション収益」という表現をもちいている。

アに登場して一気に有名になることもあれば，もとから有名な人がさらに足場を固めることもある。経済におけると同様，すでに資本をもっている者はあらかじめ有利な立場にある。有名人であればあるほど，マスメディアに登場してさらに有名になる機会を得やすい。

　マスメディア時代のアテンション資本の市場におけるマスメディアの役割は，個人投資家から資金を集めて金融市場で運用し，上がった利益に応じてそれを還元していく機関投資家に近い。[10] 金融の世界でも，かつては一般の個人投資家が直接市場で取引することは難しかった。個別の株の売買をする場合でも，個人投資家は希望を証券会社に所属するトレーダーに伝え，トレーダーがその取引を代行した。この状況はその後，ICT の発達を背景に，個人投資家たちの取引プラットフォームが整備されていくことで大きく変わっていった。その変化を可能としたのと同じメディア環境の発展が，アテンション資本の取引の世界も大きく変えていくことになる。

4　YouTuber とアテンション

(1)　アテンション資本をめぐるゲームのルールの変更

　現時点から振り返るとインターネットの普及は，アテンション資本取引の様相を根本から変容させる出来事だった。これまで個人がその取引に直接参入できなかったのは，発信のための個人メディアを有していなかったからだ。そのため個人はマスメディアの軒先を借りるしかなかった。しかしインターネットは，潜在的にあらゆる人に，あらゆる人へとつながることができるメディアを開放した。そしてこのことが，アテンション資本取引におけるゲームのルールを根本から変容させた。人びとは，マスメディアを経由せずに不特定多数のアテンションを集め，それをコントロールしていくことのできる環境を手に入れた。言い方を変えれば，個人単位でのアテンション資本の独立した投資・運用

---

[10]　「アテンションの財政システムは，専門的な金融サービスに頼っている。この仲買と銀行の機能はマスメディアによって保証されている」（Franck, 2013：155）。

の可能性が解放されたのだ。この新たなメディア環境が，アテンション資本という概念を求めているのだと言える。とはいえ理念として解き放たれたアテンション資本が，現実の実践として十分に具体化していくにはさらに時間が必要だ。

(2) アテンション資本家としての YouTuber

　現在の私たちが，個人単位で投資・運用されるものとしてのアテンション資本という概念を直感的に理解できるのは，個人が有するアテンション資本を指標として数値化するフォロワー数というものに日常的に触れているからだろう。[11]有名人というものは昔からたくさんいて，すごく有名な人からそこそこな人までレベルもさまざまだ。とはいえそれらの違いは感覚的なもので数値化されるものではなかった。しかし現在では，有名人が SNS アカウントをつくるとその有名性の程度が即座にフォロワー数という形で数値化される。そしてその数値は，その人物のメディア上でのさまざまなふるまいを通して増減していく。

　上にあげたのは有名人シナリオルートで，無名の人の場合には無名人シナリオルートが選択される。多くの場合，アテンション資本を運用するには最低限の元手が必要となる。フォロワー数ゼロのアカウントでなにを発信しても誰にも見向きしてもらえない。事業をはじめるには資本が必要で，誰もがそこで苦労する。成りあがるための戦略は，地道なものから過激なものまで数えればキリがない。ただしそこにも王道はある。金が欲しければ金を持っている人と知り合いになるのがいい。アテンションが欲しければ，多くのアテンションを集めている人に近づくのが近道だ。[12]

---

(11) Goldhaber（1997a）が「このようにアテンションを獲得することは，一種の持続する富を獲得することである。この富の形態は，新しい経済が提供する何かを手に入れる際にあなたを有利にしてくれる」と書いているとき，アテンション資本の概念はかなり近いところにある。ただし Goldhaber が「この富の形態」として例に挙げるのは，過去に自分の発言に興味を持ってくれた他者の個人的な記憶だ。過去の興味関心がフォロー行為やチャンネル登録などの形でプラットフォーム上に書き込まれるメディア環境に身を置く私たちは，アテンション資本という概念を理解する際にはるかに有利なところにいる。より後年の Lanham（2006：8）は，アテンションのある種の持続については非常にシンプルに「アテンションを必要になる時まで銀行に預けておくことはできない」と述べているが，今ではこれが技術的に可能になったことを私たちは知っている。

　金が金を引き寄せるように，アテンションはアテンションを引き寄せる。この原則は，持たざる者にとってだけでなく，持てる者にもとっても同様に羅針盤となる。YouTuberはひたすらコラボをしている，と書くとすこし言い過ぎかもしれないが，しかしYouTubeでチャンネルを運営しているYouTuber同士が互いの動画に出演しあうコラボという形態は，YouTuberの活動のなかでも最も一般的なものの一つだ。そしてこのコラボの実現に際しては，アテンション資本が大きくものをいう。実際にはコラボはさまざまな動機で行われるが，アテンション資本の投資活動という観点から考えると，アテンション資本を有していない相手とコラボすることの意味は薄い。相手のチャンネル登録者が新たに自分のチャンネルに登録してくれることをあまり期待できないからだ。逆に言うと，自分よりもチャンネル登録者数がはるかに多い相手とコラボすることのメリットはきわめて大きい。必然的にYouTuberのコラボは，それぞれのチャンネルが有するアテンション資本の規模に見合った相手と行われることが多くなる。登録者数が増えればより多くの登録者数を有するチャンネルとコラボできる可能性が生まれ，そういった相手とコラボできればさらに登録者数を増やす機会を得られる。YouTuberには，個人に開放されたYouTubeというプラットフォーム上での投資・運用を通して自身の価値を高めていくアテンション資本家という側面がはっきりとあるのだ。

<hr />

(12)　「他の誰かがもっているアテンションの財産が，私自身の収入の源泉となる。名声とただ距離的に近いというだけで，十分にいくばくかの名声をもたらしてくれる」（Franck, 2014：62）。
(13)　Citton（2014：79）は，アテンション資本主義のメカニズムを「循環的な自己強化ダイナミズム：すなわちアテンションがアテンションを引き寄せる」であるとしている。
(14)　「すべての疑似イベントがもっているきのこのような増殖力をもって，有名人はさらに多くの有名人を生み出す。彼らはおたがいを作り出し，ほめ合い宣伝し合う。彼らは有名であることによって人に知られているので，彼ら相互の間の関係を人に知られることによっても，いっそう有名人としてのイメージを強める。こうした一種の共棲によって，有名人は相互に依存している。有名人は他の有名人の冗談の種になることによって，他の有名人の愛人や前の妻であることによって，他の有名人のゴシップの話題になることによって，あるいは他の有名人から無視されることによって，ますます有名になる」（ブーアスティン，1964：74）。
(15)　「野心は小さなチャンスをそのつどつかまえる。そしてそのようなチャンスは，大きな資本が生み出す熱気のなかで豊富にもたらされる」（Franck, 2014：63）。

(3)　アテンションの二重の可視化

　YouTuber が集めるアテンションを可視化する数値として，登録者数ともう一つ重要となるのが個々の動画の再生数だ。この数値は，実際に個々の動画が集めることのできたアテンションの総量の指標となるものである。しかし YouTube というプラットフォーム上において，再生数の数値はそれ以上の意味をもっている。というのも，再生数が伸びるとプラットフォームのレコメンデーションシステムによって拾い上げられ，より多くのアテンションを集める機会に直結するからだ。つまり多くの人に視聴されたという事実が，YouTube というプラットフォームによって，より多くの人に見られるかもしれないという可能性へと変換されるのだ。

　加えて再生数の多さは，動画そのものの訴求力を直接に底上げする。YouTube のインターフェースでは，それぞれの動画は再生数と合わせて表示される。再生数が多いという事実は，その動画に見る価値がある可能性が高いことを示す指標として機能する。大量の出版物のなかからベストセラーとなったごく一部の書物は，帯や書店のポップ，広告のキャッチコピーなどで発行部数の数字を強調される。YouTube はこれと同じことを，リアルタイムでしかもすべての動画に対して行っているといえる。多くの人に可視であること，これが有名人を可能としたマスメディア的な可視性であった。しかし現代では，その可視性はバージョンアップされている。すくなくとも YouTube というプラットフォーム上の有名人は，登録者数や再生数などによってどのくらいアテンションを集めているのかという数値とともに可視化されるのだ。

　ところで YouTuber の活動を通して運用されるアテンション資本の動きは，

---

(16)　「検索とレコメンデーションのシステムは，もっとも多くの表示数，いいね数，内部リンク数といったものの順位で結果を順位づける。ユーザーたちがこのレコメンデーションに従うため，持つ者がより多くを手に入れることになる」（Webster, 2014：18）。

(17)　Beller（2006：78）は，現代のメディア環境では見ること自体がすでに一種の買うことであり，それゆえそれだけで価値を生みだす労働として機能していると指摘している。YouTube で一本の動画を再生することは，その動画がレコメンデーションシステムに拾い上げられる可能性を上げるという点で，いわばその動画のプロモーションの仕事をしていることと等価である。再生数やフォロワー数を販売するビジネスが成立するのはそのためだ。

YouTubeというプラットフォームの仕組みによって徹底的に規制，管理されている。重要であるのは，YouTubeというプラットフォーム自体が，多くのアテンションを集めれば集めるほど，さらに多くのアテンションを呼び込むことができるというアテンション資本主義の原理に貫かれている，という点だ。YouTubeに動画が投稿されるのは，そこには莫大なアテンション資本が眠っているからであり（多くの人が暇があったらとりあえずYouTubeを開く），誰もが動画の投稿先にYouTubeを選ぶからみんなそこに集まることになる。YouTuberたちはあくまでも，YouTubeというプラットフォームが管理する天文学的な規模のアテンション資本の運用ゲームに参加するプレイヤーにすぎない。そこでの各プレイヤーたちの成功はすべて，プラットフォームによるアテンション資本の運用パフォーマンスに貢献することになる。このことはそのほかの代表的なSNSの多くにも同様に当てはまる。本章はYouTuberというアテンションの個人資本家に焦点を当てたが，その分析は，それらの個人資本家に活動の場を提供しているプラットフォーマーの分析に補完されることでより十分な意義を発揮するだろう。

5　まとめ

アテンション資本をめぐる実践の歴史を遠くから俯瞰すると，そこには明確なビフォーとアフターがあるようにみえる。たとえばフォロワー数や動画の再生回数がリアルタイムで数値として可視化される，ということはある時点までは考えられえなかった。しかし目線を近づけてみると，その境界の輪郭がどうにもはっきりしないことにも気づかされる。たとえばSNSが登場する前のブログ時代のRSSフィードの登録者数は，数値化されたアテンション資本では

---

(18)　Citton（2014：75）は，どのような質のアテンションをどれだけの規模で集めているかを測る「可視性の存在論 ontologie de la visibilité」について触れている。SNS上で活動する現代の私たちは，常に他者から集めているアテンションのありかたによっても存在のありかたを規定されている。フォロワーが100人（でもみんないい人）の私と1万人（でもアンチも混じっている）のあなたとでは，そもそもの存在様態が異なるのだ。

ないのか。さらにそれ以前，90年代の日記リンクサイトのランキングや，さらには個人ホームページにつけられたアクセスカウンターだって同様だ。インターネットはたしかに大きな分水嶺だろう。しかしそれでも，書籍やCDのセールスの数字や，映画の興行成績，テレビの視聴率なども，ある仕方で個々の有名人のアテンション資本を指標として示す数値として機能しなくはないだろう。

　アテンション資本と名指されうる何かはずっと以前から存在していた。しかしその現実的な挙動という点では，インターネットが社会のインフラとなり，SNSが普及していったあたりにビフォーとアフターをわける大きな変化を見出しうる。その厳密な境界を画定することは不可能だが，アフターの特徴となる要素をいくつか挙げることは可能だ。そのなかでも代表的なものは二つ。一つは，個人がマスへと発信可能なメディアを手に入れたこと。これにより個人レベルでのアテンション資本の投資・運用が可能となった。もう一つは，アテンション資本の規模が数値化され，その運用成績が数字として可視化されたこと。その結果，YouTuberたちが動画の再生数やチャンネル登録者数の増減に一喜一憂することとなった。

　実際には，インターネットはすべての人に自由に発信できる場を開放しはしたが，代わりにそこではプラットフォーマーによる巨大なヴァーチャル建造物（アーキテクチャ）がアテンション資本の市場をコントロールしている。個々人のアテンション資本の可視化とその運用は，プラットフォーマーによるコントロールの支配下にあるのだ。プラットフォーマーの問題というこの最後の点は，本章ではその問いのありかを指し示すことまでしかできなかった。これは，アテンション資本の問題を考えるなら必ず回答しなければならない宿題だといえるだろう。

引用・参考文献
池田貴将（2022）『逆襲のビジネス教室』サンクチュアリ出版。
ダベンポート，T.H.・ベック，J.C.，高梨智弘・岡田依里訳（2005）『アテンション！経営とビジネスの新しい視点』シュプリンガー・フェアラーク。

日本印刷技術協会（2010）『印刷白書2010』日本印刷技術協会。

ブーアスティン，D. J.，星野郁美・後藤和彦訳（1964）『幻影の時代　マスコミが製造する事実』東京創元社。

マルクス，K.，今村仁司・三島憲一・鈴木直訳（2005）『マルクス・コレクション Ⅳ 資本論第一巻（上)』筑摩書房。

Beller, J. (2006), *The cinematic mode of production : attention economy and the society of the spectacle*, University Press of New England.

Citton, Y. (2014), *Pour Une Écologie de l'Attention*, Seuil.

doi Foundation　https : //doi.org/10.5210/fm.v2i4.519.

Franck, G. (1993), 'Ökonomie der Aufmerksamkeit', *Merkur* Vol.47, No.9/10, pp. 748–761.

—— (1999), 'The Economy of Attention', *Telepolis* 7 December.

—— (2013), Capitalisme mental. *Multitudes*, No.54, pp. 199–213. https : //doi.org/10.3917/mult.054.0199（2023年 2 月22日閲覧）

—— (2014), Chapitre 2. Économie de l'attention. in : Yves Citton, ed., *L'économie de l'attention : Nouvel horizon du capitalisme ?*, La Découverte, pp. 55–72.

—— (2019), The economy of attention. *Journal of sociology*, Vol.55, No.1, pp. 8–19.

Goldhaber, M.H. (1997a), "The Attention Economy and the Net", *First Monday* Vol.2, No.4 http : //firstmonday.org/ojs/index.php/fm/article/view/519/440, doi : https : //doi.org/10.5210/fm.v2i4.519.（2023年 2 月20日閲覧）

—— (1997b) "Attention　Shoppers". *WIRED.*　https : //www.wired.com/1997/12/es-attention/　（2023年 2 月20日閲覧）

Krieken, R. van. (2018), "Celebrity's histories". in : Anthony Elliott, ed., *Routledge Handbook of Celebrity Studies*, Routledge, pp. 26–43.

—— (2019), "Georg Franck's 'The Economy of Attention' : Mental Capitalism and the Struggle for Attention." *Journal of Sociology* Vol.55, No.1 pp. 3–7.　https : //doi.org/10.1177/1440783318812111.

Lanham, R, A. (2006), *The Economics of Attention : Style and Substance in the Age of Information*, The University of Chicago Press.

Simon H. (1971), "Designing organizations for an information-rich world", in Greenberger M., *Comuters, Communication, and the public Interest*, The Johns Hopkins University Press.

Tarde, G. (1902), *Psychologie économique : Tome*1, Félix Alcan.

Voleuknkn2010「Twitter とアテンション資本主義」はてなブログ『生きてみた感想』
　　https://voleurknkn.hatenadiary.org/entry/20100804/p1（2023年2月22日閲覧）
Webster, J. G.（2014）, *The Marketplace of Attention : How Audiences Take Shape in a Digital Age*, The MIT Press.

第**2**章

放送のリミックス
その「結び目」の緩みと「時間」

水島久光

1　はじめに——「放送」の機能的変質

　「放送」の衰退が止まらない。NHK 放送文化研究所は「国民生活時間調査」（2020年実施）の結果，もはや10〜20代の約半数はテレビを見ないことがわかったと発表，あまりに急な視聴者減少に業界には衝撃が走った。[1] とはいえこの「テレビ離れ」の理由は，番組の劣化やインターネット台頭といった事象で単純に説明できるものではない。むしろそうした言説の常套句化が，ことの深刻さを表している。

　本章ではその主たる要因を，「放送」と呼ばれるカテゴリーの崩れにみる。しかしそれがはじまったのは決して最近ではない。実際，家庭に据えられたブラウン管モニターが電波を受信し，図像表示するだけの単機能だった時代は短い。一般向けのテレビ放送がはじまって12年後（1965年）には，家庭用ビデオレコーダーが，その10年後（1975年）には家庭用テレビゲームが発売されている。もちろん価格や形状がこなれるまで時間は要したが，端末レベルではかなり早くから「リミックス」がはじまっていた。

　その後の地上波のデジタル化はその歴史の延長線上にあるといってよい。視聴者に訴えた「放送の高度化」というメリットはあくまで口当たりの良い「飴」であり，「実質」は電波行政における放送の特権化（優先的に帯域を割り当てる）の放棄だった。この「飴」と「実質」はいかなる論理で結びついたのか

---

(1) 「10〜20代の約半数，ほぼテレビ見ず『衝撃的データ』」（朝日新聞デジタル2021年5月20日）https://digital.asahi.com/articles/ASP5N6FM8P5NUCVL032.html

——７年半に及ぶ移行期，特にPRキャラクター「地デジカ」が走りまわって完了を目指した終盤に，その関係は深く追求されることはなかった。事実，震災で遅れた東北３県でアナログ停波となって以降の10年も，このブラックボックスは問われることなく再生産され，2020年代の今日に至る。

　そもそも「放送」は，その根拠「法」によって「公共の福祉」に資する目的が定められている（放送法第一条）。そしてそれは「基幹放送」に割り当てられた無線電波の送信によって実現される（第二条）。この「送り手→受け手」の一方向に閉じた「伝達メディア」としての輪郭に沿って体制が整えられ，規範は浸透した。だがその前提が今や危うい。かたちはとうに壊れてしまっているのに隠され，「まるで存在するかのように」ゾンビ然としてふるまっているようにすらみえる。その変質は，いつに「はじまり（ビフォー）」どうやって「決定的となった（アフター）」のだろうか。

　本章では，その問いに二つの仮説から接近していく。一つ目の仮説は，人びとが「地デジ」という大事業を受けいれる前の布石についてである。そこには「垂直統合」として構想された「放送」のシステム的前提を脅かす，「世界像」の組み換えがあった。この点については，記号学者ウンベルト・エーコが「ネオTV」の概念を用い，1980年代のメディアと環境認識の反転を指摘したことがよく知られている。できればそれを数値の動きによって実証してみたい。一つは「国民生活時間調査」（NHK）におけるテレビ視聴時間の増減，もう一つは放送事業者の事業収益調査（総務省）に表れた構造的変化である。これらにもとづき本章では変化の入り口「ビフォー」を1985年，決定的となった時期「アフター」を1999年と設定する。

　地上デジタル移行後も，「飴」と「実質」の乖離は伏せられたまま進んだ。そこで二つ目の仮説である。直近の2021年の事件に，「ビフォー」「アフター」以降の四半世紀の意味を逆照射させるというものだ。それは同年末に放送され，９ヵ月後，BPO放送倫理検証委員会に「重大な放送倫理違反があった」と言わしめた番組，『河瀬直美が見つめた東京五輪』の問題を取り上げる。それは単なる現場の不祥事に切り詰められるものではない。エーコが指摘する

「世界像」の変化が「公共性」の喪失をもたらした現実が晒され，このメディアの変質の底に「時間」の問題があることを浮かび上がってくる。

　ではこの先，我々はどこに向かうべきか。ともあれ一度変異しはじめたシステムは，元には戻せない。地上デジタル放送の完成から10年を経て，当初は流行語的に膾炙された「通信と放送の融合」さえ，人びとのアパシーの下で黙々と実態が積み上げられている。とするならば，ここでまず必要なのは「対象の意識化」であろう。『河瀬直美が見つめた東京五輪』は単に批判すべき番組ではなく，覚醒のチャンスも潜勢させている。その掘り起こしをハイデガー，リクールらの哲学的知見を動員して試みる——その作業から本論集の主題＝リミックスの概念的位置も明確になるだろう。

2　「放送」システム——技術と制度の70年

　この検証作業は，旧来の「放送」システムの機能前提たる「垂直統合」モデル——すなわち「番組制作から送波・中継の伝送路，さらには受信機に至るまで専用体制を構築し，それを受信料・広告という特化した事業基盤と法制度で支える」という閉じた設計が，何によって綻び，そしてどう取り繕われてきたかを問うことにはじまる。純粋な「垂直性」は，ごく早い時期から徐々に崩れはじめていたのはすでに述べたとおりだ。だがそれを我々は，長らくイメージのなかで生き延びさせた。そしてその矛盾が拡大した期間が，「ビフォー」と「アフター」で区切られる約15年にあたる。

　その後の10年は，地上デジタル移行後の見かけの「垂直統合」を保持しようとする「放送」と，Web2.0を起点にSNSとスマホによってマスメディアとは明らかに違うコミュニケーション・モデルに舵を切った「通信」との対立が，「融合」の先取りの失敗で覆い隠された期間であった。それは後者の支配の明文化をもくろんだ「通信・放送の総合的な法体系（情報通信法）」が，政権交代とシンクロし，2010年廃案になったことに象徴される。

　「情報通信法」案は，社会的コミュニケーション・システムの原則を「垂直

統合」から「水平的アンバンドル」(技術レイヤーに従った，領域分割とユニット連携のモデル)に，まさに「総合的」に組み替えていこうとする政策的意志を謳った[2]。もちろんそれ自体は，デジタル情報の離散性にしたがえば無理のないところである。しかしそれには，明らかに論理的なピースが不足していた。その最たる部分が，メッセージの規範的領域——放送法冒頭数条で謳われていた，公共性，民主主義への貢献等，「メディアの政治性」に関する部分であった。

　そもそも我が国では，戦後の主権回復とテレビを核とした「放送」システムの成立との二人三脚には政治的必然性があった。ラジオが依拠した一方向のアナログ伝送を初期のテレビ網に展開させるには，電波の混信や減衰等の物理的リスクがあり，周波数マネジメントと「地上を這うような」中継局の設置が不可避で，かつその整備はどうしても国家単位で行わざるをえない。また過去のそれらがプロパガンダに利用されていた歴史を考えると，とくに慎重を期すべき問題であった。

　だからこそ GHQ は，占領解除後の民主的公共圏建設という政治命題と合致するように，民間放送との並立制を含む新たな放送制度導入を積極的に図った。政治的原則である「遍く・偏らず」を支える放送普及策は，一方経済面からみても，網羅性の高い受信環境が「広告・広報」という情報産業の市場拡大の可能性を開いた。そしてその利益が翻ってシステム・コストを贖うという，今日も続く循環モデルが定式化される。

　しかし，実際にシステムが動き出すと，そこにさまざまな要素が加わり輪郭が揺さぶられるようになる。システムなるものは，そもそも自らの維持と同時に逸脱の契機ともなる構成素を産出する。その動揺を隠すべく，システムは階層化によって見かけの均衡を図るようになる[3]。「放送」の場合は，技術の再帰的革新と，人為的に線引された法制度との間の衝突が間断なく生じ，この対立に，社会システムを構成する政治，経済，文化の領域の三竦み関係が重なったために，混沌のまま安定した発展を偽装する「蓋」がかぶせられた——それが

(2)　詳しい経緯は影井(2011)参照。
(3)　この辺りのシステム理論は，西垣(2021)を参照のこと。

これらの要素の「結び目」たる「放送局」である。これが「垂直統合」の要石となりかつ，2010年の「情報通信法」廃案時の桎梏ともなったのだ。[4]

本章が1985年に「ビフォー（始点）」を置き，1999年を「アフター（終点）」と定めるのは，まさにこの間に「放送局」の機能肥大が加速し，そして，地上デジタル化を前に自ら抱え込んだものを支え切れず「分解」をはじめるからである。

3　ネオ TV と「放送局」の権威化——「ビフォー」＝1985年

「昭和」をテレビとともに過ごした世代には，「放送局」をチャンネル番号で指し示していた記憶があろう。地上デジタル放送のチャンネル移動は，「放送局」が受像機の電波選択機能と紐づけられていた自明性を，ある意味壊した出来事ともいえる。

「放送局」を，こうして指標的な対象として受容していた視聴者には，その糸をたどって「番組」が「お茶の間に」直接届けられる感覚が生まれ，その近接性が初期の「放送」の日常との重なりを支えたのだ。[5]このテレビ的生活慣習の誕生は，戦後の人びとの「時間」と「距離」の秩序感を，伝統やカリスマ的示威に拠らない支配形態として刻み込んだ。こうして1970年代に完成する特定周波数帯の独占使用体制を下敷きに，「放送局」は市民社会の媒介機能を担い，イデオロギー基盤としてシステム構造の核を担うに至る。[6]

以降「放送局」は日々定時番組を送り出すことで自らの公共的存在を重ね書きし，「視聴率」という経済価値，「流行」という文化価値を産出しソフトに権威化していく。放送を起点として花形となったマスコミは周辺業界を取り込み，

(4)　「総務省『通信・放送の総合的な法体系に関する研究会』最終報告書に対する民放連会長コメント」（2007年12月 6 日）　https://j-ba.or.jp/category/topics/jba100655
(5)　「番組」とは放送の編成枠に組み込まれたメッセージ形式。パッケージ化し流通しうる「コンテンツ」とは区別してもちいる。
(6)　いわゆるチャンネルプラン（周波数割当計画）によって放送免許を発行しおよそ県域単位で「放送局」は設置認可が下りた。1957，1968，1972年の大量発行によりほぼ現在の局体制は固まった（1986年に追加認可）。

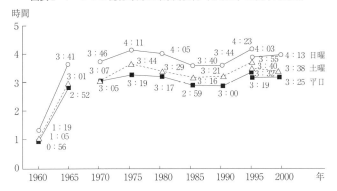

図表 2 - 1　テレビ視聴時間の時系列変化（3曜日，全員平均時間）

アナウンサーやプロデューサー，タレント等の特殊な肩書を擁して一般社会とは隔絶した「特区イメージ」を醸成。それは「ギョーカイ用語」や流行語で，過剰な消費と投機を肯定・習慣化し，やがて経済をバブル化させる心理母体となっていった。

　実際，NHKの国民生活時間調査によれば，このシステムが整う70年代前半まで，テレビ視聴時間は右肩上がりで伸びていた。ところが1975年をピークにそれは下降し，そしてさらに1985年の調査を底に下げ止まって，そこから再び（75年を超える）上昇カーブを描くようになる（**図表 2 - 1**）（NHK放送文化研究所編，2002）。なぜこのようなS字を描くように変化したのだろうか。前者（ピーク：1975年）の理由はおおよそ想定可能だ。まずは局数とともに選択肢が増大し，伝説的ドラマやバラエティが幅広い層に受容され，ゴールデンタイムが形成されるようになる。さらに，オイルショックで経済成長が足踏みし，レジャー需要が伸び悩んだ分の娯楽ニーズを家庭でのテレビ視聴が吸収した。

　では75年からの下降，85年からの再上昇のカーブはどうか——本章がまず「ビフォー（はじまり）」として注目するのはこの局面である。下降の理由もわかる。徐々にオイルショックの記憶が消え，博覧会やアミューズメント施設の相次ぐ開園，投機熱の高まりに押されたリゾート開発で外出機会が増え，また女性の社会進出とともに，家庭滞在時間そのものが減ったからだ。この時期に

市場を賑わせた新技術も（インベーダーゲーム（1978），ウォークマン（1979）等）人びとを外に連れ出す流れを促した。ビデオ録画機の普及（1978-79）も，テレビに「拘束される時間」からの解放に与した——だがそうなると，「下降」が85年に底を打ち再び「上昇」に転じる説明がうまくできない。[7]

　ここでウンベルト・エーコのネオ TV 論（「TV，失われた透明性」1983）が手がかりを与えてくれる。市場ではなく，テレビと世界の認識関係が変わったのだ。エーコは，テレビが外部世界を市民に伝える媒介者ではなくなり（外部参照性の消失），逆に我々の生活を取り込んで世界を構成するようになった結果，テレビは事実確認から行為遂行的コミュニケーションに軸足を移し，人称化（＝自らを確認する装置化）するという。この変化は，いったん外部に広がった娯楽を再び「テレビ」に連れ戻すような反転現象を生じさせる。

　こうした変化の背景にはある技術革新があった。それは端末でも送波・中継のレベルでもなく，制作現場で生じたものだ。1970年代からはじまったスタジオ機能の拡張，ENG（Electronic News Gathering）によるスタジオと中継現場との双方向接続，さらには画面をワイプで抜く，分割する等の加工の自由度が上がったこと等だ。それは視聴者からみえるフレームの奥行を生み出し，以前は情報の中継点でしかなかったスタジオが，「世界」を編成する中心に切り替わる。これによって受け身だった視聴者に，テレビに参加する主体性が形成され，それが視聴時間を伸ばしたと考えられるのだ。

　北田暁大が「天才・たけしの元気が出るテレビ‼」（日本テレビ・1985年放送開始）で例示した「純粋テレビ」（テレビのためのテレビ）という概念（『嗤う日本の「ナショナリズム」』（2005））は，その膨張・閉鎖性においてエーコのネオ TV 論と重なる。つまりそれは技術がもたらしたグローバルな変化だったのだ。そしてここにはじまるスタジオのヴァーチャル化は，「放送局」の肥大化に拍車をかけていったのである。[8]

---

(7)　井田（2004）は「多様な娯楽への時間の分散から，テレビ視聴態度の変化へ」と説明する。
(8)　ネオ TV 化とスタジオ機能の肥大化を結びつけた議論については，『窓あるいは鏡』参照。

4　リミックス化する「放送局」へ——「アフター」＝1999年

　1985年頃は「ニューメディア」ブームで，技術革新とメディアの拡張が常に話題に上っていた。しかしその後流行語となったマルチメディアやITの時代とは違い，この頃は通信と放送の対立はなく，「放送局」もそのなかで「夢」を見ていた。海外に目を転じても業界の膨張は加速していた。衛星放送が引き金になり，チャンネル数は拡大。折からの規制緩和ムードと国際情勢の流動化で，国家主義を越えて「メディア・コングロマリット」が立ち現れてくる。[9]

　しかし振り返ればこの巨大化は，視聴する人間がどこまで情報を受容しうるかという議論を決定的に欠いていた。多チャンネル化すればメディア・コンタクトの数は当然分散されるし，情報量の過多は——すでにエーコは「TV，失われた透明性」の最後で身体の不要性，視聴の反射神経化を指摘しているが——[10]ネオTV的な環境においては，視聴する側がよりサンプリング的に意味を拾うように変化するか，身体的に処理しきれず，メディアから離脱していくようになる。したがって少なくとも国民生活時間調査上1995年までは，視聴時間は全体において伸びるが，その後は年代別に差が生じていく。

　しかし企業としての「放送局」は，成長目標への加速度を緩めることはできない。その実現性はどう担保されるか——そこに「ビフォー」とは別の，財務資料に見る「変化」が視野に入ってきた。総務省情報通信政策研究所が行った「放送局の経営分析に関する調査研究（2013）」の「キー局の放送収入比率の推移」の図表である（**図表2−2**）（総務省，2013）。

　基本的に民間放送は「番組」視聴率を「広告」によって収益化し，利益を差し引いて「番組」に再投資する。視聴率を「皆が見ている」公共性の証とするならば，＜公共的価値→事業的価値→公共的価値＞と＜事業的価値→公共的価

---

(9)　多様なメディアを傘下に収める巨大複合企業の誕生は，1980年代，衛星放送やケーブルがニューメディアとして注目されたことに端を発する。レーガン政権やサッチャー政権が市場開放による景気浮揚策として力を入れ，多国籍化も進んだ。

(10)　今日でいう「情報オーバーロード」的な状況の予見といえそうである。

図表 2-2 キー局の放送収入比率の推移

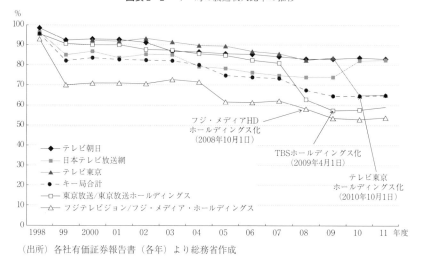

（出所）各社有価証券報告書（各年）より総務省作成

値→事業的価値＞という二つの線が交差する「たすき掛け」で「経営」が回っていく構図である（NHK の場合も「広告」を受信料のモデルに置き換えれば，このサイクルは成立する）。ゆえに民間放送の「放送収入」は「広告による事業収入」ということになる。

　しかしこの図表を見ると，その前提が音を立てて崩れている。起点の1998年では，各局の収益のほぼ100％が「放送収入」だった。それが徐々に広告以外の収益を取り込んでいく。並行して各局のホールディングス化（持株会社制への移行）が進む（この報告書に記載のない日本テレビとテレビ朝日も，各々2012，2014年に移行を完了し全キー局が「放送事業」を核にしつつも事業の多角化に着手可能となる）。今やキー局で純粋に「放送局」である企業は，一つとしてない。

　この組織改革はこれまで「放送局」の肥大化の歯止めとなっていた「マスメディア集中排除原則」（他局の資本参入への制限）の緩和が後押ししたもので，事業領域だけなく，「系列」の意味も大きく変えた。[11]「系列」は本来，資本によ

────────────

⑾　2008年（平成20年）の電波法改正を受けて放送法も改正，認定放送持株会社が認められるようになった。

る支配関係ではなく独立した企業同士の提携関係で，はじめはニュースネット
ワーク（報道の全国網羅体制）を指していた。だがそこに「番組の安定供給」が
乗じ，付帯する広告費を分配してローカル局の営業収入を支えるモデルができ
た。もちろん表向きの支配関係はなくとも，実質上それはキー局からトップダ
ウンで収益が流れる水路にほかならない。その体制が崩れたということで，疲
弊は業界全体に及ぶようになる。

　現に電通が毎年公表する「日本の広告費」では，翌99年がマス四媒体の合計
値のピークとなり，総額で「広告ビジネスの退潮」が隠せなくなる。ちなみに，
この年の広告費全体に占めるインターネット比率は１％に満たない。すなわち
放送の秩序崩壊は外部要因ではなく，「放送」が誕生以来抱え込んだ技術と制
度の矛盾による「自壊」の色が濃いのだ。自らのシステムの正当性を「編成＝
時間の統制」によって保ってきた「放送局」は，膨張の果てにいつの間にかレ
ゾンデトルを失っていたのである。ネオTV的なスタジオ空間で緩んだ時間
軸に，離散的なデジタル情報が次々組み込まれていく。もはや2000年代の「放
送局」はその看板を掲げながらも，異質なものが混ざりすぎて，自分が何者か
がわからなくなりはじめていたのである。

5　なぜ，2021年に飛ぶのか
——『河瀬直美が見つめた東京五輪』のいくつもの「時間」

　20世紀の「放送」は，無限の拡張を宿命づけられた経済の土俵上で，有限な
権利の細分化に向かう政治と，量的尺度をもたない自由に依拠する文化のアポ
リアをなんとか束ねてきた。その軸が「時間」にあると考えたとき，数々の20
世紀の哲学者がその問いを，「時間」に収斂させていたことを想起せざるを得
ない。20世紀メディアは時間技術とともにはじまった。思想もその認識空間の

⑿　「日本の広告費」は1947年に推定を開始（1985年と2005年に算出方法を見直している）。　https：
//www.dentsu.co.jp/knowledge/ad_cost/index.html
⒀　地上デジタル放送移行期，放送局社員が番組とコンテンツの区別を曖昧にしていたことを批判し
ている（水島，2008）。

35

なかで「世界像」を広げていったのである（キットラー，2006；ハイデガー，1980）。

しかし「放送」は他のメディアと違い，時計に倣って刻み目を入れる「公共的時間」に強く支配されていた。それが力を得たのは，政治・経済的利害がその規範を必要としたからだ。「距離（空間）」の争いが「時間」の仲介によって克服されるように見えたのである。だがそのバランスが失われ，拡張の欲望が再び頭をもたげて以降，世紀をまたいで「公共的時間」は隅に追いやられ，「放送局」はなんでも扱うコンテンツの「百貨店」として振舞うようになる[14]。

民間放送の「事業と公共性」の関係が緩む一方で，我が国の放送システムの主翼を担ってきたNHKも，2000年代に突入すると「不祥事」「不払い」「政治介入」の三重苦に喘ぎはじめる。ただしこの特殊法人の場合，利益拡大が目標ではないがゆえに，経営基盤の確保において受信料の正当性が重大問題として立ちはだかるようになる。「国民的」関心を煽ることがまだ可能な一部の大型番組を除いて視聴者離れは顕著となり，メディア＝コンテンツ消費のチャネルという認識が定着した若年層ではとくに，「見ないものには払いたくない」という声が高まる。そこに民間放送ほどネオTV化が進んでいない番組の「時間」の流れの歯がゆさが拍車をかける——「五輪」はそれに再び「蓋」をし，乗り越えるための魔法の杖だった。しかしそれも夢と消えた。

2021年12月26日に放送した番組『河瀨直美が見つめた東京五輪』をめぐる問題は，起こるべくして起こったものかもしれない。五輪反対デモに参加者が金銭をもらって動員されたとする偽りの字幕が指摘され，BPO放送倫理検証委員会の審議案件となった。番組概要，問題の場面，いかなる審議が行われ，何をもって「重大な倫理違反」とするに至ったかは，BPOのオフィシャルサイトに詳細に記載されているので，それを参照願いたい——ここでは，これが「放送のリミックス」の現在地を端的に表す事例であるという，その関心の範囲で取り上げる。

---

[14] 百貨店と放送局の類似性は，1980年代以降，前者の独自商品化，後者の番組制作の自社比率が低下し「枠（売り場≒番組）」を貸し出す不動産業化した点にもある。

　実は『河瀬直美が見つめた東京五輪』というタイトルが，そのまま核心を映している——それは図らずもこの番組が担った「複数の叙述主体」の眼差しの隔たりと，それぞれの時空間が織りなす「世界像」のズレを表している。その「主体」群——まず河瀬直美，次いで河瀬を五輪公式記録映画の監督に選んだ組織委員会，そしてNHK——これらを意識し映像を分析すると，交錯するシーン上に右往左往するスタッフがメタに浮かび上がってくる。そして倫理問題は，その動揺のなかで起こる。

　さらに河瀬一人に焦点化しても，そこには公式映画の監督として振舞い，NHKの意図を酌み，さまざまな状況を利用して「自己実現」を図ろうとする等々の，複数の「彼女」の姿が交錯する。番組として非常に興味深い仕上がりである。一方基本的に，視聴者の視角を縁どる番組のフレーム自体は，五輪でも河瀬でもなく「公共放送」を名乗り続けるNHKが譲らない。番組に多用される「越しショット」[15]，番組の総時間の約30%も上部に固定している「撮影：公式記録映画」の文字は，その主体群の重なりを象徴的に映し出している。

　この映像素材の混淆は，監督である河瀬の「見つめる行為」にメタにエビデンスを与える一方で，全体としては未だ意味レベルで分節されない段階にあることも示す。それと対照的に現場における「放送局」のカメラは後退し，インタビューやナレーションとともに「編集」にその軸足はずらされる——この眼差しの多重性が醸し出す「未完成」な印象こそが，「放送」の現在地——すなわち「時間」に制御された「垂直統合」が崩れ，「番組」の縁取りが緩んだがゆえに流れ込んだ，いくつもの「時間」の体現と見ることができるのである。

6　「リミックス」の倫理性——メディアを横切る『時間と物語』

　「未完成」な印象は，決着の先送りから生じる。「映画の完成」「五輪への評価」等々，「番組」には何一つ結論はない。強いていえば年末をテレビ的節目

---

[15]　画面の手前側に人物やものを入れこんで撮影するショット。被写体と撮り手の距離や関係性がメタに映し出される。

として感じる程度だ。だがよく見るとそのなかにも，やや異質な「時間」が一つ存在していることに気づく。

　シーンに映り込むシノプシス（組織委員会に提出した企画書）に，実は彼女が「時間」を映像作品の主題に据えていたことが記されている。そしてそれは，記録映像に求められる客観的な「時間」ではなく，あくまで主観的な——自身の夢であった「スポーツの刹那的時間」であり，挫折から救ってくれた「映画のショットの時間」でもある。皮肉なことにそれは，番組が進むほどに「五輪」という祭りで「歴史」を刻もうとするナショナルな「時間」と，NHKが形式的に複数の「時間」を同期させて束ねようとする「放送」の「公共的時間」の論理とことごとく衝突する。

　ここで想起されるのがハイデガーの「時間」の論理だ。未完の主著『存在と時間』の中心概念＜現存在 Da-sein＞の働きに，その多義性の秘密が隠されている。そこでは有限な「脱自（客観的に自らを捉える位置）」を支える「時間性」が無限な「通俗的時間概念」と切り分られ，「公開性」をもつ「世界時間」と「頽落（意識から時間性を逃す）」との間で，本来的時間性たる「時熟」への接近が問われる——この理解を踏まえれば，『河瀬直美が見つめた東京五輪』には，複数の「時熟」への道が「リミックス」されているといえる——しかしこの概念配置に対しては，「時間内部性」である現象学的時間と，外に流れる宇宙的時間との間に越えられない断絶があると，多くの批判がなされてきた。

　そのアポリアに対しリクールは『時間と物語』で，物語（ものがた）るという営みと，そこに働く詩学が「乗り越えの道」を拓くと主張した。その理由として，時間の集積たる「歴史」と想像の産物たる「フィクション」は対立せず，相補的な極（相互借用関係にある）と彼はみなしたからである。そこには語る側に加えて，読者・受容者の参加も想定した「三つのミメーシス」による物語の

⒃　シノプシスに記された文章（番組後編12分）には河瀬の「時間」に関する考えが端的に示されている。「学生時代にすべてをかけていたバスケットボールの引退試合。『時間』を止めることができない無力さ。しかしその時間を蘇らせることができる『映像』に出逢い，それを昇華し30年かけて築きあげたキャリア」。インタビューでも「時間を閉じ込める」「一瞬を記録する」（後半26分）といった発言が目立つ。

循環形成プロセスが想定されている[17]。その各段階は「時間」を再構成する契機として位置づけられ，各々の段階のミメーシス（模倣）とミュトス（筋）の交叉は，「時間」が物語る対象を介して，いかに主体に引き寄せられるかを記述した試みと理解できる。

　このリクールのモデルから考えるならば，『河瀬直美が見つめた東京五輪』は，一つの完成した作品ではなく，「ミメーシスⅡ」の「統合形象化」の過程にある「ワークシート」と捉えることができる。すると，例の倫理問題の謎も解ける。それは「河瀬の主観」「五輪組織委員会」「NHK」等のさまざまな主体がそれぞれに紡ぐ『時間と物語』があるなかで，その中の一つである公共放送＝NHKが無理やりにでも「まとめよう」として犯した勇み足だったのではないか，と。

　仮にこれらの主体の時間が一つに重なる幻想自体が，事実確認的な「放送」のナショナルな「結び目」の懐古的仕業と考えるならば，ネオ TV 化に馴染めない NHK が遂行的行為を作為と取り違え，その結果が事件として露呈したのも「むべなるかな」である。だが BPO が真に問うべきは，それよりも仕込んだフィクションのお粗末さだ。おそらく「放送倫理」が求める基準に照らしていえば，字幕の「公正さ」に留まらず，そこに至る「取材，編集，考査，調査」の各段階において問題が見いだされるだろう[18]。その証拠に，この番組に関わった多くの局員・スタッフが OA に至るまで問題性を（あるいは自覚しつつも，先送りし）疑わずにいた。驚くべき時間感覚の鈍化である。

　結局，不自然に仕込まれた形式的両論併記は，拗れた主体性とともに告発を受けることになった。この「番組」の「NHK の時間」は「ミメーシスⅡ」

---

[17]　物語の創造には，先行する人びとの行動に対する理解（ミメーシスⅠ）が不可欠であり，統合形象化（物語を形作る）過程（ミメーシスⅡ）はそれを原資に動く。だがそれだけでは不十分で，聴衆あるいは読者の世界と交叉する段階（ミメーシスⅢ）に至ってはじめて物語は完結する。世界に存在するさまざまな意味の断片を拾い上げ，組み立てて一つのかたちを成すようにし，それをまた実世界へ投げ込む循環モデルをリクールは想定しているのだ。このステップに時間性を組み込むものがミュトス（筋立て）の機能である（リクール，1987：99-128）。

[18]　BPO 放送倫理検証委員会第43号意見書より。問題となった字幕のシーンだけでなく，番組全体に対する報道そのものの姿勢が問われている。

（統合形象化の過程）で途絶え，「ミメーシスⅢ」につなげなくなってしまったのである。それとともに「河瀬直美の時間」も2022年6月の映画公開への期待が霧散してしまい（映画自体は，見るべき価値のあるものだったにもかかわらず）[19]，これも「ミメーシスⅢ」の場に届かず，宙に浮いてしまう。皮肉なことに「組織委員会の時間」は，刑事事件に発展することで2022年夏以降，別の「統合形象化」のステージに向かっている。

　さて，この一連の経緯で，かつての「放送」システムの垂直統合が，今やまったく機能していないことが露呈したのは見ての通りだ。しかしこの「番組」に絡んださまざまな主体の異なる「時間」が，新たな多様な「物語」に開かれる可能性が見えた点については，積極的に捉えるべきだ。我々には，「河瀬直美」にも「NHK」にも「組織委員会」にもなって，「五輪」を「見つめる」ことができる。但しそれは，この番組および番組に関わるさまざまな映像やテキストに，今後も自由にアクセスできる限りにおいてである。それこそが「放送」を成立させていた「結び目」が解けてしまった先——ネオTVの先，すなわち本章で言う「アフター」以降の，ポストTVの「世界像」なのだろう。

　だがそれは20年経っても未だ認識されていない。それは我々が「世代交代」のプレイヤーを見誤っているからだ。放送の次はインターネットの時代なのではない。我々が問うべきは，アーカイブの公開を前提とした，新たなシステム統合のあり方なのである[20]。

---

[19]　映画『東京2020 Side：A』（2020年6月3日公開）『東京2020 Side：B』（同24日公開）＜公式サイト https://tokyo2020-officialfilm.jp/＞は，正確な数字の公開はないが興行的には失敗だった。評価も分かれているが，組織委員会の煮え切らない姿を残した『SideB』に対して，「アスリートの時間」が余韻とともに描かれた『SideA』は多くの人に観られるべき作品ではなかったか。

[20]　本章では，主に「テレビ放送」の歴史と現状を語ってきた。確かに制度上はラジオも放送を構成する一翼を担っている。しかしすでにラジオの実質は「公共的時間」から距離を置き，音楽と会話で場を開く機能にシフトしている。もはや radiko なくしてリスナー獲得はなく，ポッドキャスティングやオンライン音声コミュニティと機能的に変わらないことを見ても，ラジオを放送として論じる理由はない。

引用・参考文献

井田美恵子（2004）「テレビと家族の50年──"テレビ的"一家団らんの変遷」『NHK放送文化研究所年報2004』NHK 出版。

エーコ，U.，和田忠彦監訳（2021）『ウンベルト・エーコのテレビ論集成』河出書房新社。

NHK 放送文化研究所編（2002）『日本人の生活時間・2000』NHK 出版。

影井敬義（2011）「通信・放送の法体系の見直し──『放送法等の一部を改正する法律』による制度改正」『映像情報メディア学会誌』第65巻第5号。

総務省（2013）「放送局の経営分析に関する調査研究」https://www.soumu.go.jp/iicp/chousakenkyu/data/research/survey/telecom/2013/broadcasting2013.pdf

キットラー，F.，石光泰夫・石光輝子訳（2006）『グラモフォン・フィルム・タイプライター』ちくま学芸文庫。

長井暁（2022）「NHK になにが起きているのか？──「河瀬直美が見つめた東京五輪」問題の真相」／神保太郎「メディア時評・第171回」『世界』第954号，岩波書店。

西垣通（2021）『新 基礎情報学──機械をこえる生命』NTT 出版。

ハイデガー，M.，桑木務訳（1980）『ハイデガー選集13 世界像の時代』理想社。

──細谷貞雄訳（1994）『存在と時間（上，下）』ちくま学芸文庫。

水島久光（2004）『閉じつつ開かれる世界──メディア研究の方法序説』勁草書房。

──（2008）『テレビジョン・クライシス──視聴率・デジタル化・公共圏』せりか書房。

──（2017）『メディア分光器──ポストテレビからメディアの生態系へ』東海教育研究所。

水島久光・西兼志（2008）『窓あるいは鏡──ネオ TV 的日常生活批判』慶應義塾大学出版会。

峰尾公也（2019）『ハイデガーと時間性の哲学』渓水社。

リクール，P. 久米博訳（1987）『時間と物語（Ⅰ）』新曜社。

第**3**章

アイドルと生(ライブ)イベントのリミックス
リアル化するメディア環境とももいろクローバー Z

西 兼志

1 はじめに

　デジタルメディアの普及によって，メディアが日常化すると同時に，日常が
メディア化する。メディアと日常，メディアのあちら側とこちら側がもはや截
然と区別されなくなる。このような状況を我々は，リアル化するメディア環境
と呼んだ (西，2017)。それは，「リアル TV」の流れに位置づけてのことで
あった。リアル TV では，オーディションで選ばれた出演者たちの日常が，
一つの「ドキュメンタリー」として映し出される。このようなリアル化したメ
ディア環境でもっとも成功を収めたのが，＜アイドル＞である。それは，80年
代の「バラエティー」化する「ネオ TV」において中心的であったのが，＜タ
レント＞というメディア的形象であったのに続くものである（このテレビの＜タ
レント＞自体は，映画の＜スター＞に続くものである）。

　ネオ TV では，生中継によって特徴づけられるパレオ TV に対して，情報
の経路＝チャンネルとしての透明性が失われる。それはまた，メディアがコン
トロールする空間としてのスタジオが拡大したということであり，このスタジ
オ空間に棲まうのが，タレントなのである。この拡大は，パレオ TV の魅力
でもありリスクでもある偶発事を排除する。別言すれば，中継を中心としたパ
レオ TV では，映し出されるべき現実が，メディアの外にあると想定されて
いたのに対して，ネオ TV では，現実が押し流されてしまい，フィクション
が全面化することになる。

　このスタジオ空間の拡張をさらに推し進めたのが，リアル TV である。そ

42

こでは，日常の生活空間そのものがスタジオというメディア化した空間になる。こうして，リアルTVでは，フィクションがフィクションのままで一つの現実となる。それは，リアルTVの出演者たちが具現していることである。彼らにとって，フィクションは，もはや演じられるものではなく，生きられるものとなる──炎上を惹起し，出演者たちが悲劇的な最期に追い込まれるのも，それゆえのことだ。つまり，ネオTVでフィクションが全面化するのに対して，リアルTVでは，それが反転し，フィクションさえもがリアルとなり，ドキュメンタリーとなるのだ。それは，メディア化した日常を生きるわたしたちの姿にほかならず，それゆえ，リアルTVなのである。

　このようなリアル化は，インターネットに常時接続されたデジタルメディアによってさらに進行する。なかでも，SNSは，文字通り，「ソーシャル」＝社交のメディアとして，公でも私でもない，あるいは，公でもあり私でもある第3の領域を構成するものである。

　本章は，このようなメディア環境のリアル化について，＜アイドル＞という存在を切り口に考察していく。

2　'80・'90〜　ネオTVとJポップ ──＜タレント＞と＜アーティスト＞

　このリアル化に先立つのが，テレビを中心として構成されたメディア環境である。

　それを名指したのが，ウンベルト・エーコによるネオTVの概念である。記号学者としてだけでなく，世界的なベストセラー作家でもあったエーコは，学位取得後，放送を開始したばかりのイタリア放送協会（RAI）に就職し，文化番組に携わっていた。このような経歴から執筆されたのが，テレビというメディアがもたらした生中継という技術的革新を，美学的観点から考察した「偶然と筋」である。

　偶然性への開かれによって特徴づけられる初期のテレビ＝パレオTVが大

きな変化を経験するのが，80年代である。

　80年代のヨーロッパでは，イタリアだけでなく各国で，民間放送局の参入が進んだ。そこで死活問題になるのは，視聴率であり，視聴者との接触（コンタクト）である。そこでは，何を伝えるかではなく，いかにして視聴者の関心＝アテンションを捉えるかが重要になる。その変化は，パレオ TV を特徴づけるものであった生中継において端的に表れてくる。パレオ TV では，テレビというメディアは，外部で起きている出来事を伝える透明な経路＝チャンネルと想定されていた。それが，ネオ TV の時代には，たとえ生中継であっても，単にメディアの外部で起きている出来事を伝えるものとは考えられなくなる。政治的・社会的な事件であろうとスポーツイベントであろうと，伝えられる出来事はメディアが存在していなかったならば，まったく違ったかたちで行われていたであろうし，起きることさえなかったといえるまでになる。つまり，出来事が起きる現場までもが，メディアに組み込まれる，すなわち，スタジオと化すのであり，情報とフィクションというジャンルが混淆することになる。

　このようなネオ TV 化は，ヨーロッパのような大きな制度的変化を同時代に経験することはなかった日本にも当てはまるものである。わが国は，放送開始から，公共放送と民間放送局が併存してきたこともあり，放送ではなく通信の分野で大きな変化を経験したが，NTT や JR, JT の誕生など，公営企業の民営化が進み，バブル経済に突入していった。そのなかで，「楽しくなければテレビじゃない」と謳ったフジテレビが躍進を遂げたように，バラエティ番組がメタジャンルとなっていったのであった。ニュースや討論番組といった報道番組だけでなく（『ニュースステーション』『朝まで生テレビ！』『ビートたけしの TV タックル』『サンデープロジェクト』など），この時代を象徴するものであるトレンディードラマも，その一つである（その嚆矢とされるのは，明石家さんまが主演した『男女7人』シリーズであった）。

　すなわち，日本のテレビもまた，文脈は異なっているとはいえ，ネオ TV 化を遂げたたわけである。その意味で，ネオ TV 化は，存在するだけで，人びとの関心＝アテンションを引くことができた幼年期を終え，積極的に関心＝

アテンションを引くべく，媚びを売らねばならなくなったメディアの必然なのだ。

このような80年代半ば以降進んだネオ TV 化と密接な関係を切り結ぶことで隆盛を極めたのが，「J ポップ」である。

1990年代，なかでも93年のサッカー J リーグの誕生をきっかけに，「J」を冠した言葉が人口に膾炙するようになるが，そのなかで，「J ポップ」という言葉が生まれたのは，88年に開局した J-WAVE というラジオ局でのことであった。

ジャーナリストの烏賀陽弘道の『J ポップとは何か』によれば，J ポップの成功を準備したものの一つが，CD の普及である。LP レコードの売上を CD のそれが上回ったのは，86年のことであったが，LP レコードの直径が30センチであったのに対して，CD は12センチしかなかったため，再生機器の小型化が可能になった。それまでのレコードプレーヤーを中心に構成されたシステムコンポがミニコンポになり，リビングに置かれたお父さんのものであったのが，子供部屋にまで広がっていくことになる。こうして，音楽をより気軽に聴けるようになり，身近なものとなっていったのであった。

もう一つの重要な要因は，ドラマや CM とのタイアップの増加である。ランキングの上位を占めるのがタイアップ曲ばかりという状況になり，タイアップを取ることができ，ランキングの常連となる一握りのアーティストと，そうでない多くのアーティストというかたちで二極化が進んでいった。その結果が，ミリオンセラーの続出であり，ピークであった1998年には，シングルで20タイトル，アルバムで28タイトルがミリオンセラーを達成したのであった。

このようなタイアップの中心は，CM にしろドラマにしろ，テレビであり，なかでも，トレンディドラマの代表的な枠であった「月9」からは，多くのミリオンセラー，ダブルミリオンセラーが誕生した（1991年の『東京ラブストーリー』（フジテレビ）と「ラブ・ストーリーは突然に」をはじめ，『101回目のプロポーズ』と CHAGE and ASKA の「SAY YES」，『素顔のままで』と米米 CLUB の「君がいるだけで」，『振り返れば奴がいる』と CHAGE and ASKA の「YAH

45

YAH YAH」、『あすなろ白書』と藤井フミヤの「TRUE LOVE」、『ピュア』と
Mr.Children の「名もなき詩」、『ロングバケーション』と久保田利伸 with Naomi
Cambell の「LA・LA・LA LOVE SONG」、『バージンロード』と安室奈美恵
の「CAN YOU CELEBRATE」など，枚挙にいとまがない）。

　つまり，J ポップの隆盛は，ネオ TV 化と軌を一にする現象だったわけであ
る。

　この J ポップとともに誕生したのが，＜アーティスト＞である。それは，バ
ラエティをメタジャンルとしたネオ TV で＜タレント＞が誕生したのと同様
である。

　＜アーティスト＞ということばを定着させたのは，「MTV」であった。MTV
がアメリカで放送を開始したのは，1981年である。それが日本にもテレビ番組
などのかたちで盛んに輸入され，早くも同年に，小林克也が MC を務める
『ベストヒット USA』（テレビ朝日）の放送がはじまったのであった。これらの
番組で，洋楽のミュージシャンたちを「アーティスト」と呼んだことをきっか
けに，それが邦楽にまで拡大していったのである。

　以上のように，80年代以降，テレビというメディアが，ネオ TV していく
なか，「バラエティ」がメタジャンル化し，そのなかで＜タレント＞が誕生す
る。それとともに，＜アーティスト＞たちの歌う「J ポップ」が隆盛を極めた
わけである。

3 　’00～　リアル化するメディア環境と＜アイドル＞
――モー娘。から AKB，アイドル戦国時代へ

　CD の売り上げが史上最高額を記録し，J ポップの時代の終わりのはじまり
が告げられたのは，98年である。それは，音楽消費が，CD のパッケージ購入
から，ライブ体験へとシフトしていくということでもあった。実際，その前年
の97年には，その後のライブ文化隆盛のはじまりを記すフジロックフェスティ
バルの第 1 回目が開催されたのであった。

　まさにこのようにメディア環境が大きく変化していく過渡期に登場したのが，モーニング娘。である。

　モーニング娘。は，テレビ東京のASAYANの企画から誕生したが，そのデビューは，97年から98年にかけてのことであった（結成が97年で，メジャーデビューが98年）。

　彼女たちは，毎週の放送で，ボイスレッスンやダンスの練習だけでなく，合宿生活を送る様子や，グループ名やデビューの決定をスタジオで初めて知らされる姿などが映し出された。それは，リアルTVに近く，一つのドキュメンタリーというべきものであったが，あくまでバラエティ番組の企画として，そのフォーマットに従ったものであった。また，デビューするにあたって，5万枚のCDを手売りすることが課せられるなど，その後のライブ・アイドルの活動を先駆けるものであったが，その活躍の場の中心は，やはりテレビであった。

　つまり，彼女たちは，バラエティからドキュメンタリー，CDからライブ，アーティストからアイドルへというかたちで，メディア環境がリアル化していく過渡期を体現する存在だったわけである。

　このような過渡的であったモー娘。の活動を，新たなメディア環境にふさわしいかたちで押し進めたのが，AKB48であり，彼女らを中心にして展開した「アイドル戦国時代」を戦ったアイドルたちである。

　AKBは，「会いに行ける」をコンセプトに，2005年に結成された。当初から，常設劇場を構えており，ライブを活動の軸とし，この時代のライブ文化の一つの中心であった。その成功にならって，無数のライブ・アイドル＝地下アイドルたちが誕生することになる。[1]

　そして，リアル化するメディア環境を特徴づけるドキュメンタリー性をよく表しているのが，まさに「DOCUMENTARY of AKB48」と冠された映像作品シリーズである。

　岩井俊二が製作総指揮を務めた第1作目『DOCUMENTARY of AKB48 to be

---

[1]　しかしまた同時に，CD売り上げの上位を占めることで，CDショップの存続に大きく貢献したのも，AKBのようなアイドルグループであった。

continued 10年後，少女たちは今の自分に何を思うのだろう？』が軽い PV だったのとはまったく対照的に，高橋栄樹が監督を務めた『DOCUMENTARY of AKB48 Show must go on 少女たちは傷つきながら，夢を見る』(2012年）と『DOCUMENTARY of AKB48 No flower without rain 少女たちは涙の後に何を見る？』(2013年）は，ドキュメンタリーと呼ぶにふさわしいものになっている。

　前者は，震災を経験した研究生のインタビューからはじまっているように，震災後の2011年5月以来おこなわれている被災者たちとの交流が作品を貫く縦糸になっている。それは，「会いに行ける」ことがこのグループのコンセプトであったことを今一度確認させ，アイドル文化の力を印象づけるものであった。

　今作の中心となるのは，2011年7月22日から24日の3日間，西武ドームで開催された『AKB48 よっしゃぁ〜行くぞぉ〜！ in 西武ドーム』のバックステージである。そこでは，多くのメンバーが熱中症や過呼吸になるが，その様子が20分以上にわたって描き出される。彼女たちの活動はしばしば甲子園の高校球児に例えられたが，そう評すには，あまりに壮絶な光景であった。なかでも，リハーサル中にも過呼吸で倒れていた前田敦子は，公演中にも症状がぶり返し，話すこともままならないなか，みずからがセンターを務める「フライングゲット」を演じきったのであった。

　また，恋愛禁止をテーマとした次作の『No Flower without rain』は，プライベートの写真が流出した初期メンバーがファンの前で卒業を発表し謝罪する姿，そして，それをバックステージで見守るほかのメンバーやスタッフの様子を映し出すことからはじまる。人前に立つ仕事とはいえ，その様子もまた，極めて残酷なものであった。総選挙やじゃんけん大会，あるいは，ドーム公演での「組閣」は，バックステージで収められていた過酷な光景を，一つの企画として，ファンたちの眼前で繰り広げるものだといえるだろう。

　このように，彼女たちのパフォーマンスは，ステージの表裏を隔てることなく繰り広げられているのであり，彼女たちは，まさにリアル TV の出演者として，演じられるものであったはずのフィクションを生きているのだ。つまり，これらのドキュメンタリー作品は，リアル化したメディア環境を証し立ててい

るわけである。

　そして，リアル TV では，閉じられた環境で繰り広げられる関係性がその原動力であったように，リアル化したメディア環境を生きるアイドルたちにとって重要なのは，関係性，なかでも，そこから生まれてくる＜キャラ＞である。

　斎藤環（2011）によれば，AKB のような大所帯のグループでは，学校の教室と同じく，「キャラの生態系」が成立し，そのなかでメンバーたちは棲み分けをしながら，＜キャラ＞を確立していく。さらに，「チーム」などのサブグループや，総選挙による「序列化」が複合的に働くことで，＜キャラ＞分化がより複雑なものになっていく。数の力＝「集団力動」と，その大人数をさまざまなかたちで編成すること＝「構造的力動」はともに，メンバーの＜キャラ＞形成に資するわけだが，実のところ，そこには，ファンの参加も必須の要素として組み込まれている。いわゆる「推し」のことだが，AKB では，総選挙や握手会において，明確な結果として——ときに，メンバー，ファン双方にとって残酷なかたちで——突きつけられる。この結果が，「序列化」として，メンバーのキャラ形成において大きな役割を演じる。メンバーの＜キャラ＞に，ファンは引きつけられ，そのファンの存在が今度は，メンバーの＜キャラ＞形成を進めることになる。こうして形成された＜キャラ＞がさらにファンを引きつけ，さらにそれが……というかたちで，メンバーとファンのあいだには，＜キャラ＞のやり取り，すなわち，「「キャラ消費」の循環システム」が成立することになる。これが，アイドル文化の原動力になっているというわけである。

　たしかに，大所帯のグループでは，このような閉じた関係を作り出し，それによって＜キャラ＞を確立し，人気を維持していくことができる。しかし，そのような仕掛けが可能なグループはごく一部でしかない。ほぼすべてのグループが大所帯でもなく，また，メンバーも固定しているため，それでは，＜キャラ＞を確立し確認することが困難になる（そもそも，その前に解散してしまうことのほうが多いともいえるが）。

　そのなかで，それとは別のかたちで，まずはグループとしての＜キャラ＞の

確立に成功したのが，ももいろクローバー Z（以下，ももクロ）である。

4 '10～ リアル化するメディア環境とアイドル戦国時代
──ももクロと AR 的＜キャラ＞

　結成当初のももクロは，プロレスや戦隊もの，あるいは，ドリフターズといった昭和のメディア文化を参照しながら，＜キャラ＞を構築し打ち出していった。それらは，メンバーたちが経験したり，とくに愛着をもっていたものではなく，運営側の大人たちの趣味によるものであった。メンバーにとっては，お仕着せのものであり，ファンにとっても，どこか違和感のある過剰なものであった（顔を覆い隠す，戦隊もののヘルメットやプロレスラーのマスク，フェスでの観客を煽るにあたってリーダーの百田夏菜子が発した，格闘家・プロレスラー小川直也に倣った言葉など）。

　こうしたかたちで，外部のメディア文化を参照することで構築される＜キャラ＞を我々は，「AR 的キャラ」と呼んだ（西，2017）。過剰な＜キャラ＞とは，彼女たちの現実の姿（Reality）が拡張された（Augmented）ものである。

　このような過剰さは，ファンを前にして行う「約束」や「宣言」といった言語行為にも当てはまる。AKB も当初，東京ドームでの公演を目標に掲げていたが，ももクロも，国立競技場での公演や紅白歌合戦への出場といった，無謀とも思われた未来の夢をファンの前で「宣言」し「約束」したのであった。言語行為は，目の前にあることについて記述するのではなく，発せられることで，その行為を成立させるものだが（「○○を約束する」と発して初めて，約束は行為として成立する），それによって，アイドルたちの現在の姿は，未来の「約束」，「約束」された未来によって拡張される。そしてそれは，未来に開かれた存在としての，アイドルのアイドルらしさを確立するものである。このような未来へ開かれたアイデンティティは，虚と実が相反することなく，両義的なものとして，そのままで共存しうる（それに対して，過去については，検証に晒され，虚か実かが問題になる）。

　さらに，このような言語行為は，アイドルたちだけでなく，ファンをも巻き込むものである。というのも，言語行為の成立には，他者の存在が欠かせないからである。こうして，アイドルとファンのあいだには，共同性――「ファンダム」あるいは「コンヴァージェンス」（ジェンキンズ，2021）――が成立する。別言すれば，アイドル文化では，ファンたちの積極的な関与が前提されているのであり，「未来」の「約束」が両者のコンヴァージェンス・ポイント（「収束点」）となるわけである。

　こうしたなかで，プロレスや戦隊ものを参照することで打ち出されたのは，「戦い」というコンセプトであった。このコンセプトはなによりまず，戦国時代と称された当時のアイドル文化にふさわしいものであり，それに要請されたものであった。

　この戦国時代がはじまったとされるのは，2010年のことである。この年の5月30日には，NHKの音楽番組「MUSIC JAPAN」で「アイドル大集合SP」が放送され，さらに，8月30日・31日には，東京・渋谷のC.C.Lemonホール（当時）で「アイドルユニットサマーフェスティバル2010」がニッポン放送の主催で開かれた。[2] AKB系やハロプロ系，そして，ももクロらが同じステージに上がったのであった。それぞれのグループ（というよりむしろ，その運営）がしのぎを削る場となり，戦国時代という名にまさに値するものであった。

　ももクロは，これらの機会に大きなインパクトを与えただけでなく，ホールからアリーナ，スタジアムへと，次々に規模の大きくなる会場に挑戦し，それらの会場に満員の観客を集めることで，この戦いに勝利していったのであった。

　つまり，戦国時代＝「エポック」のなかで，戦いという「コンセプト」[3] によって，さまざまな課題を突きつけられ，追い込まれていく彼女らのリアルな姿が拡張されていたわけである――そしてそれゆえ，追い込まれていてく彼女

---

(2)　このイベントが，ニッポン放送の番組に関連した大型イベントの開催につながっていくことになる。このようなイベントも，ライブ文化の広がりを証すものである。

(3)　この「コンセプト」は，「物語」や「世界観」，あるいは，「筋」と呼ばれるものより，偶然性に開かれており流動的，別言すれば，より場当たり的なものである。それはまた，VIXXやEXOといったKポップのアイドルたち，「コンセプトドル」における「コンセプト」に対しても同様で，それほど作り込まれているわけでも一貫したものでもなく，偶然性に開かれている。

たちの姿がコンテンツたりえたのであった。

このように，ももクロは，グループ内の閉じられた関係性ではなく，エポックのただなかで，他のグループとの関係性において，グループとしての＜キャラ＞を確立しいったわけである。

このような関係性は，偶然性を招来する仕掛けであり，この偶然性，すなわち，未来への開けこそが，アイドルを特徴づける「若さ」である。

それは別言すれば，このような＜キャラ＞によって特徴づけられる＜アイドル＞にとって，偶然性＝事故と折り合いを付けていくことが必須になるということである。

この点は，２次元ベースの＜キャラ＞と対極をなすところである。たとえば，アイアンマンやスパイダーマンを擁する MCU のような場合，演じている俳優が変更されても——極端な場合，亡くなったとしても——，シリーズは継続される。同様のことは，『テニスの王子様』や『弱虫ペダル』といったマンガを原作としたミュージカル，いわゆる2.5次元ミュージカルにおいて顕著である。これらは原作があり，＜キャラ＞もすでに確立されているため，舞台化される際にも，その再現度が重視される。そしてそこでは，俳優の交代は，「○代目」というかたちで記されていく。

このような２次元ベースの＜キャラ＞においては，３次元——俳優やアイドル本人たち——がもたらす偶然性は，まさにそれとして，本質的でない。それに対して，３次元をベースにして構築される＜キャラ＞では，偶然性こそが本質であり，それと折り合いを付けながら形成されていくほかない。[4]

つまり，AR 的＜キャラ＞とは，一つの「開かれた作品」なのだ（エーコ，1984）。そこでは，偶然性への開かれが前提となっており，それを拡張することで＜キャラ＞が構築される。こうして，アイドルの＜キャラ＞は，固定的

---

(4)　このような＜キャラ＞は，長期間続くドラマ・シリーズの登場人物によく見られるものである。演じる俳優自身が人気になることで，別のシリーズに抜擢されたり，映画に進出するなどして，当初のドラマでの役割が変わったり，何らかの理由をつけて，出演しなくなることがよくある。それはまた，WWE のようなプロレス団体のレスラーたちにも当てはまるものである。ちなみに，WWEで，「ユニバース」と名指されるのはファンのほうであり，この点も，２次元ベースの MCU と対照的である。

でなく，更新されていく。

　そしてそれゆえ，＜アイドル＞こそが，メディア環境のリアル化をもっとも
よく体現するものとなる。「開かれ」とは，＜アイドル＞が体現するライブ性，
すなわち，「生」であり「生身」であることと同時に，その「若さ」のことなの
だ。

　この点を，ももクロの歩みをさらにたどることで，検討していこう。

5　ポスト戦国時代——キャラ・エポック・コンセプト

(1)　〜'14戦国時代の終わり

「戦い」というコンセプトは，戦国時代にこそふさわしいものであったが，
このエポックが終わると，必然性を失うことになる。アイドル戦国時代一般が
いつ終わったかを特定するのは難しいが，ももクロについて言うなら，14年の
国立競技場でのライブにおいてである。というのも，まずここで，戦国時代に
繰り広げた会場の大規模化が一段落する（収容可能人員では，前年にライブを開催
した日産スタジアムのほうが大きい）。実際，ライブ最後の挨拶で，リーダーの百
田夏菜子は，「私たちは大きな会場でやりたいから，やってるわけじゃないん
です。会場をゴールにしてたら，大きな会場でやったらそれで終わりみたいに
なっちゃう（…）」と言ったのであった。そして，次のような言葉で，この時
代の終焉を宣言する。

> 　私たちは天下を取りに来ました。でもそれはアイドル界の天下でもなく，
> 芸能界の天下でもありません。みんなに笑顔を届けるという部分で天下を
> 取りたい。

　つまり，天下取りの意味が，アイドル戦国時代におけるそれではなく，「笑
顔の天下取り」へとずらされたわけである。ここでもまた，宣言という言語行
為によって，新たな「コンセプト」が提示され，それによって，「エポック」

が刻まれたのである。

(2) '14〜'18　笑顔の天下取り

このエポックの変化をよく表しているのが，紅白歌合戦との関係である。かつての天下取りの目標の一つとし，12年から3年連続で出場していたが，15年に，選から漏れたのにともなって，独自の歌合戦『第1回ももいろカウントダウン〜ゆく桃くる桃〜「笑顔ある未来」』を大晦日に開催することになったのであった（現在も，『ももいろ歌合戦』として続いている）。

そして，この新たなコンセプトを実現すべく，まず空間的に活動を広げていく。

たとえば，16年には，ハワイ，ロサンゼルス，ニューヨークをまわる『アメリカ横断ウルトラライブ』が開催された。また，日本各地の中規模のホールで，トークイベント『ロケハン』が開催され，これが，翌年から18年12月まで続くことになる全国47都道府県ツアー『青春』へとつながっていく。

このコンセプト，エポックを象徴するのが，『ももクロ春の一大事2017 in 富士見市 〜笑顔のチカラ つなげるオモイ〜』である。このイベントは，地方公共団体の応募を受けて，会場を選定し，地域を巻き込んで開催されるものである。会場も，音楽イベントの開催を前提としたのではないグラウンドなど，屋外のスペースが利用され，そこが大規模なライブ会場に仕立てられる。屋外であるだけに，観客は，地元の風景とライブ空間を同時に経験することになる――その意味で，このイベントもまた，現実を拡張するものである。

また同年には，ももくろちゃんZ名義で，知育バラエティ番組『ぐーちょきぱーてぃー』の配信もはじまった（19年からは，『とびだせ！ ぐーちょきぱーてぃー』として継続されている）。それまでも，『ももクロの子供祭り2012〜良い子のみんな集まれーっ！〜』や，『佐々木彩夏演出 ももクロ親子祭り2015』が開催されていたが，このような試みは，地域だけでなく，年齢的な広がりを実現することで，笑顔の天下取りというコンセプトを実現しようとするものである。

　こうして展開してきた，戦国時代に続くコンセプト，そして，エポックもまた，アイドル戦国時代の天下取りと同様，終焉を迎えることになる。

(3)　'18〜　「TDF」

　その画期となったのは，グループ結成10周年にあたる2018年である。この年の１月に，メンバーの１人が脱退したのであった。グループの存続を危ぶむ声もあるなか，５月に，単独では初となる東京ドームで開催された記念ライブは，[5]そのような懸念を完全に払拭するものであった。以前の画期となった国立競技場のライブで，リーダーの百田夏菜子は，笑顔の天下取り宣言に続いて，「目の前が真っ暗になってしまったときは，みんなのそのサイリウムを目当てに，進んでいけたらいいなと思います」と発言していた。この発言が，10周年ライブの最後で，次のようなかたちで回収されることになる。

　　４人になるってわかったときに，本当に真っ暗になっちゃって……正直，どうやって進んで行ったらいいのか，わからなくなってしまいそうな自分がいて……，どうしようって本気で思いました。このまま続けていっていいのかなって。みんなにたくさん笑顔を届けたいって言いながら，すごく悲しい思いもたくさんさせてしまって申し訳ないなと思って。少し道に迷いそうになっている自分がいました。でも，そんなときに，５人で最後のライブをしたときにこの景色を見て，進んで行ってもいいのかなという気持ちに少しなることができました。

　そして，「まだ４人でできることはたくさんある。やりたいこともいっぱいある」と言い，「ももクロだからできること，みんなとだからできること」をやっていくことで，「アイドルが最強」だということを見せていくとあらためて宣言したのであった。

---

(5)　それまで，ももクロにとっては，首都圏のドームと言えば，西武ドーム（現，ベルーナドーム）であったのだが，それも一つの伏線となることで，大きな盛り上がりをみせたのであった。

　実際，この年からは，グループとして，舞浜アンフィシアターでのミュージ
カルや明治座での公演を行い，それぞれのメンバーも，映画やドラマにメイン
キャストとして出演するなど，活動の幅を広げながら，個々の力を高めていっ
たのであった。

　そして，このエポックの集大成となるはずであったのが，19年のクリスマス
のライブで表明された新国立競技場でのライブ開催である。そこでは，結成，12
年目に入ってもなお，新しい「夢」として，この会場でのライブを，「どうし
ても見たいねっていう景色」と語ったのであった。[6]

　しかしその数ヵ月後，コロナ禍が全世界を襲った。

6　'20〜　リアル化するメディア環境におけるライブ
——コロナ禍と＜アイドル＞文化

　コロナ禍は，不要不急の外出の自粛を課し，エンターテインメント全般を活
動休止状態に追い込んだ。なかでも，「会いに行ける」近さ・親しさに支えら
れてきたアイドル文化にとって，三密の回避やソーシャル・ディスタンスの確
保が求められたことは，文字通り致命的であった。

　このような状況に押されて一気に進んだのが，ライブイベントのオンライン
化であった。

　AKBや坂道系をはじめ，大小さまざまなアイドルグループが，握手会やお
話会をオンライン化し，ライブもまた，オンラインで配信された。

　ライブのオンライン配信でまず大きな話題になったのが，サザンオールス
ターズが2020年6月に横浜アリーナから行った配信ライブであり，約18万人が
3,600円のチケットを購入したと報じられた。アイドルに関して言えば，20年

---

(6)　この夢は，コロナ禍によって先送りされることで，次の「エポック」における新たな「コンセプ
　ト」＝約束になるかもしれない。また，本章の第一稿を書き終えた後，2022年11月には，メンバー
　最年長の高城れにが結婚を発表した。これまでも，「結婚してもアイドル，出産してもアイドル」
　と言ってきた＝約束してきたわけだが，それが現実のものとなることで，新たなコンセプトとして，
　新たなエポックを開くことになるかもしれない。

末をもって活動休止に入った嵐の配信ライブが，100万人を超える有料の視聴者を集めたとされた（ファンクラブの会員数が300万人を超えていることからすれば，十分あり得る数字に思われる）。

　このようにコロナ禍は，それまでも近い将来のことと言われながらも，実現には至っていなかったライブイベントのオンライン化の流れを一気に加速させたのであった。

　しかし，これらの配信イベントは，有観客のライブや接触イベントが中止を強いられたのに伴い，その代替として行われたものであり，配信すること自体に意味があるものであった。[7]

　これとは別に，リアルな現場のたんなる再現ではなく，配信ならではの可能性を模索したものもあった。

　このような方向性の違いを明らかにしてくれるのが，嵐が2020年に行った2度の配信ライブである。

　まず，20年11月3日に配信された『アラフェス2020 at 国立競技場』は，配信ならではという演出は特になく，あくまで現場で観るライブの再現にとどまるものであった。このライブは，10月24日に収録されたものが配信されたが，それが収録であることは，ライブの演出に使用した風船が，隣接する神宮球場に落下し，プロ野球ヤクルト戦が2度中断されたことで，広く知られていた。つまり，このライブは配信かつ収録というかたちで，ライブの現場から二重に媒介されたものであったのだが，この媒介性が積極的に活かされることはなかったわけである。

　これに対して，大晦日に配信されたライブでは，これとは別の可能性が試みられた。配信は2部構成であったが，第1部は，ファンクラブ限定ということもあり，ゆるいバラエティ番組風のものであった。それに続く第2部が，活動休止前最後のライブとなる『This is 嵐 LIVE 2020.12.31』であった。そのメインステージには，大型スクリーンだけでなく，多数のモニターが各所に設置さ

---

(7)　中継を中心とするパレオ TV と，スタジオ空間が拡大するネオ TV という区別に従うなら，パレオ配信と呼ぶことができるだろう。

れ，声援を送るファンたちの姿が映し出された。また，別に用意されたステージは，床も含めて3面にLEDスクリーンが設置され，その映像のなかでパフォーマンスを行ったのであった。

　つまり，これらの2度のライブは，一方が，あくまでライブの現場の再現にとどまっていたのに対して，他方は，配信であることを積極的に活かし，ライブ現場での経験を超えるものを志向し，それを拡張しようとするものだったわけである。

　このような二つの方向性は，以前指摘した，ライブ会場に設置された大型スクリーンの使用法の違いと重なるものである（西，2017）。一つには，ステージの近くで見ることの代替としてのスクリーンの使用がある。アリーナやスタジアムといった大規模会場の場合，たとえプロレスラーや格闘家であっても，その動きの詳細を肉眼で捉えることはできない。それが，大型スクリーンを設置することで，細かな表情や動きが追えるようになる（逆に，格闘技であれ音楽であれ，大会場でのイベントが可能になったのは，スクリーンの大型化と高精度化があってのことである）。もうひとつには，事前に収録した映像を映し出すための使用がある。格闘技であれば，個々の選手を紹介したり，対戦の経緯や意気込みを流すことで，試合を盛り上げる，いわゆる「煽り」映像のためのものである。音楽イベントでも，MVの映像など，楽曲を演出するためにスクリーンが使用される。このような映像は，子細に見ることができない観客に，パフォーマンスをみえるようにするのではなく，パフォーマンス自体を拡張するものである。つまり，現実の代替・再現ではなく，それを拡張するもの，AR的なものである。

　このようなライブ会場における大型スクリーンの二つの使用法と同様に，配信においても，現場の経験を再現するものと，現場の経験を拡張するAR的ものとがあるわけである。

　コロナ禍において，ももクロも，スタジアムで開かれることが恒例の夏のライブについて，ぎりぎりまで有観客で開催する可能性を探ったものの，最終的には，配信のみで行うことになった。8月に逗子マリーナで行われた『ももク

ロ夏のバカ騒ぎ2020配信先からこんにちは』は，昭和のアイドル水泳大会を彷彿とさせる場面や，クルーザーからの歌唱映像を挟むなど，配信や収録であることを活かす演出がなされたライブとなった。

　そして，クリスマスライブに代わるものとして，11月に行われた『PLAY！』は，abemaTVで配信されたこともあり，夏のライブにもまして，配信であることを積極的に活かすものとなった。まず，マルチアングルの映像や，投票によって歌唱する楽曲を決めるなど，プラットフォームが提供する機能を活用することで，視聴者とのインタラクションが促された。さらに，ライブのタイトルにもなっている「PLAY！」のパフォーマンスは，床も含めて３面にLEDスクリーンが配置されたステージで行われ，その映像に，ステージ上のものと同期した映像が重ねられるXR技術によって，ヴァーチャルな空間でパフォーマンスしているかのような演出がなされた。後に，この映像がPVとして公開されているように，CGを活用したPVを生で収録・配信したといえるものだったわけである（配信中，SNS上で，収録されたものではないかという声もあったが，それに対して，スタッフが生でのパフォーマンスであることを発信することもあった）。

　このような『PLAY！』における試みは，配信とはいえ，生であることによって，収録であることで失われる何ものかを回復させるものである。この何ものかは，未来への開け，偶然性のゆらぎであり，その意味で，まさにアウラと呼べるものである。しかし，それは，技術的複製によって失われる一回性ではなく，それによって補われることで生まれるものである。というのも，大規模であればあるほど，ライブの現場はすでにメディア化されており，そもそもそれによって初めて，ライブの経験が可能になるからである。そして，大規模のライブは，パフォーマンスを体験するには，必ずしもよい環境ではなく，演出の全容を把握することは不可能である。そのようなライブは，現場よりむしろ，それを映像化した作品こそが，十全な体験が実現される，完全版というべきものとなる（逆に言えば，ライブでの体験は，映像作品のパイロット版である）。それは，リアルTVが，メディアの外にある現実の生活を映し出すからリア

ルなのではなく，メディア化した環境に生きる姿——我々自身の姿にほかならない——を描き出すがゆえにリアルなのと同様である（西，2017）。つまり，この配信ライブは，このようなリアル化したメディア環境におけるライブのあり方をまさに表しているわけである。

　そしてそれは，これまで見てきた＜キャラ＞の AR 性と親和的なものである。いずれも問題になっているのは，「生」——ライブであり，生身——，あるいは，リアルを，いかに拡張するかということであり，アイドル文化を特徴づけるのは，まさにそれなのであった。

7　おわりに

　リアル TV は，メディアと日常が地続きとなるメディア環境そのものをメディア化するものであったが，デジタルメディア，とりわけ SNS の普及は，メディア環境のリアル化を押し進めたのであった。「会いに行ける」近さ・親しさから力を得てきた＜アイドル＞は，このようなメディア環境を体現するものであった。震災以後の＜アイドル＞文化の隆盛は，この点をよく表しているが，コロナ禍が決定づけたその退潮が，裏から証しているのも，それである。そして，このような推移からは，＜アイドル＞文化，そして，リアル化するメディア環境の別の側面も明らかになる。それは，ただの「生」——生身，ライブ，リアル——ではなく，その拡張もまた，力の源泉になるということである。＜キャラ＞の AR 性や，すでにメディア化された現場のライブ空間，メディア性を積極的に活かした配信ライブが表しているのは，それなのであった。＜アイドル＞を切り口にすることから明らかになるのは，このようなメディア環境であり，我々の生きる現実である。

引用・参考文献

烏賀陽弘道（2005）『J ポップとは何か——巨大化する音楽産業』岩波新書。

エーコ，U.，篠原資明ほか訳（1984）『開かれた作品』青土社。

斎藤環（2011）『キャラクター精神分析』筑摩書房。

ジェンキンス, H., 渡部宏樹ほか訳（2021）『コンバージェンス・カルチャー——ファンとメディアがつくる参加型文化』晶文社。

西兼志（2017）『アイドル／メディア論講義』東京大学出版会。

第4章

笑いのリミックス
コンプライアンス社会と「痛みを伴う笑い」

塙 幸枝

1 はじめに

　近年，「痛みを伴う笑い」という言葉をよく耳にするようになった。たとえばドッキリ番組の企画で何も知らないターゲットを深い落とし穴に落とす，といったありきたりな演出も，「痛み」を生じさせるという点で問題視されているのである。この「痛みを伴う笑い」という言葉は，しばしば「コンプライアンス」という鍵語とともに語られる。体を張った罰ゲームやリアクション芸を指して「その笑いはコンプライアンス NG だ」などとする発言からは，「痛みを伴う笑い」がコンプライアンスと折り合いの悪いものである，という世間の解釈がうかがえる。しかし実際のところ，そこでの「コンプライアンス」が何を意味するのかは不問のままであることが多い。

　ところで，「痛みを伴う笑い」という表現の出自は，BPO（放送倫理・番組向上機構：Broadcasting Ethics & Program Improvement Organization）の審議に端を発する。BPO といえば，2022年4月15日に「『痛みを伴うことを笑いの対象とするバラエティー』に関する見解」を発表したことは記憶に新しい。そのため世間では，「痛みを伴う笑い」の問題を〈「テレビ（制作者・出演者）」対「BPO」〉の構図で捉える向きも強い。しかし，「痛みを伴う笑い」とコンプライアンスの関係はそれほど単純なものではない。そこでのコンプライアンスとは，視聴者を含めた「テレビの笑い」に関わる人びとの「遵守」の意識をとおして保持されるものなのである。

　本章では，「痛みを伴う笑い」の問題を出発点としながら，「テレビの笑い」

に対する人びとの受けとめ方がいかに変化しつつあるのかを論じる。なぜ一昔前であれば許容されていた笑いが現在では許容されえないのか。それを検討するためにはテレビに描写されるものだけではなく，テレビ視聴をとりまくメディア環境や，そのなかで培われる人びとの視聴態度に目を向ける必要がある。かつての「テレビの笑い」が視聴者の内的なリテラシー（バラエティ番組をめぐる「暗黙の了解」や「テレビのお約束」を積極的に理解しようとする態度）を支えとして成立していたのに対して，インターネットやSNSを介したテレビのさまざまな「読み」が露呈する現在の視聴環境では，「テレビの笑い」についても多様な解釈が開示されうる。そのとき，制作者と視聴者の双方に強く意識されるようになったのがコンプライアンスであるといえよう。この「リテラシーの時代」から「コンプライアンスの時代」への移行は，笑いをめぐる議論の焦点が「笑いとしてみることができるか／できないか」という「能否」の視点から，「笑ってよいか／いけないか」という「是非」の視点へと変化してきたということでもある。このような変化をふまえたうえで，本章では現代社会におけるコンプライアンスの意味と問題点についても検討したい。[1]

2 「痛みを伴う笑い」をめぐる議論の経緯

2022年4月15日，BPOの青少年委員会によって「『痛みを伴うことを笑いの対象とするバラエティー』に関する見解」（以下，「見解」）が発表された。[2]この「見解」は「痛みを伴う笑い」をめぐって，「苦しんでいる人を助けずに嘲笑するシーン」が子どもの共感性発達を阻害したり，いじめを助長するモデルになったりすることに懸念を示したものである。その具体的な事例として，「見解」では以下の番組が挙げられている。

---

[1] 本章は，『成城文藝』第259号に掲載の論文「ドッキリ番組をめぐるコンテクストの重層性——「遊び」論の視点から」（塙，2022）の一部に大幅な加筆・修正を加えた内容を含む。
[2] BPO青少年委員会において，同議題は2021年8月24日の審議決定から継続的に検討されてきた。

刺激の強い薬品を付着させた下着を，若いお笑い芸人に着替えさせ，股間の刺激で痛がる様子を，他の出演者が笑う番組があった。被害者のお笑い芸人は，事前にある程度知らされていたのかもしれないが，痛みはリアルであり，周りの出演者は他人の痛みを嘲笑していた（BPO青少年委員会，2022：3）。

深い落とし穴に芸人を落とし（ここまではドッキリ番組の定番であるが），その後最長で6時間そのまま放置するというドッキリ番組もあった。その穴から脱出するための試みが何回となく放映され，脱出に失敗して穴の中に落ちる芸人を，スタジオでビデオを視聴する他の出演者のうち何人かが，嘲笑するというものもあった（BPO青少年委員会，2022：3）。

　先に述べたように，今回の「見解」はBPO組織のなかでも「青少年にとっての放送番組の向上」を掲げる青少年委員会が主導するものであり，共感性発達の阻害やいじめの助長という論点が核を成すことは間違いない。その一方で，「見解」の議論が笑いをめぐる「リアリティ／フィクショナリティ」の問題にまで及ぶことは興味深い。

　ところが近年のバラエティー番組の罰ゲームやドッキリ企画は，時として視聴者へのインパクトを増すために，出演者の間では了解されていたとしても，リアリティ番組としてみえるように工夫されている。より強いインパクトを求めて，最近のリアリティショーは，制作者・出演者の作り込みを精緻化させ，大人でさえもリアルとしか思えないような演出がなされることもある。中高生モニターの高校生のなかには，制作者と出演者の間の了解を理解している例も見られるが，視聴者が小学生の場合は，作り込まれたドッキリ企画をリアリティ番組としてとらえる可能性は高い（BPO青少年委員会，2022：3）。

この一節にはいくつかのことが示唆されているが，要点を抜き出せば，次のように理解することができる。すなわち，「痛みを伴う笑い」を描く場面は，演技や演出に対する「出演者間の了解」を前提とした（半）フィクショナリティのうえに成立するものであるが，視聴者にとってはそれがリアリティとして読み取られる可能性がある。「見解」の発表以前から「痛みを伴う笑い」というフレーズが独り歩きしていることもあり，この一件は「痛み」の原因となるような「暴力」シーンや「侮辱」シーンそのものへの規制を争点とするかのように受け止められがちであるが，注目すべきはそこに「リアリティ」という尺度が持ち込まれている点であり，それが「テレビを読む」という視聴行為を対象とした議論だという点であろう。[(3)]

　こうした論点は，「見解」の記述内容のみならず，視聴者の語りにもみてとれる。「見解」の発表以降，視聴者の間では「痛みを伴う笑い」についてさまざまな意見が交わされている。「痛みを伴う笑い」をめぐる賛否は表層的にみれば「子どもが模倣するか否か」「いじめを助長するか否か」といった装いをもつが，じつは両論の背後には，「痛みを伴う笑い」を「笑いとしてみることができるか／できないか」という共通の論点を見出すことができる。言うなれば，「痛みを伴う笑い」の問題は「笑いが笑いとして成り立つためのコンテクスト」をめぐる議論を含むのである。むろん，以前から同様の議論がなかったわけではないが，[(4)]かつてのバラエティ番組は視聴者のリテラシーを基盤とした

---

(3)　スチュアート・ホールは「エンコーディング／デコーディング」理論において，メディアのメッセージが制作者側のエンコード（記号化）と視聴者側のデコード（記号解読）の双方の過程によってつくりだされるものであることを指摘した（Hall, 1980）。ホールはデコーディングについて3つのパターン——「支配的な読み」（制作者の意図どおりにメッセージを読む場合），「交渉的な読み」（メッセージの支配的な意味を認めつつ，それとは別の読みをおこなう可能性も含むような場合），「対抗的な読み」（メッセージの支配的な意味に抵抗し，対抗的な読みをおこなう場合）——を提示しているが，「痛みを伴う笑い」に導入されるリアリティという尺度は，従来的なバラエティの読み方を相対化するものであると考えられる。

(4)　たとえば有名な論争として，1969年から1985年まで放送されたザ・ドリフターズの『8時だヨ！全員集合』をめぐる「ギロチン事件」が挙げられる。これは，1981年6月27日に放送された「大脱走・鬼の看守の眼を盗め」という囚人コントのなかで，志村けんにそっくりな人形の首を切り落とすという場面に抗議が殺到した，というものである（居作，2001）。そこでも，笑いの前提となる文脈にリアリティを読み取るか否か，ということが問題となっていた。

暗黙の「お約束」によって，笑いの文脈を保持してきたともいえる。そうした状況を振り返るためには，日本のバラエティ番組が「ドキュメントバラエティ」という独自の形式をもって発展してきたことに目を配る必要があるだろう。

3　リテラシーの時代
──「笑いとしてみることができるか／できないか」という視点

「笑いとコンプライアンス」の問題が取り沙汰される昨今，「（現在のテレビとは異なり）かつては何でもありの寛容な時代だった」という語り口をよくみかける。ところで，そこで漠然と懐古される「かつて」のバラエティ番組とは，いったいどのように特徴づけられるのだろうか。当時のテレビ制作者たちによる証言（景山，1990；塩川，1996）からは，いまではみられなくなった過激な演出の数々が想起されるが，とりわけ1980年代以降のバラエティ視聴にはある傾向を見出すことができる。

日本のテレビ史においてしばしば指摘されるように，1980年代のテレビは外部世界とのつながりよりも，「テレビ内部のお約束」を重視する段階に入っていった。北田暁大は1985年から放送された『元気が出るテレビ』の「素人いじり」を例に挙げながら，その成立の背後には「受け手が，『お約束』的な演出を相対化し，『お約束』からはみ出る過剰な部分に快楽を感じるようなリテラシー」（北田，2005：156）が前提とされていることを，「純粋テレビ」という概念によって説明している。

　　このように，『元気が出るテレビ』の送り手／受け手において掛金となっているのは，テレビそのもの（「テレビ的お約束」と「お約束の外部」）である。送り手は，テレビ的な「お約束」を顕在化させることによってテレビそのもののパロディを作り出し，受け手はそうした送り手の意図を正確に読みとったうえで，「お約束」の外部を指し示す素人たちの振舞いに──タレ

ントと同じく──ツッこみを入れる。視聴者は「テレビを主題化したテレ
ビ番組を視聴する視聴者を視聴する」わけで，どこにもテレビの真の《外
部》は存在していない（純粋テレビ）（北田，2005：157-158）。

　「テレビについて語るテレビ」といった自己言及的なテレビ状況は，ウンベ
ルト・エーコが指摘する「パレオTV」から「ネオTV」への移行[5]とも重なる
ものであるから，こうした流れは日本のテレビに固有のものとはいえない。他
方で，「テレビのお約束」[6]を前提に，日本のテレビが1990年代以降，「ドキュメ
ントバラエティ」という独自の枠組みを発展させていったことは注目に値する。
　ドキュメントバラエティとは，その字義どおり「ドキュメンタリー」と「バ
ラエティ」の要素を併せもつ番組群を指す。当時のバラエティがすでに「テレ
ビのお約束」にもとづくフィクショナリティをふまえたものであったのに対し
て，ドキュメンタリーとは一般的にリアリティの側面を前景化させるものであ
るから，ドキュメンタリーとバラエティの両要素は相容れないようにも感じれ
られる。しかし，そのようなフィクショナリティとリアリティが織りなす折衷
的な状況，いうなれば「虚実皮膜の間」を楽しむ態度こそが，ドキュメントバ
ラエティの根幹を成すものであった。テレビプロデューサーの土屋敏男によれ
ば，ドキュメントバラエティの典型を1992年から放送された『進め！電波少

---

(5)　エーコは「ネオTV」について以下のように述べている。「ネオTVの主要な特徴は，外部世界
　について語ることがますます少なくなっているということである（パレオTVはそうしていた，あ
　るいはそうしている振りをしていた）。それが語るのはテレビ自身，人びととまさに築きつつある
　接触（コンタクト）である。それが語る内容や対象はさして重要でない（というのも，リモコンを
　手にした視聴者こそがテレビが語ることのできる時間やチャンネルを変える時間を決めることがで
　きるからである）。テレビは，人びとが手に入れたこの力に勝るために，『私はここにいる，私は私
　だ，私はきみだ』と語りかけることで視聴者を引き留めようとする」（エーコ，2008：2）。エーコ
　はパレオTVとネオTVの例として，情報番組とフィクション番組（フィクション番組にはバラエ
　ティ番組も含まれる）の差異を挙げているが，日本のテレビでは情報番組の領域においてさえ，ネ
　オTV的な要素の介入をみることができる。
(6)　ただし，この「テレビのお約束」は，必ずしもコアな視聴者だけを取り込んでいたわけではない。
　プロデューサーの横澤彪と放送作家の景山民夫によれば，たとえば『笑っていいとも』のような番
　組が，理由もなく「なんとなくおかしい」ものを許容して「何をやっても笑う」視聴者層に支えら
　れていたことからは，バラエティ視聴が緻密な読解だけに支えられていたわけではないことがみえ
　てくる（景山，1990）。

年』に見出すことができるという（土屋，2020：28）。『進め！電波少年』といえば，名物企画の一つにお笑いコンビ猿岩石による「ヒッチハイク旅」が挙げられるが，そこでは単に彼らの素顔や旅路におけるハプニングのリアリティだけが追及されたのではない。ヒッチハイク旅には一定の演出が介在しており，ときにそれが視聴者の目に触れるものであっても，批判には結びつかなかったというのだ。

> それは結局，視聴者の側がドキュメンタリー的な感動を得つつも，番組自体が大枠としてバラエティであることを心得ていたからだろう。「虚実皮膜の間」にある"芸"の新しい形として，虚々実々の部分を楽しんでいたのである。そこには，ドキュメントバラエティがそれなりに高度な"バラエティリテラシー"を有する視聴者の存在を暗黙の前提にしていたことがわかる。それはおそらく日本のテレビにかなり固有なことであり，リアリティショーではなくドキュメントバラエティという独自の呼称が生まれる背景にもなっていった（太田，2020：17）。

ここで太田省一がドキュメントバラエティとリアリティショーとの対比を示唆していることは重要である。というのも，やはりドキュメントバラエティはリアリティの側面を強調する欧米のリアリティショー[7]とは似て非なるものであり，リアリティショーであれば（表向きには）排除が目指されるような演出や演技の要素をも「芸」として組み込んできたからである。そして，その虚実のバランスは，視聴者による一定のリテラシーによって支えられてきたというわけである。しかし現在の「痛みを伴う笑い」の議論からは，長らく維持されてきたドキュメントバラエティの「お約束」にも裂け目が生じる可能性が示唆される。実際に人びとの語りのなかには，「痛みを伴う笑い」の問題をリアリ

---

[7] リアリティショーの流行は，1999年にオランダで放送された『ビッグブラザー』という番組のフォーマットに由来するもので，その多くは一般の視聴者参加によって構成され，台本のない状況のなかで出演者のリアルなコミュニケーションを観察するという構造をもつ（越川，2006：181）。

ティショーとの接続において捉える見方が存在する。[8] さらにいえば，そもそもバラエティ番組のフィクショナリティ／リアリティに話題が及んでいること自体を「お約束」の瓦解と捉えることもできるだろう。

　リアリティという尺度が前景化してきた背後には，当然のことながら，メディアによる視聴環境の変化がある。かつてのテレビ研究が想定してきたテレビの多様な「読み」の可能性は，〈制作者－テレビ－視聴者〉の関係を焦点化するものであった。つまり，まずテレビ番組には制作過程があり，番組内容はストーリー構成や編集によって何らかの方向づけを帯びるが，その方向づけをふまえつつも，最終的にテレビの意味は視聴者個人の読み方に委ねられる余地がある，というわけだ。しかし昨今の視聴行為では，むしろ〈視聴者－視聴者〉の関係こそが重要な意味をもつ。視聴者の傍らにしばしばスマートフォンがあって，自分の「読み」の答え合わせをするように，常に他者の「読み」と照らし合わせながら番組内容の意味を探るということも珍しくない。それは実況版に参加しながらリアルタイム視聴をするようなケースに限らず，時差的に過去の番組に関するスレッドを確認したり，テレビ番組の切り抜きがアップされた SNS 上でコメント欄を眺めつつ動画をみたりと，さまざまなケースに及ぶだろう。[9] つまり，かつてお茶の間という物理的空間のなかに据え置かれていたテレビは，いまやインターネット空間との連動のなかで視聴されることによって，（物理的に近い関係であるところの）家族や友人をはるかに越えた匿名的な誰かとの共有事項にもなりうるわけである。若い世代はテレビをみないといわれて久しいが，たとえテレビを読解的に視聴せずとも，その断片が人びとの注目を集めるコンテンツとして流通しうる，というのがメディア環境の変化によってもたらされた一つの状況だといえるだろう。

---

(8)　たとえば BPO の「見解」発表以降，SNS やニュースポータルサイトのコメント欄には，2020年5月にリアリティ番組『テラスハウス』の出演者が自死したことを持ち出し，「痛みを伴う笑い」における過剰な演出を糾弾する意見が認められる。

(9)　ただし，村上圭子が指摘するように，SNS 時代のテレビ視聴におけるスマートフォンの役割は，「局主導」で視聴者の意見を管轄するようなセカンドスクリーン型ではなく，あくまで「視聴者主導」で番組を楽しむことに主軸があるとされる（村上，2020：22-23）。

　他者の「読み」が可視化される視聴環境において，「テレビのお約束」をめぐる暗黙の了解はもはや「暗黙」のままではいられない。そこではあらゆることが言明されるとともに，かつては「(本気にならずに) 笑いとしてみる」ことがあたりまえであった事柄にも，別の解釈が与えられる。これはテレビ視聴をめぐる場面に限らず，ネットカルチャーにおける一つの傾向と重ね合わせてみることもできる。平井智尚は，「炎上」という事象について，その発生理由がかつては炎上を招いた投稿者を嘲笑する「アイロニカルな視点」にもとづくものであったのに対して，現在では「社会的厚生」や「社会的制裁」にもとづくものへと移行していることを指摘している (平井，2021：267)。

　　　　　平井の研究が対象とする炎上の事例に「社会的厚生」や「社会的制裁」の[10]
　　　側面が認められなかったわけではない。ただいずれにせよ，炎上の性質が
　　　次第に「社会的厚生」や「社会的制裁」へと移行していったのは確かであ
　　　る。このような変化が生じたのはなぜか。その理由の一つとして，ソー
　　　シャルメディアの普及以降，(炎上を招くような) 問題含みの言動を素直に，
　　　いわゆる「ベタ」にとらえ，それらを問題視する人たちが増加したことが
　　　挙げられる。ソーシャル・ネットワーキング・サービス (SNS) やツイッ
　　　ター，あるいは，まとめサイトを通じて新たにインターネット空間へ参入
　　　した者たちは，ネットカルチャーに親和的とは限らず，その歴史にも通じ
　　　ているわけではない。要するに「ネタ」が通じないのである (平井，
　　　2021：265，注は筆者による)。

　ここで指摘される「社会的厚生」や「社会的制裁」は，「痛みを伴う笑い」の問題にも共通するものであるが，そこで重要な参照点とされるのがコンプライアンスなのである。

---

[10]　これは平井自身による過去の研究 (平井，2012) を指している。

4　コンプライアンスの時代
——「笑ってよいか／いけないか」という視点

「痛みを伴う笑い」をめぐって使用される「コンプライアンス」という語には，「制約」のイメージが付与されている。しかし，BPO の見解を読めばわかるように，そもそも「痛みを伴う笑い」の争点は「子どもの模倣」や「いじめの助長」の是非を（議論の余地も含めて）問うことにあり，BPO が「NHK と民放連によって設置された第三者機関」であることからも直接的に放送を規制する力はもたない。それにもかかわらず，「痛みを伴う笑い」をめぐる語りは，所在の曖昧な「コンプライアンス」なるものに絶大な力を与えているようにもみえる。「コンプライアンス違反」という言い方が示すように，そこでのコンプライアンスとは「遵守されるべきもの」という前提があるわけだが，そもそもそのようなコンプライアンス観自体を問い直してみることもできるだろう。

　コンプライアンス（compliance）とは，要求・命令・規則などを守ることを意味するが，日本ではとくに「法令遵守」の意味合いで使用されてきた。一方で，「法令順守」という観点からだけではコンプライアンスの全容を捉えきれないとする指摘もある。たとえば，コンプライアンスとは「法」のみならず，より広範な規範や社会ルールも含めて「相手の期待に応える」ことだとする見方などがその一つだ（中島，2021）。しかしそうした観点にとどまらず，日本におけるコンプライアンスが抱える問題点を，遵守の「範囲」ではなく「無条件に遵守する」という態度のありかたから省みようとする見方は，より重要だ。郷原信郎は，コンプライアンスの名目のもとで法令のみならず社会規範までもが「遵守」や「禁止」の対象となり，社会が思考停止に陥ることの危険性を指

⑾　「日本の放送界が，放送法と電波法によって直接に行政の管理下に置かれ，しばしば行政指導の対象になっていること，言い換えれば，公権力を監視すべき放送メディアが，公権力によってじかに管理・指導されているといういびつな状態にあることについて，委員会はこれまでもたびたび疑念を表明してきた」（放送倫理・番組向上機構，2009：4）とする BPO の立場を念頭に置けば，一般的に想定される〈「制作者」対「BPO」〉の対立構図にはある種の誤解が含まれているともいえる。

摘する。

　　ここで改めて「社会的規範」というものの意味を考えてみる必要がありま
　　す。「社会的規範」というのは，社会の中で，人々がその価値を認め合っ
　　て，大切に守っていこうという基本的合意ができているルールです。法令
　　に定められていないことでも，社会的規範が守られることによって社会の
　　健全性を確保することができます。それは法令のように明文化されたもの
　　ではないので，何らかの事象の解決について適用するのであれば，それを
　　めぐる当事者や社会全体のコンセンサスが必要になります。つまり，「社
　　会的規範」がその本来の機能を果たすためには，それを無条件に守ること
　　を強制する「遵守」の関係ではなく，「ルールとしてお互いに尊重する」
　　という関係が必要なのです。「社会的規範」に関しては，「遵守」のような
　　上命下服の世界でなく，人間同士が，そして組織間がフラットな関係にあ
　　ることが必要なのです（郷原，2009：203-204）。

　「痛みを伴う笑い」についても，上記と同じような状況が認められる。「痛み
を伴う笑い」という言葉が独り歩きするなかで，「笑いとコンプライアンス」
の関係はコンセンサスを抜きにした「遵守」の構図を生み出してしまったとも
いえる。
　さらに，近年のコンプライアンス社会が「リスクの個人化」を徹底させるこ
とで企業や組織の責任を回避しようとする傾向をもつ（石戸・武田，2019）こと
は，「痛みを伴う笑い」をめぐるテレビの態度にも無関係ではない。たとえば，
昨今，各テレビ局は「コンプライアンス憲章」なるものを掲げている。そうし
た憲章はテレビの社会的責任を自問するものとして一定の意義をもつが，「痛
みを伴う笑い」の問題にとっては「遵守」の論理として機能する可能性がある。
またそれは同時に，より大きな（見えない）コンプライアンスに対する大義名
分として機能する可能性もある。BPOの「見解」が発表された直後，バラエ
ティの制作者や出演者を含む多くの人の語りには，「笑いとコンプライアンス」

の問題をめぐる〈「テレビ」対「BPO」〉の構図が想定されていた。簡単に言えば、「BPO が笑いを規制するコンプライアンスを振りかざす」というような見立てである。しかし、「コンプライアンス憲章」が「痛みを伴う笑い」の是非の根拠となりうるのであれば、そこには〈「テレビ局」対「テレビ番組」〉あるいは〈「憲章」対「制作者・出演者」〉といった、「組織におけるリスクの個人化」をめぐる別の局面がみえてくる。「制約」と「抵抗」をめぐる構図を紐解いていくと、「制約」を課すものとして想定されているコンプライアンスの所存が、じつは明確な形では特定できないということに思い至る[12]。

　では結局のところ、私たちは「痛みを伴う笑い」の是非にどのように向き合うことができるのか。上記をふまえれば、それは少なくとも「遵守」と「違反」の論理によって判断される類のものではないはずだ。元来、コンプライアンスが社会規範をも射程に含み、その社会規範が人びとのコンセンサスにもとづくものであることを想起すれば、「笑いとコンプライアンス」の問題もまた、一方的に押し付けられる「制約」としてではなく、社会や人びとの意識に根差すものとして議論されていく必要がある。そのとき重要な意味をもつのが、「痛みを伴う笑い」をめぐる「不快だ／不快ではない」といった論点なのではないだろうか。「快／不快」という論点は、一見すると単なる感情的な反応とも捉えられるため、しばしば議論の場から斥けられてしまう。しかし、なぜ「不快だ」という感覚が立ち上がってくるのか、その理由を探るプロセスが「笑いとコンプライアンス」の議論をひらく兆しとなるかもしれない。

5　まとめ——「痛みを伴う笑い」と「笑いに伴う痛み」

　本章では「痛みを伴う笑い」の問題を出発点として、「テレビの笑い」に対

---

[12]　武田砂鉄は先のコンプライアンスに関する議論（石戸・武田、2019）で、森達也によるドキュメンタリー作品「放送禁止歌」に言及している。かつてテレビでは被差別部落との関連を理由にタブー視されてきた「放送禁止歌」が存在したが、森は関係者へのインタビューを重ねるなかで、じつは「放送禁止歌」など存在せず、それがメディアや歌い手や受け手の共同幻想のなかで作り上げられたものだったことを明らかにした（森、2003）。こうした問題意識は、「笑いとコンプライアンス」をめぐる状況にも通底するだろう。

する人びとの受けとめ方がいかに変化しつつあるのかを論じてきた。昨今，「痛みを伴う笑い」の是非はコンプライアンスの点から議論されているが，「コンプライアンスとは何か」という根本的な問いに意識を向けてみることが本章のもう一つの目的であったともいえる。

　そもそも「痛みを伴う笑い」をコンプライアンスの点から論じようとすることの根底には，「痛み」と「笑い」の間に相反する性質を見出す想定があるように思う。つまり，「痛み」が共感やケアの領域に位置するものであるのに対して，「笑い」とは理性の領域に位置するものだとされているのである。このような理解は，笑いの「優越理論」や「嘲笑理論」をはじめとして，多くの論者が笑いを「反共感的で攻撃的なもの」「感情とは相容れないもの」と見なしてきたこととも無縁ではない。[13]しかし，笑いと痛みはいつでも対極に位置するものなのだろうか。デイヴィッド・B・モリスは喜劇を例に挙げながら，笑いが「苦痛の解消」という側面をもつ限り，笑いには常に一定の痛みが伴うと述べている。また，笑いに伴う痛みは必ずしもフィクショナルな領域に限定されるものではなく，それをみて笑う観客自らの経験的な痛みにも依存するという（モリス，1998：158-159）。こうした笑いの側面を考慮するならば，痛みというファクターが介在した瞬間に笑いをすぐさまタブー視するような，極端なコンプライアンスのありかたには，やはり疑義を呈さざるをえない。「痛みを伴う笑い」の問題は，「笑ってよいか／いけないか」という「是非」のみに終始することはできず，また，「笑いとしてみることができるか／できないか」という構造的な「能否」だけを論じることもできず，笑いが常に痛みや切なさや許しや癒しといった複数の側面を抱えうる可能性に目を向け，そこに関わる人間関係や前後の文脈をも捉えながら，「笑えるか（笑ってしまうのか）／笑えないか」という「可否」を，笑う人の視点から議論することに意味があるのではな

---

(13)　たとえばアンリ・ベルクソンは笑いについて以下のように説明している。「笑いは情緒とは相容れない。どんなものでもよいが軽微な或る欠点を私のために描いてくれたまえ。もし諸君が私の同感，あるいは恐怖，あるいは憐憫の情を動かすような具合にしてそれを示されたら，何としても詮方ない次第で，私はもはやそれを笑うことができない。（中略）私の心を動かしてはならぬ，そういうことが，それだけではもちろん十分だとは言えないが，ほんとうに必要な唯一の条件である」（ベルクソン，2006：129）。

いだろうか。

引用・参考文献

居作昌果（2001）『８時だヨ！全員集合伝説』双葉社。

石戸諭・武田砂鉄（2019）「オピニオン／ファクトとどう向き合うのか——メディアと
　　　コンプライアンスの過去・現在・未来」『現代思想——特集　コンプライアンス
　　　社会』第47巻第13号，青土社，pp. 8-20。

エーコ，U., 西兼志訳（2008）「失われた透明性」水島久光・西兼志編著『窓あるいは
　　　鏡——ネオ TV 的日常生活批判』慶応義塾大学出版会，pp. 1-22。

太田省一（2020）「日本におけるリアリティショーの歴史と現状」『GALAC——特集
　　　リアリティショーとは何か』2020年12月号，NPO 放送批評懇談会，pp. 14-19。

景山民夫（1990）『極楽 TV』新潮文庫。

北田暁大（2005）『嗤う日本の「ナショナリズム」』日本放送出版協会。

郷原信郎（2009）『思考停止社会——「遵守」に蝕まれる日本』講談社現代新書。

越川洋（2006）「テレビ表現の変遷——変わる送り手と視聴者の関係」『放送と調査』第
　　　50集，NHK 放送文化研究所，pp. 165-188。

塩川寿一（1996）『どっきりカメラに賭けた青春』日本テレビ放送網。

土屋敏男（2020）「『テラスハウス』は，実はドキュメントバラエティだった。」『GALAC
　　　——特集　リアリティショーとは何か』2020年12月号，NPO 放送批評懇談会，pp.
　　　28-30。

中島茂（2021）『コンプライアンスのすべて——取り組むことが求められるこれまでと
　　　これからのテーマ』第一法規。

塙幸枝（2022）「ドッキリ番組をめぐるコンテクストの重層性——「遊び」論の視点か
　　　ら」『成城文藝』第259号，pp. 23-48。

平井智尚（2012）「なぜウェブ上で炎上が発生するのか——日本のウェブ文化を手がか
　　　りとして」『情報通信学会誌』no.101，pp. 61-71。

——（2021）『「くだらない」文化を考える——ネットカルチャーの社会学』七月社。

ベルクソン，H., 林達夫訳（2006）『笑い』岩波文庫。

放送倫理・番組向上機構（BPO）放送と青少年に関する委員会（2022）「『痛みを伴うこ
　　　とを笑いの対象とするバラエティー』に関する見解」　https://www.bpo.gr.jp/
　　　wordpress/wp-content/themes/codex/pdf/youth/request/20220415_youth_
　　　kenkai.pdf（2022年４月26日閲覧）。

放送倫理・番組向上機構（BPO）放送倫理検証委員会（2009）「最近のテレビ・バラエティー番組に関する意見」 https://www.bpo.gr.jp/wordpress/wp-content/themes/codex/pdf/kensyo/determination/2009/07/dec/0.pdf（2022年4月26日閲覧）。

村上圭子（2020）「『テラスハウス』ショック①」『放送研究と調査』vol.70, no.10, pp. 2-33。

森達也（2003）『放送禁止歌』光文社知恵の森文庫。

モリス，D.B.，渡辺勉・鈴木牧彦訳（1998）『痛みの文化史』紀伊国屋書店。

Hall, S. (1980), "Encoding/Decoding", *Culture, Media, Language*, Routledge, pp. 128–138.

第**5**章

映像のリミックス
映画から配信へのメディア史

近藤和都

1　はじめに

　デジタルデバイスと高速度回線が普及するなかで，人びとと映像の関係は大きく変わった。人びとは移動中に YouTube や Netflix を視聴し，家のなかでもスマフォやタブレット PC などを通じてさまざまな身体作法で映像に向き合っている。さらに映像は，頭から終わりまでシームレスに見られるだけでなく，自由自在に一時停止や巻き戻し／早送り，低速／倍速再生されている（稲田，2022）。映像受容はさまざまな技術やサービスを通じて手軽に取り組まれるものとなっており（Lotz, 2014），こうした傾向は今後も続いていくだろう。本章では現在の映像受容のあり方が形成されるプロセスを，映画からテレビ，ビデオ，定額制動画配信（以下，SVOD）に至るメディア史的観点から考えていこう。

　一般的に，慣れ親しんでいるメディア条件は意識に上りにくい。そこでまず，過去と現在の映像受容の違いを浮かび上がらせるために，1941年に執筆された文章を参照しよう。

　　　今では，われわれ一般観客は，見たい映画があつても，きめられた日時のきめられた場所に行かねば，その映画を見ることができないのである。（中略）この不自由さのために，見たい映画を見逃してしまふことは，しばしばである。（中略）また二度も三度も見た映画の場合にでも，もう一度ぜひ見たいと思ひながら，もはや見ることができない。（中略）現在で

は映画作品の精密な研究を書きたくとも，書物のやうに，くりかし，それを眺めることは不可能である。(古谷，1941：132-134)

　文芸評論家の古谷綱武による上記の文章には，映画受容を規定してきたさまざまな条件が書き込まれている。のちにあらためて述べるが，映画を見に行くためには特定の時間≒上映期間／上映時間に特定の空間≒映画館に行かなければならなかった。テレビの場合も事情は似ていて，特定の時間≒放送時間に特定の空間≒受像機が置かれた場所（自宅等）にいなければならなかった。しかも受容者は，書物のように，与えられた映像の流れを操作して精密な読解をすることもできなかった。時間性・空間性・操作性（いつ・どこで・どのように）の点で，今とは異なる条件のもとで映像は受容されていたのである。

　こうした状況を劇的に変えたのが，1980年代を通じて普及したVHSをはじめとするビデオ型技術だった。ビデオは録画用テープに番組を録画したり，映画等が記録された販売用テープを再生したりすることができるメディアである。もちろんすべての番組を録画し，無数にある映画のすべてをソフト化して販売することはできなかったが，ビデオの登場は映像受容に独特な感覚をもたらした。つまり映像はこれ以降，「あとで見ること」が期待できる対象となり，しかも一時停止や巻き戻し／早送り，再生速度の変更もできるようになった。つまりビデオ以前と以後で，映像受容の時間性・空間性・操作性は変容していくのだ。

　こうした前提を踏まえ以下では，ビデオ以前（映画・テレビ）／以後（ビデオ・SVOD）の間に断絶があるという認識のもと，両者の映像受容のあり方を比較していこう。その際には，映画，テレビ，ビデオ，SVODそれぞれの技術や仕組みが構成するメディア条件の差異とそれがもたらす受容の変化にこだわりつつ，大きな傾向としては以前／以降で移行が生じている点を強調していく。

　第2節では，映画からSVODに至る基礎的な説明を行う。第3節では，ビデオ以前の映像受容の特徴を，映画を映画館に配給するモデルと，テレビ番組

を家庭に放送するモデルを比較しながら考える。第4節では，ビデオとSVOD
がもたらした映像受容の変化を，両者の連続性／非連続性を意識しつつ論じる。

2　映像メディアの変遷

　本節では，本章で以前／以降として対照させる映画・テレビとビデオ・
SVODの歴史について，のちの議論に関連する事柄を中心に簡単に述べてい
こう。

　1895年，フランスのリュミエール兄弟が投影式映画（シネマトグラフ）を公開
した。それ以前にも映画的な技術はあったが，シネマトグラフは一つのスク
リーンに映像を投影し，複数の観客が同時に観賞する形式だったため，その後
の集団的享受の形式と結びついた映画文化の起源と見なされることが多い。

　映画上映には，作品を記録したフィルム，映写機，スクリーンが欠かせな
かった。後者二つの装置を一般人が所有するのは現実的ではなく，フィルムに
しても，出版物のように数万単位で複製して一般向けに販売することはコスト
などの関係から難しかった。こうして映画受容には映画館という商業施設が必
要になり，各映画館にフィルムを流通させる配給業も不可欠となった。

　対してテレビ受容は，映画館ごとにフィルムを運搬する映画配給の仕組みと
は異なり，一定範囲内の受像機に電波を送出することで，より多くの人びとに
同時に番組を届けられる放送の形式にもとづく。日本で1953年にテレビ放送が
開始された当初は受像機の価格は高く，街頭テレビや商店に置かれたテレビを
通じて受容されたが，1950年代後半から60年代半ばにかけて，当時の皇太子の
成婚パレードや東京オリンピックなどを契機に普及率は急速に高まった。それ
以降，テレビは映画のような見知らぬ他者との集合的受容ではなく，家庭にお
いて親密な他者と視聴されるものとなった。

　映画館とテレビ受像機を介して提供されてきた作品や番組を再媒介する仕組
みが，ビデオからSVODに至るメディアの系譜である。

　ビデオはまず，1950年代に放送局のなかに導入され，その後教育現場でも活

用されていったが（永田ほか，2022：第1章・第2章），受容の観点から重要になるのが1980年代である。ビデオの普及率は1980年には2.4％だったものの，1989年には60％を超え，同年代を通じて急速に普及した（永田ほか，2022：第4章）。また，録画用テープは1981年には120分用1本5,000円ほどする高額商品だったものの，1989年には同800円程度にまで下落し，録画を通じてコレクションを形成するのも容易になった（永田，2018：95）。放送された番組や映画を手もとに保存し，繰り返し楽しめるようになったのである。

　同時期には，ソフトを安価に貸し出すレンタルビデオ店も開業し，全国に展開した（永田ほか，2022：第5章）。1983年に，日本ビデオ協会がレンタルに関するルールを策定し，またハリウッド資本のソフトメーカーも日本市場に参入するなかで，レンタルビデオを営む／使うことは徐々に社会に根付いていった。レンタルビデオ店は，自ら録画してコレクションを形成せずとも無数のビデオにアクセスできる外部記憶装置として利用された。

　テープやディスクの物理的媒体に映像を記録し，頒布する形式ではなく，デジタル・データとしてインターネット回線を通じて流通させる形式が，2005年のYouTube開設にみられるように2000年代を通じて現実的なものとなった。その後，2010年代にはSVODの存在感が増していった。NetflixがもともとはDVD[1]の宅配レンタルからスタートしたことに象徴されるように，SVODはビデオとレンタルビデオ店を組み合わせた形式として理解できる。SVODは膨大なソフトのカタログを提供し，利用者はそこから視聴する作品・番組を選ぶ。SVODは同時に再生装置も兼ねており，利用者は選択と視聴を同一プラットフォーム上で行える。

　日本でSVOD元年と位置づけられるのは2015年である。この年，すでにアメリカやヨーロッパで人気を博していたNetflixが日本でのサービスを開始したのである。Netflixを紹介する記事のなかでは「見たいものを，見たいとき

---

[1] DVDは1996年に商用化され，ビデオよりも高精細な画質・音質にもとづいて映像を記録することができ，またトレイラーやメイキング映像，副音声など，複数のデータを収録し，自在に切り替えることができる。DVDはそれ自体で論じられるべき対象ではあるものの，本章では紙幅の都合上取り上げない。参考になる議論としてWroot and Willis eds.（2017）を参照されたい。

に」という，すでに2013年に Netflix が標語としてもちいていたフレーズが参照された。このフレーズはその後，SVOD が広告される際にさまざまなバリエーション（「いつでも・どこでも」）を伴いながらもちいられる定型句となっている。

3　ビデオ以前の映像受容

　ビデオから SVOD にいたる映像受容の歴史は，さまざまな技術や仕組みの発展を通じてより手軽になっていくプロセスとして描きうる（Lotz, 2014）。逆にいえば，かつては今よりもはるかに映像受容に制約があった。先に述べたように映画は映画館で，テレビは家で見られるものであり，受容のタイミングの選択肢もほとんどなかった。こうした制約が映像受容を規定してきた。このことを，映像受容の時間性・空間性・操作性の観点から論じていこう。

　映画もテレビも，映画館とテレビ受像機という特定の装置がある場所でしか受容できないという意味で，局所的な性質をもつ。だが両者の局所性は同じものではなく，それぞれの特性に応じて構造化されていた。

　映画受容には映画館という場が欠かせなかった。そのため映画を見るためには「映画館に行く」という移動行為が必要になり，それが制約条件にもなる。映画館に居住地から歩いていけるか，あるいは自転車に乗れば無理せずに訪れることができる距離にあるかしなければ，そのほかのさまざまな交通手段を利用せざるをえない。映画館をはじめとする現代の娯楽施設は自動車や鉄道などの高速移動ネットワークを介して訪れることができる場所に集積する傾向にあるため，そうしたネットワークから疎外されている人びとは文化的経験からも排除される（アーリ，2015：178）。またそもそも，都市部以外では映画館の数が少なく，地域格差は継続的に問題になっていた（近藤，2020：第6章）。映画館にアクセスできるかどうかはさまざまな形で構造化されている。

　さらに，映画館にアクセスできることと，それを利用できることを分けて考える必要もある。たとえば浅草と銀座とでは盛り場としての意味秩序が対照的

であり，そのためそこに集う人びとの階層やふるまい方，また盛り場としての魅力の全盛を誇った時期が異なったが，このような盛り場の秩序が映画館の利用者を選別する。たとえば1910–20年代の浅草の映画館は先駆的に新作洋画が公開される場であったが，知識階層や女性は浅草の無秩序的な喧噪に身体感覚的に忌避感を感じ，銀座などの映画館で公開されるのを待った（近藤，2020：第2章）。映画館にアクセスできても，それを利用できるかは，ジェンダーや人種，階層などに応じて構造化されているのである（吉見，2016：第3章）。

　それに対してテレビ受容は，家にいながらにして手軽に映像を楽しめる点に特徴がある。テレビ受像機は世帯普及率が極めて高く，映画館よりもはるかに広範な人びとに番組への回路となるテレビにアクセスさせることができた。しかし実際にそれを利用する段階ではテレビに固有の制約があった。1979年に複数のテレビを所有する世帯が半数を超えるようになったが（井田，2004：125），それまで多くの場合テレビ受像機は1世帯に1台であり，複数人で同居している場合，チャンネル争いが生じた。テレビがあっても，それを自分の目的通りに利用できるかは別の問題だった。

　このように空間的にだけでなく，映画とテレビの受容は時間的にも規定されていた。映画であれば，始点と終点が設定された上映期間をもち，その期間内に各映画館が上映時間を設定し，上映する。テレビであれば，各局がさまざまな観点から番組の放送時間を設定し，放映する。利用者は，送り手によってあらかじめ決められたスケジュールを踏まえて自身が視聴したいコンテンツを決める。このモデルでは，特定の時間≒上映期間／上映時間・放送時間に観賞可能性は限定され，それに合わせて映画館に行ったりテレビの前にいたりするように自らの行為を組み立てなければならない。

　他方で映画の場合，一つの作品が同じ映画館で幾度も上映され，大抵は複数の映画館に掛かるのに対し，テレビ番組は原則として「その時間」にしか放送されない。しかもテレビは同じ時間帯に複数のチャンネルを通じて複数の番組が放送される。視聴者は常にどの番組を見るか，すなわち見ないかの選択を迫られるものの，見逃した番組を視聴する手段は乏しい。この点でチャンネル争

いは大きな意味をもち，それを通じて集団内の序列を生み出す営みとなる。

　このように映画とテレビは，部分的に重なり合うかたちで受容のあり方が構造化されていた。また両者には，作品・番組流通を通じて地域格差を生み出す点でも共通点がある（近藤，2021b）。フィルムを各地の映画館に配給することで映画興行は成り立つが，すべての映画館に同じ作品が同時に配給されるわけではない。映画館ではすべての作品を上映するわけではなく，会社の系列や洋画・邦画の区分けなどに応じて上映作品は選別されたし，映画館の数が少ない地域ではそれだけ上映可能作品の総数は少なくなる。テレビの場合，「全国同時放送」を通じて地域格差を克服するように思えるが，実際には都道府県ごとで放送局数が異なり，今でも放送可能番組の総数に差がある。テレビ人気を象徴する番組，たとえば「8時だョ！全員集合」にしても全国で見られたわけではないし（西田，2015：99），仮に上映・放送されたとしても時差を伴った。

　映画館／配給・テレビ受像機／放送モデルは同時代の人びとを流通を通じて差異化するだけでなく，通時的な側面からも人びとを差異化する。先にも述べたように，映画とテレビは送り手が設定したスケジュールに埋め込まれている。そして一度そのスケジュールが終わると，ある映画や番組を見ようと思っても再上映や再放送を待つしかなかった。そのため「ある映画・番組を見ている／見ていない」という弁別が一度設定されるとそれを覆すのは困難だった。こうした時間を資源とした差異化の制度のもとでは，とくにファン集団においては，先行世代は後行世代に対して，映画や番組に関する記憶や知識を保持し続ける限り優位な立場を占めることができる（永田ほか，2022：第3章・第4章）。

　しかも，かりに見る機会を得られたとしても，一時停止や巻き戻し／早送りはできず，再生速度を変えることもできなかった。映画やテレビは，作品・番組の時間的流れに沿って受動的に見るしかない。たしかに，かつて映画に音声がなかったころ，映画上映はかなり興行の場に高い自由度が与えられていて，上映速度を変えることがあった。当時は映画にライブで声をあてる弁士という職能が高い人気を誇り，興行成績を左右するほどだった。そのため弁士のパフォーマンスに合わせて上映速度を変えることがあった（板倉，2005）。とはい

えこれは，あくまでも送り手に属するアクターが映像を操作するのであって，受け手が自らの判断にもとづいて行うわけではない。映像の可変性は，ビデオ以前／以降でその担い手の水準が異なる。

4　ビデオから SVOD へ

このようにビデオ以前の映像は，時間性・空間性・操作性のそれぞれにおいて，今とは異なる仕方で受容されていた。それではビデオが登場することで，それまでの映像受容のあり方はどのように変化していったのだろうか。ビデオと SVOD で項を分けて考えていこう。

(1)　ビデオ──映像の書物化

先に述べたように，1980年代を通じてビデオとレンタルビデオ店は身近な存在となった。録画によって番組を保存・収集できるようになり，また録画したテープをファン集団内で交換することで，番組が放送されていない地域でもそれをダビングして保存できた（永田, 2018）。レンタルビデオ店には，とくに劇映画と成人向けのジャンルで個人では所有しがたい大量のソフトが陳列されており，しかも購入するよりもはるかに安価に借りられた。こうして，ビデオ普及以降，映像受容のあり方は一回的なものから反復可能なものへと変化した。

さらに，ビデオの録画・貸与を介して個人／商業アーカイブが形成されることで，単に映像を繰り返し楽しめるようになるだけでなく，映像同士の歴史的つながりを多様な仕方で想像できるようにもなった。ウィル・ストロー（Straw, 2007: 11）が述べるように，ビデオや CD，DVD，インターネットといった記録技術が登場することで過去の作品は膨大なアーカイブとしてアクセスできるようになる。また，「注意深く配置し，入念に注釈をつけることで」それらの文化的制作物を「ほとんどフェティッシュなやり方で歴史化する」ことも促される（Straw, 2007: 11）。それまでは，実際に見てきた人物による作品・番組の歴史記述があった場合，それを検証して別の仕方で展開することはできなかっ

た。だがアーカイブの形成を通じて，歴史をさまざまな基準からたどり直すことができるようになるのである。

　家でも手軽に映画が楽しめるようになるにつれ，テレビの受容環境を映画館のようにすることを目指す人びとも現れた。1980・90年代はテレビ受像機の大型化が進み，高機能なオーディオと接続することで，ホームシアターを構築しようとするのである（Klinger, 2006）。それまでもテレビではさまざまな映画が放送され，すでに映画とテレビの空間的境界は曖昧になっていたが，その傾向がさらに徹底された。

　ビデオの視聴環境を映画館のアナロジーのもと構築していく人びとがいる一方で，ビデオは映画館とは決定的に異なる受容形式をもたらした。ビデオに付された一時停止，巻き戻し／早送り，スローモーション再生，コマ送りといった機能は，一見しただけでは理解できないような物語展開を読み取ったり，そもそも意図されていない伏線を創出したりすることで，高度な解釈実践を可能にした。加藤幹郎（2006：33）が「映画はヴィデオテープの出現によってはじめて個人的に「読む」ことができるようになった」というように，映像は従うべき時間の流れから解き放たれ，書物の形式により近づいていったといえよう。

　このことは，新しい見方が生み出されるプロセスでもあった。映像は，1秒間を複数の画像の連続によって表現する。映像の動きは静止画を基礎としつつ，一つ一つの静止画が不可視であることによって成り立つという逆説的な構造をもつ。しかしビデオは，このように不可視な状態に置かれた静止画を一時停止によって再び人びとのまなざしの前に差し出す。それによってたとえば，本来であれば動きのなかで見られることが前提となり，流れのなかでは意識にのぼりにくい俳優やキャラクターのイメージに耽溺できるようになる（Mulvey, 2006；永田, 2015）。

　このプロセスで，映像をめぐる「作者」の位置づけが変わる。映像にかぎらず創作物には「作者」がいて，その「作者」の意図や狙いは重視されるべきものだと多くの場合理解されている。そのためそれから外れる解釈をすると，「作者」自身やその意を理解していると考えている人から反論されることもあ

る。だがビデオは映像が本来もっている時間の流れを操作対象にし，多様な解釈を技術的に可能にすることで，特権的な解釈の提示者という「作者」のあり方を相対化する。だが同時に，映像の分解を通じて，個々のイメージに関与する撮影者やアニメーターなどさまざまなアクターの存在が浮かび上がり，それまで意識されてこなかった「作者たち」が可視化される（永田，2015）。

(2) SVOD——映像受容の利便性

こうしてビデオは，映像受容のあり方を時間性・空間性・操作性の観点からそれぞれ再編成していった。その後 SVOD は，ビデオがもたらした変化を徹底しつつ，それに固有の受容のあり方を生み出していった。

SVOD の利用者はプラットフォームがオンライン上で提供するソフトの集合にアクセスし，視聴するものをそのつど選び出す。その点で，レンタルビデオ店の仕組みに近い。だがレンタルビデオ店は，たしかに映画館／配給・テレビ受像機／放送モデルよりもはるかに多くの選択肢を全国の人びとに与えたが，それでも店舗ごとに異なるソフトが収蔵され，地域格差は残りえた。対してSVOD は，国内であればどこからアクセスしようとも同じソフトを提供しており，それまでの地理的な障壁を部分的に解体した。

また SVOD では，適切なデバイスを適切な速度のインターネット回線に接続している限りにおいて，ソフトの集合へのアクセス・選択・再生はすべて同じ端末上で行うことができる。スマート TV やデスクトップ PC の場合は持ち運ぶことはできないが，スマートフォンやタブレット PC であれば携行してこれまでは視聴できなかった環境でも映像を楽しめるようになる。映像はいまでは「いつでも・どこでも」受容されるようになっている。

もちろん，映像受容の「遍在性」は回線速度を通じて分配されている点には注意が必要である。十分な伝送速度を実現するインターネット回線自体が先進国に偏った形で敷設されており，国内でも都市部と郡部とではしばしば異なる速度の回線が引かれている（Starosielski, 2015: 65-66）。また仮に都市部に住んでいたとしても，高速度のインターネット回線の契約料は高額になるため，あ

る程度の収入がなければ契約することはできない。そのためたとえば，家では
SVODを利用できても，屋外の環境では利用できないということもありうる。
SVODを介した映像受容の利用可能性は，回線速度をめぐる地理的・階層的
境界線によって分節化されているのである。とはいえ，SVODはビデオの時
代ではできなかった映像の持ち運びを可能にしたのは間違いない。

　その他にもSVODは，ビデオが切り開いた映像受容のあり方を新しい仕方
で展開していった。

　SVODは，従来の映像受容の条件であった再生装置・スクリーン・コンテ
ンツの分離という前提を取り除き，かつてない自由度のもとで視聴を成り立た
せる。以前であれば「ドラマの続き」を再生しようとしたら数話おきにテープ
やディスクを交換しなければならなかったが，SVODではその作業は必要な
い。その結果，ビデオやDVDの「一気見」よりもはるかに高い解像度で読解
できるようになる。つまり，上映・放送が終わった作品・番組を（繰り返し）
見ることはビデオの時からできたものの，その利便性を高めることで新しい見
方が生み出されているのである。

　また，操作機能に「シークバー」という新たなインターフェイスが導入され
ることで，映像受容はさらに書物の形式に近づいていく。書物であれば，全体
の厚みのなかに現在読んでいるページを位置づけ，それが終盤であれば物語の
結末に至るプロセスを想像させる。それと同じように，画面をタッチしたり，
マウスを動かしたりすることで映像上に簡単に表示されるシークバーは，映像
の進行時間をバーの移動距離で表現することで，見終わるまでにどれくらいの
時間がかかるのかを大まかに推測できるようにする（Kelly, 2017 : 84）。加えて
シークバーを指で動かすことで，あたかも書物をパラパラとめくっていくよう
に，リモコンを介した巻き戻し／早送りやスキップではできないような高速度
で表示時間を切り替えることができる。冒頭から結末までを指でなぞって瞬間
的に移動したり，バーの割合から進行時間を推測して特定の場面をすばやく探
索したりできるのは，これまでにない操作性／ランダムアクセス性であり，そ
れを通じて映像の読解も高精細に行えるようになる。

このように，一見すると取るに足らないインターフェイスや機能が，ビデオにはない新たな経験を可能にしている。たとえば「マイリスト」やそれに準ずる機能は，「あとで見たい」コンテンツを登録するだけにとどまらない。映画館／配給・テレビ受像機／放送モデルでは，何を見るかを決める行為と実際に見る行為の間には（ほとんど）時差はない。見ようと決めたものを視聴できる期間は限られているからだ。だが SVOD の「マイリスト」がもたらしたのは，両者に時差を設け，映画館／配給・テレビ受像機／放送モデルで支配的だった「何がやっているか」を気にする態度を解除することである。それによって人びとは，自らの視聴行為をより計画的に組織することが促される（Lotz, 2014：74）。もちろんレンタルビデオ店を通じても，お手製のリストを作成し，計画的に消費することはできたが，デフォルトの機能としてワンクリックで作成できる手軽さは，こうしたふるまいをより広範な人びとに身につけさせるだろう。

5　まとめ

映画が発明・公開されてからおよそ130年が経過し，映像受容のあり方は時間性・空間性・操作性の観点から大きく変化を遂げた。ビデオ以前／以降に断絶があるという前提から大まかにその移行をまとめれば，映像受容のあり方は「一回性・局所性・受動性」から「反復性・遍在性・能動性」へと転換した。[2]

映画館／配給・テレビ受像機／放送モデルの時代は，映像受容は特定の場所でしかできず，また特定の時間に限られた回数しかできなかった。作品や番組を繰り返し見たり，旧作を体系的に見通したりして，映像の歴史を描き出すことも難しかった。さらに映像受容は，基本的には与えられた時間の流れに受動的に従うことで，映像を操作することはできなかった。こうした意味で，ビデオ以前の映像受容のあり方は「一回性・局所性・受動性」にもとづいていた。

ビデオ以前と対照してまとめるならば，ビデオ以降，映像受容において受け

---

(2)　本章では転換を描き出すために，SVOD をめぐるさまざまな制約やビデオとの違いについては詳細に論じられなかった。この点は近藤（2021a）を参照されたい。

手の側が関与できる領域が拡大していった。映画は家で見られるようになり，SVOD が普及してからは外出先でも容易に見られるようになった。また，個人で録画したものや，レンタルビデオ店や SVOD で提供されているものに限られるものの，膨大な数の作品・番組を，自分の好きなタイミングで幾度も見ることができ，それらの歴史的関係性を多様な仕方で読み解けるようになった。とくに SVOD は月額1,000円程度で数千から数万本のリストを提供し，かつてないほど容易に膨大な作品・番組を視聴できるようにした。また視聴の際には，さまざまな機能を介して書物のように映像を操作し，新たな映像の楽しみ方が生み出されていった。こうしてビデオ以降，映像受容のあり方は「反復性・遍在性・能動性」で特徴付けられるようになった。[3]

　新型コロナウイルスの流行後，Netflix をはじめとする SVOD の利用者は世界的に増加した。たしかに，2022年のロシアによるウクライナ侵攻後は，世界的なエネルギー不足やインフレ，景気後退の懸念から，サブスクリプション契約を見直す動向がでてきており，Netflix もまた10年ぶりに契約者数が減少した。とはいえ，今後も SVOD が映像経験を規定する主要なサービスであり続けるだろう。ここで重要になるのが，SVOD などのインターネット上のサービスは常に機能を更新している点である。本章で述べてきた現在の映像受容の特徴は今後もさまざまに変化していくだろうし，それを記録・分析していくことが求められる。

引用・参考文献

アーリ，J. 吉原直樹・伊藤嘉高訳（2015）『モビリティーズ——移動の社会学』作品社。
井田美恵子（2004）「テレビと家族の50年——“テレビ的”テレビ的一家団らんの変遷」
　　『NHK 放送文化研究所年報』第48号。

---

(3)　だが，たとえばビデオが登場してからもたらされた静止画への耽溺や高度な解釈実践は，映像をスチール写真や文字の形式で記録する雑誌を媒介として，ビデオ普及以前にも行われていた。また，旧作・名作を中心とした上映プログラムを持つ名画座や，テレビ番組の再放送枠などがあることで，ビデオ普及以前から映像受容は一回性にとどまらない形でなされてきた。あるメディアの出現以降に顕著となる実践と，それ以前に営まれていた類似の実践との関係性を丁寧に考えていく必要がある。

板倉史明（2005）「「旧劇」から「時代劇」へ——映画製作者と映画興行者のヘゲモニー闘争」岩本憲児編『時代劇伝説——チャンバラ映画の輝き』森話社。

稲田豊史（2022）『映画を早送りで観る人たち——ファスト映画・ネタバレ—コンテンツ消費の現在形』光文社。

加藤幹郎（2006）『映画館と観客の文化史』中央公論新社。

近藤和都（2020）『映画館と観客のメディア論—戦前期日本の「映画を読む/書く」という経験』青弓社。

——（2021a）「Netflix をメディア論する——動画サブスクリプションをめぐる問題の所在」『大東文化大学社会学研究所紀要』第2号。

——（2021b）「『機動戦士ガンダム』と（再）放送の文化史」大塚英志編『運動としての大衆文化——協働・ファン・文化工作』水声社。

永田大輔（2015）「コンテンツ消費における「オタク文化の独自性」の形成過程——一九八〇年代におけるビデオテープのコマ送り・編集をめぐる語りから」『ソシオロジ』第59巻第3号。

——（2018）「ビデオをめぐるメディア経験の多層性——「コレクション」とオタクのカテゴリー運用をめぐって」『ソシオロゴス』第42号。

永田大輔・近藤和都・溝尻真也・飯田豊（2022）『ビデオのメディア論』青弓社。

西田宗千佳（2015）『ネットフリックスの時代——放送・通信の黒船がやってきた！』講談社。

古谷綱武（1941）『魅力の世界』竹村書房。

吉見俊哉（2016）『視覚都市の地政学——まなざしとしての近代』岩波書店。

Kelly, J. P. (2017), *Time, Technology and Narrative Form in Contemporary US Television Drama : Pause, Rewind, Record*, Palgrave Macmillan.

Klinger, B. (2006), *Beyond the Multiplec : Cinema, New Technologies, and the Home*, University of California Press.

Lotz, A. (2014), *The Television Will Be Revolutionized Second Edition*, NYU Press.

Mulvey, L (2006), *Death 24x a Second : Stillness and the Moving Image*, Reaktion Books.

Starosielski, N. (2015), "Fixed Flow : Undersea Cables as Media Infrastructure," Parks, Lisa and Nicole Starosielski eds., 2015, *Signal Traffic : Critical Studies of Media Infrastructures*, Urbana, University of Illinois Press, pp. 53–70.

Straw, W. (2007), "Embedded Memories." In *Residual Media*, edited by Charles Acland, Minneapolis, University of Minnesota Press, pp. 2–15.

Wroot, Jonathan and Willis, Andy eds.（2017）, *DVD, Blu-ray & beyond : Navigating Formats and Platforms within Media Consumption*, Palgrave Macmillan.

第6章

マーケティングのリミックス
映画広告のビフォー／アフター

大塚泰造

---

1 はじめに

　誰かに「最近観た映画は何ですか」と聞かれて，あなたは何を思い浮かべるだろうか。映画館に足を運んで鑑賞した作品を思い出すだろうか。それとも，テレビの地上波で放映された過去の作品や，ひょっとすると Netflix や Amazon Prime で観た作品を思い浮かべるだろうか。

　映画の定義については，現在進行形で活発な議論が展開されている。本章の執筆時点で最新となる第94回アカデミー賞（2022年3月28日発表）では Netflix から10作品がノミネートされたが，これは他のどの映画製作会社よりも多いノミネート数である。ただし，Netflix 上で配信されただけではアカデミー賞が対象とする「映画」とは認められず，原則として，それが映画館で上映されている必要がある。そしてさらに付言しておくと，アカデミー賞の定義でいう「映画」は，下記にあげる諸条件[1]に合致している必要があるのだ。

　　・40分以上の作品であること。
　　・米国内6つの主要都市のいずれかの映画館で上映されたこと（コロナ禍より以前は，ロサンゼルス郡で公開される必要があった）。
　　・上映は夜6時から10時までの時間を必ず含む，1日3回以上行われたこと。

---

[1]　https://www.oscars.org/sites/oscars/files/95th_oscars_complete_rules.pdf（2022年11月17日 閲覧）

・連続で7日間以上にわたり上映されたこと。

　むろんアカデミー賞における資格規程がそのまま現代的な「映画」の定義として通用するとは考えにくいが，しかしこれ自体，「映画」というメディウムの定義が今日の社会的／商業的／技術的諸条件との関係のなかで流動化しつつあるという事実を端的に示唆するものともいえよう。映画とは現在，映画館で観られたり，店舗でレンタルされたりするのみならず，NetflixやAmazon Primeのようなプラットフォーム経由でアクセスしうる対象となったわけだが，本章ではそのような潮流をふまえつつ，あくまでも映画館で上映された作品，いわゆる「劇場公開作品」を考察の俎上に載せることになる。

　ちなみに劇場公開作品のビジネス的な成功は，それを映画館で観た観客の数，およびそれに由来する商業的価値（＝興行収入）によって計測される。もちろん多大な商業的価値をもたらした作品が常に良質とは限らないが，以下では，映画の商業的な成功をもたらすマーケティング上のアプローチに目を向けつつ議論を展開することになる。

　なお，筆者が取締役を務める株式会社フラッグは20年近く映画業界に関与し，映画のポータルサイトの運営や作品の公式ウェブサイトの制作，インターネット上におけるプロモーションを手掛けてきた。また，2015年にNetflixが日本でのサービスを開始してからは，同社のプロモーションについてもおもにソーシャルメディア上において企画から実施までを手掛けている。本章では現場の視点をまじえつつ，過去20年間にわたる映画のマーケティングの歴史を振り返ることにより，それがどのように変化しているかを明らかにする。

2　映画のビジネス構造

　映画のマーケティングを語るうえで，本節ではまず，映画のビジネス構造を素描してみたい。映画もそれ以外の一般的な商材と同様に，製作する人（映画製作会社），流通させる人（配給），売る人（映画館）が存在している。これを私

たちが支払う映画館のチケット代の次元から遡ってイメージしてみよう。たとえば映画館へ入場するために支払う2,000円であるが，そのうち50％の1,000円は映画館の収入となり，残りの1,000円は配給と映画製作会社が分けあうことになる。むろんこの配分の方法にはさまざまなケースがあり，一般的に国内で上映される映画でいうと，流通に必要な経費（おもに宣伝広告費）を配給が回収し，残りの金額を配給と映画製作会社が按分するケースが多い。ただし，配給と製作が一体化している場合もあり，日本では製作から配給，興行まで1社で行う垂直統合に近いモデルも多くなっている。

　具体的な例をあげるならば，たとえば東宝という会社は，ゴジラ映画をみずからが主体となって製作しそれを TOHO シネマズでも上映するし，TOHO シネマズ以外のイオンシネマや MOVIX でも上映してもらうため，配給として営業活動を行っている。米国では独占禁止法の制約により，映画館は配給会社とは異なる資本で運営されなければならないが，ディズニーはピクサーやマーベルといった映画製作会社を傘下にもち，世界中にこれらの作品を配給している。

　ビジネス的な成功を求めるには，映画館は売れそうな商品をどれくらい「棚に並べるか」（すなわち，どれくらいのスクリーンでどれくらいの期間に上映するか）で売上が決まるし，映画製作会社は売り場に置いてもらえる魅力的な商品をいかに作れるかが重要となる。そして配給は，適切な金額で映画を仕入れ（もしくは投資し），宣伝広告費をかけてそれを売れる商品にすることが仕事となる。そのため，いくら映画の質が素晴らしかったとしても，スクリーン数が少なければ観客動員は見込めず興行売上が伸びることはない。逆に，映画そのものの内容に価値がないと，たとえ公開時にスクリーン数を確保しても，観客に見放されれば早期に打ち切られることもあるし，また，そもそも広告によってその価値を伝えないと，上映してくれる映画館もそこへ足を運ぶ観客も集まらない。つまり映画製作会社，配給，映画館の三者がともに上手く噛み合わないとヒットは生まれないのである。

3　「マーケティング」とは何か

　前節では映画をめぐるビジネス構造を簡単に説明したが，本章ではそのうち
マーケティングを担当する「配給」に焦点をあてて議論を展開することになる。
そしてその前提となる概念であるが，本節ではまず，「マーケティング」「プロ
モーション」「広告」の定義についてそれぞれ確認しておきたい。

　　マーケティング：市場が求める商品を造り，その価値を伝え，流通を円滑
　　に展開する活動。
　　プロモーション（宣伝）：マーケティング活動のうち，商品およびその特
　　性を伝える活動。
　　広告：プロモーション活動のうち，有料の媒体を用いて行う活動。

　そもそも「マーケティング」とは何か。この問いに対して完璧な回答をする
ことは困難である。というのも，そのあり方は時代とともに大きく変容してき
たからである。「Marketing」というシニフィアンが示すとおり，それは「Mar-
ket（市場）」に対して行う活動を意味する。そして「Market」のあり方は常に
変化をつづけるものであるため，それを共時的に解釈することが可能であった
としても，通時的な視野を確保しつつ，一定不変の定義を追求する試みには限
界がある。
　「マーケティング／Marketing」という言葉がはじめて使われるようになっ
たのは1906年から1910年にかけての期間だとされている（バーテルズ，1993）。
つまりそれは誕生からすでに100年が経過しているわけだが，実際のところ，
その意味するところは市場の変化に応じて刻々と変化しつづけている。事実，
米国マーケティング協会（AMA）は３年に１度その定義を見直している。そ
の最新の定義として，2017年に承認された下記のものを紹介しておこう[2]。

Marketing is the activity, set of institutions, and processes for creating, communicating, delivering, and exchanging offerings that have value for customers, clients, partners, and society at large（Approved 2017）（和訳 マーケティングとは，顧客，クライアント，パートナー，そして社会全体にとって 価値あるものを創造し，伝え，提供し，交換するための活動，一連の制度，そして プロセスのことである）.

4 インターネット以前の広告──『千と千尋の神隠し』を事例に

　日本でのブロードバンド化，すなわち通信網をもちいて常時インターネット へと接続し，視聴に堪える動画を配信できるようになったのは，NTT 東西と Yahoo!JAPAN が定額制の ADSL サービスを開始した2001年に遡る。そしてそ の後，スマートフォンをつうじて動画が閲覧できるようになったのは iPhone ３G が発売された2008年が最初となる。

　本節ではインターネット以前の映画広告を考えるにあたって，2001年公開の 映画『千と千尋の神隠し』をとりあげたい。これはブロードバンド化がはじま る直前の作品であり，2020年に『劇場版「鬼滅の刃」無限列車編』に抜かれる まで約20年間，日本の興行収入の首位を守ったスタジオジブリの長編アニメー ション映画である。では，当時の広告活動とはどのようなものだったのか。以 下，それを振り返ってみたい。

　スタジオジブリ製作，東宝配給の作品として『千と千尋の神隠し』が公開さ れたのは2001年７月20日のことである。その上映は１年間におよび，観客数は 2,350万人，興行収入は304億円（鈴木，2016）という，当時としては歴代１位の 成績を叩き出した。映画の内容やその監督である宮崎駿はあまりにも有名であ るため本章でそれらの説明は割愛するが，『千と千尋の神隠し』の商業的成功 はプロデューサーである鈴木敏夫の貢献によるところが大きい。鈴木は1997年 公開の『もののけ姫』でもプロデューサーをつとめ，当時の興行収入１位（現

⑵　https：//www.ama.org/the-definition-of-marketing-what-is-marketing/（2022年11月17日閲覧）

時点では歴代7位）となる201.8億円を達成しており，その他のジブリ作品もあ
わせれば日本映画史において最も映画を売った人物ともいえるだろう。

　『もののけ姫』のプロモーションを起案する際，鈴木は「宣伝費＝配給収入」
の法則を編みだした。そして，60億円の目標配給収入（興行収入で約120億円）
に対して，タイアップやパブリシティ，イベントなどあらゆるものを組み合わ
せ，60億円相当の露出を図った。広告費として発生したのは配給宣伝費10億円
と製作宣伝費2億円の合計12億円とされるので，差額の48億円相当は製作委員
会に入った日本テレビの番組内でのプロモーションや徳間書店の試写会，日本
生命とのタイアップなど，直接広告費のかからないプロモーション方法であっ
たと考えられる。つまり複数のチャンネルを組み合わせた圧倒的な露出こそが
人びとを映画館に向かわせる，と当時は考えられていたのである。

　その後，鈴木は『千と千尋の神隠し』のプロモーションを起案する際，『も
ののけ姫』の2倍の露出を計画することになった。つまり『もののけ姫』の観
客動員が1,420万人なので，その2倍に相当する2,840万人が目標として設定さ
れた。そしてその人数に対して，1人あたり3回の広告接触が発生するように
構想が練られ，圧倒的な物量作戦によって露出の拡大を図ったのである。また，
大手コンビニエンスストアのローソンとタイアップを行い，全国の7,700店舗
（当時）を舞台にポスターやポップの掲示，フリーペーパーの設置などといっ
た大規模なキャンペーンを展開し，その結果として，前売り券の販売枚数に注
目してみても，その総数100万枚のうち32万枚を売り上げることになったので
ある。さらに新聞広告に関してみても，公開3週間前にあたる2001年6月26日
から2002年4月6日まで，約10ヵ月間にわたり100種以上の広告を投下してい
る（鈴木，2002）。

　これまで映画を宣伝する媒体は，時代ごとに移り変わってきました。1950
　～60年代，お客さんは映画館で流れる予告編を見て，次に行く映画を決め
　ていました。70年代になると，情報誌の「ぴあ」が創刊されます。それか

---

(3)　http://www.kogyotsushin.com/archives/alltime/（2022年11月17日閲覧）

　ら80年代まで，映画を見るときは，まず「ぴあ」を読むという時代が続きます。ジブリ作品でいえば，『ナウシカ』や『ラピュタ』のころが，その全盛期です。それが『魔女の宅急便』ぐらいからは，テレビスポットの影響力が強くなります。90年代になると，インターネットという新メディアが登場しました。そして，インターネットの力が支配的になっていくまでの過渡期，2000年前後の数年間，コンビニの店頭が流行を生み出す発信地となっていたのです。

　日本における映画のマーケティングにおいて多大な成功を収めた鈴木は，そこに関与するメディアの変遷を上記のように整理している。鈴木はこの後も『ハウルの動く城』(2004)，『崖の上のポニョ』(2008)，『風立ちぬ』(2013) などの作品で，興行収入100億円超のヒット作をプロデュースしている。ともあれこの時代におけるプロモーションの主戦場は，やはりテレビであり，新聞広告であり，タイアップである。つまり何らかの媒体を購入し，映画の露出を目標値まで届かせる手法が採用されていたのである。
　他方で鈴木は，広告にもちいるクリエイティブについても細心の注意を払った。1988年に『となりのトトロ』と『火垂るの墓』の同時上映を行うにあたり，映画のキャッチコピーの製作を，当時最も売れっ子コピーライターであった糸井重里へと依頼している（糸井はその後も，多数のジブリ作品のコピーを手掛けている）。鈴木と糸井，そして監督の宮崎駿を交えた各作品のコピーをめぐるやりとりは「ジブリの大博覧会」などで展示されているが，彼らは作品と同様に広告素材についても途方もない熱量を注ぎ，作品を正しく伝えることに尋常ではないこだわりをもっていたことがうかがえる。ただ単に露出を拡大するだけでは意味がなく，どうやって作品を世に伝えていくか，発信側としての意思の強さが介在しているのである。
　ともあれ，鈴木がジブリ作品をヒットさせることができたのは，①優れた作品を，②製作者の意図した露出方法によって，③目標とする露出に達する媒体を入手できたことによる，と総括することができるだろう。ジブリ作品を知り，

それに興味を抱き，映画館に足を運んだすべての観客たちは，基本的には，鈴木が狙って発信した情報を受容した人間だということになる。少数ながら，鈴木が行った大露出作戦をすり抜け，公式的なプロモーションにまったく触れることなく作品を知り，映画を観に行った観客もいるかもしれないが，おおよそ，映画館に足を運んだ観客たちはほとんど，テレビの広告かニュースか番宣か，はたまた新聞や雑誌，コンビニのポスターやチラシなど，鈴木が意図した情報発信に触れていたと想定される。

<h2 style="text-align:center">5　SNSによる情報拡散
――『劇場版「鬼滅の刃」無限列車編』を事例に</h2>

　2020年10月16日，コロナ禍における行動制限がいまだに継続するさなか，『劇場版「鬼滅の刃」無限列車編』が公開され，それが『千と千尋の神隠し』を抜いて約20年ぶりに日本の興行収入記録を塗り替えた。その製作を手掛けたのは，ソニーグループのアニプレックスとアニメーションスタジオの ufotable（ユーフォーテーブル），配給は東宝とアニプレックスが担当した。

　本作は，週刊少年ジャンプに連載されていた原作のアニメ化を高橋佑馬（アニプレックスのプロデューサー）が企画し，ufotable へ制作を依頼する形態でつくられた。先行して『鬼滅の刃』はテレビアニメとして放送され，また，それが Netflix など多数のプラットフォームで配信されたこともあり，大きな話題になっていたタイミングでの映画化であった。また，コロナ禍において洋画の上映がほとんどなかった状況もあって，本作は多くのスクリーン数を確保しえたのである。なお，従来における日本の大作映画のように，テレビ局や大手広告代理店が製作委員会として関与するわけでもなく，これだけのヒット作が生み出されたのは異例中の異例だったといえるだろう。

　さて，本作のプロモーションをめぐって注目してみたいのは，SNSを中心とした情報の拡散とその推移である。**図表 6 - 1** は作品が公開される前後で，「鬼滅の刃」と「鬼滅」の 2 つのキーワードに関して，X（旧 Twitter）上での

図表 6 - 1　SNS による情報の拡散とその推移

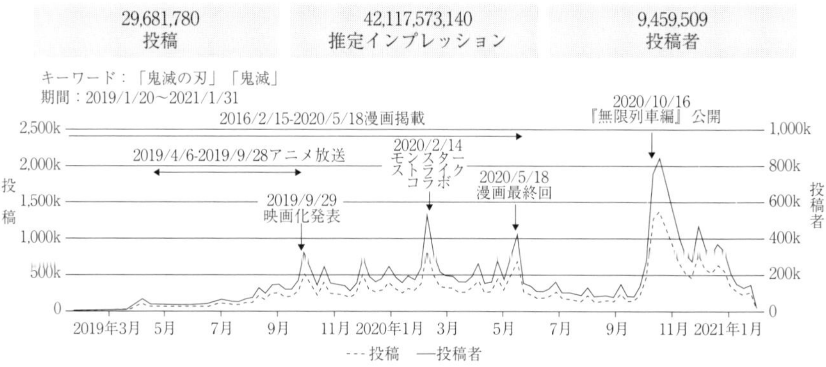

投稿者と投稿数がどのように推移したのかを示したものである。

　アニメ化前はさほど話題になっていなかったそれらのキーワードは，その後だんだんと拡散されはじめ，映画公開前にはスマホゲームである『モンスターストライク』とのタイアップもあり，爆発的な拡散をみている。さらに，映画公開時になると，80万人を超える投稿者がそれらをツイートするなど最大の盛りあがりをみせるのだが，ここで1点，目を向けてみたいところがある――すなわち，映画公開前よりも映画公開後のツイートが圧倒的に多いという点である。ようするに映画を見終えたファンたちがツイートを行い，それよって劇場に足を運ぶファンがさらに増え，また，そのツイートをチェックして観客が増える，という循環的な連鎖が発生したと考えられるのである。延べ946万人が2,968万回の投稿を行い，推定の表示回数は421億回に達している。付言しておくと，TikTok を運営する Bytedance 株式会社も，作品が公開された約2週間後の10月29日の段階で，「鬼滅の刃」の関連動画の再生回数が累計157億回を超えたと発表している。[4]

　X（旧 Twitter）にしろ TikTok にしろ，それらはテレビや新聞とは決定的に異なる。つまりそれらを閲覧できるのはアプリもしくはサイトを利用しているユーザーのみで，マスメディアのように誰にでもリーチできる媒体ではない。

(4)　https://prtimes.jp/main/html/rd/p/000000259.000030435.html（2022年11月17日閲覧）

しかし，これだけ盛りあがると社会現象としてマスメディアも取りあげ，それによりライトなファン層へも拡大していくことになる。そして，まさに「爆発的」という表現がふさわしい圧倒的な露出が達成されることになったのである。

　SNS をつうじた情報拡散の特徴として，発信されるメッセージの多面性についても触れておこう。鈴木がジブリ作品のプロモーションで採用した方法は，鈴木や宮崎が練りに練った広告表現を，その作品イメージを壊さないように正しくメディアを使って露出することであった。しかし鬼滅ファンがつぶやくツイートや TikTok の投稿にそういった製作者側の意図は介在していない。それらの多くは，単なる感想であったり，もしくは自分がコスプレした写真であったり，気に入ったセリフの切り抜きであったりする。すなわち，それらファンのツイートは製作者の意図とは関係なく，メッセージ的な正しさは考慮されずインターネット空間へと放出されるのである。

　むろんこのような SNS 上での拡散は「広告」ではない。配給が広告費を払い，媒体を買うことでおこなう宣伝行為ではないからである。配給側が SNS 上での盛りあがりをどこまで意図してプロモーション計画に織り込んでいたかは定かではないが，しかし結果としては，それが莫大な量の露出を導き，邦画史上最大のヒットをうみだした一因であったといえるであろう。

　鈴木が行ったジブリ作品の広告との対比でいうと，①優れた作品が，②製作者の意図した露出方法に必ずしも依拠しないかたちで，③鑑賞者の自発的な発信を惹起し，それが興行収入を顕著に押し上げた，と整理しうるのである。

6　マーケティングにおける主役の交代

　2001年に公開された『千と千尋の神隠し』の広告手法と，2020年に公開された『劇場版「鬼滅の刃」無限列車編』の SNS における情報拡散を比較してみえてくるのは，端的にいえば「プロモーションにおける主役の交代」である。そしてその背景には「ブロードバンド化」と「スマートフォンの普及」があり，さらに根幹には「放送から通信へ」というメディア環境のパラダイムシフトが

図表 6-2 「鬼滅の刃」の受容の構図

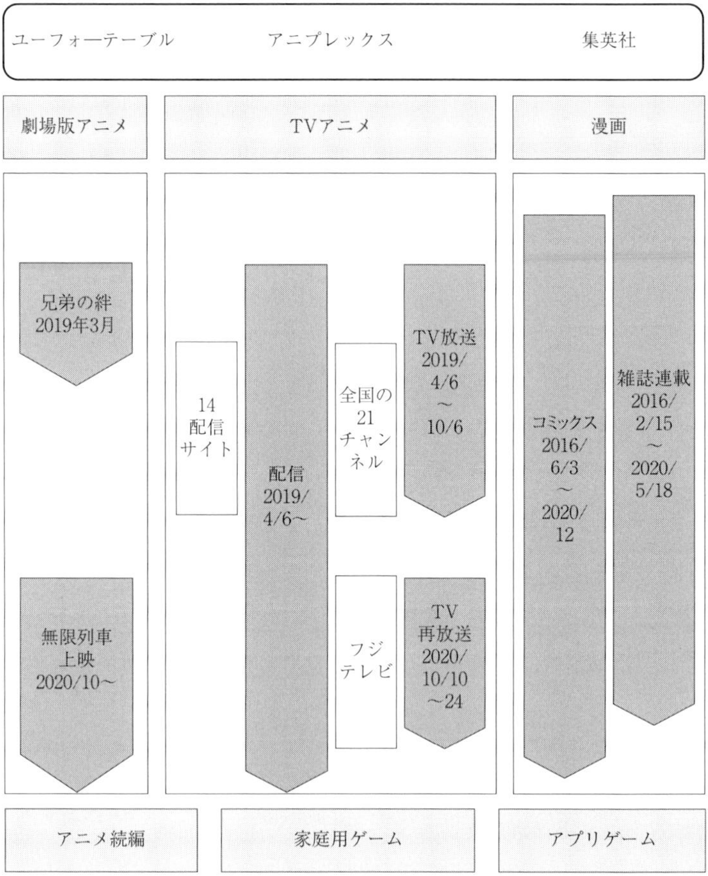

| ユーフォーテーブル | アニプレックス | 集英社 |

劇場版アニメ　　**TVアニメ**　　**漫画**

兄弟の絆
2019年3月

14
配信
サイト

全国の
21
チャ
ン
ネ
ル

TV放送
2019/
4/6
〜
10/6

コミックス
2016/
6/3
〜
2020/
12

雑誌連載
2016/
2/15
〜
2020/
5/18

配信
2019/
4/6〜

無限列車
上映
2020/10〜

フジ
テレビ

TV
再放送
2020/
10/10
〜24

アニメ続編　　**家庭用ゲーム**　　**アプリゲーム**

（出所）中山, 2021

ある。

　鈴木が宮崎駿の作品を売っていた時代，プロモーションの主役は発信者である鈴木であった。彼がテレビ局で過去作品を放映し，テレビCMを投下し，新聞広告を出稿し，タイアップ先の企業やコンビニと交渉を行った。どこで何を発信するかは，発信者である鈴木に決定権があったわけである。観客は，その鈴木が仕掛けたプロモーションをふまえて映画を観るか，もしくは観ないか

という，２つの選択肢しか持ちえなかった。

　しかし上述した「鬼滅の刃」の例が示唆するように，メディア環境のパラダイムシフトによって，プロモーションの主役は交代することになった。『劇場版「鬼滅の刃」無限列車編』のヒットを説明するには，２つの要素を勘案する必要がある——そのうち１つ目は，ブロードバンド化によってコンテンツ（＝商品）へのアクセスがいつでも可能になったこと。そして２つ目は，スマートフォンとSNSの普及による圧倒的多数の声が共時的に，映画の鑑賞体験へと人びとを駆り立てたことにある。

　ちなみに劇場公開作品の前作にあたるアニメ作品は映画公開時に，Netflixや Amazon Prime，Hulu などをふくめ合計で14の配信サイトをつうじて配信されていた。つまり「鬼滅の刃」が面白いと聞きつけた消費者はそれを即座に検索し，上記のようなプラットフォームをつうじて第１話にまで遡って観ることができたのである。「鬼滅の刃」のアニメーションは第１話から高いクオリティで作られており，ストーリー展開も速く，テレビのようにCMも入らないので，それを一気に観てしまうことができる（昼夜問わず好きな時間に，である）。なお，劇場作品はアニメ作品の続編となっているので，アニメ作品を視聴し終えた視聴者は劇場へ足を運ばずにはいられない。しかもその観客たちは劇場でそれを観た後に，感想等をSNSで投稿し，SNS上は「鬼滅の刃」の話題で溢れかえることになったのである。

　『劇場版「鬼滅の刃」無限列車編』はそれ以外の一般的な映画作品とは異なり，何の準備もなく劇場へ行って楽しめる作品としては製作されていない。「鬼退治」という一般性のあるテーマが採用されてはいるものの，本作では鬼の説明やその倒し方，登場人物の説明などが丁寧になされているわけではない。要するに劇場に足を運ぶ前段階に，アニメ作品を視聴していることが想定されているのだ。「ドラえもん」の劇場版作品が，わざわざ「ドラえもんは未来からきた猫型ロボットであり，その四次元ポケットからさまざまな道具を出す」などと解説しないのと同様に，まったくの初見の視聴者をメインのターゲットとしているわけではないのだ。これらを比較してみると，「ドラえもん」は上

記の視聴前提を構築するのに膨大な時間をかけているが，これに対して「鬼滅の刃」は，クラウド経由でいつでも視聴可能な作品群，およびそれをとりまくSNS上での口コミがそれを実現しているのである。

7　結びにかえて

　クリエイティブに携わるものにとって，作品とは「想いの結晶」といえる。ジョージ・ルーカスは1977年以来28年の長い時間をかけて「スター・ウォーズ」を撮り切った。また，庵野秀明は1995年から2021年までの26年の時間をかけて「エヴァンゲリオン」を描き切った。当然のことではあるが，映画とは1人の力によって作られるものではなく，大勢のスタッフが関与することで作られるものであるが，個々のそれを一定の「尺」に収まる映像作品として仕上げるのは，1人の監督の責任によるところが大きい。インターネットが普及する以前は，製作し発信する側に絶大な力があったわけだが，しかし今，その主役の座は観客側へと移行しつつある。

　ようするに映画広告をめぐる現代的状況を俯瞰してみると，その世界において，情熱を込めて作られた映画を宣伝するのはもはやその作り手ではなく，むしろ受け手になりつつある。昨今では「プロセスエコノミー」（尾原，2021）なる概念も生まれ，価値とはアウトプットされた商品にあるのではなく，その生産過程を可視化し消費者とともに創りあげる営為にあるとの議論も説得力を帯びつつある。たとえばBTSなどは，まさにそうやってSNSを駆使し，韓国のアイドルグループにとどまらず世界に活躍の場を拡げつつある。

　近代マーケティングの父とも指呼されるフィリップ・コトラーは，近著となる『マーケティング5.0──デジタル・テクノロジー時代の革新戦略』のなかで，AIなどのテクノロジーがさらにマーケティングを高度化させると予測している（コトラー，2022）。実際私たちは，「鬼滅の刃」をX（旧Twitter）で盛りあげたアカウントのなかに，AIが作ったボットが存在していても気がつかないかもしれない。しかし実際にアメリカにおけるレクサスのCM脚本には

AIが書いたものが使われているし，私たちが目にするバナー広告や検索連動型広告のコピーもAIが書いたものがすでに数多く存在している。これから20年後のマーケティングの変化は，『千と千尋の神隠し』から『鬼滅の刃』への変化などとは比較にならないほど，大きなものになるのかもしれない。

引用・参考文献

尾原和啓（2021）『プロセスエコノミー　あなたの物語が価値になる』幻冬舎。

コトラー，P.ほか，恩藏直人監訳（2022）『コトラーのマーケティング5.0——デジタル・テクノロジー時代の革新戦略』朝日新聞出版。

鈴木敏夫（2002）『ナウシカの「新聞広告」って見たことありますか。——ジブリの新聞広告18年史』徳間書店。

———（2016）『ジブリの仲間たち』新潮社。

中山淳雄（2021）『推しエコノミー——「仮想一等地」が変えるエンタメの未来』日経BP。

バーテルズ，R.，山中豊国訳（1993）『マーケティング学説の発展』ミネルヴァ書房。

第7章

ブックデザインのリミックス
DTP による「民主化」と，失われたもの

阿部卓也

---

1 はじめに──ありふれた「本作り」の風景

　ある日，あなたは友人たちと，何かの小冊子の制作を思い立つ。趣味の情報発信や，思い出作りといったことが目的だ。ネットでは，古い情報は押し流されて消えやすいし，最近少し SNS 疲れしたので，たまには手で触れて形に残る紙媒体で表現してみようと考えた。せっかく本や雑誌のようなものを作るなら，デザインもそれらしくしたいという話になり，少し美術センスのあるメンバーが，パソコンとレイアウトソフトを用意する。皆が文章と写真を持ち寄り，紙面構成にまとめていく。その後，いろいろあって無事完成した冊子は，よく見ればあちこち拙いが，総じてプロ顔負けに思える仕上がりで，皆が満足する。デザインを担当した友人は，以前何かのチラシをパソコンで作った経験があり，冊子もそれと同じ感覚で簡単に制作できたと語る。使ったソフトは，プロが本格的な印刷物を作る時に使うものと，まったく同じだという。

　……以上は架空の話だが，実際よくある光景だ。印刷や紙媒体の制作環境は，この20〜30年で急激に変化した。とくに組版やレイアウトと呼ばれる印刷物の紙面制作は，かつてはプロの技術者が専用装置で行う高度に専門的な業務で，その仕上がり品質も，アマチュアの同人誌とは雲泥の差があった。だが，1990年代から2000年代前半までにDTP（デスクトップ・パブリッシング：パソコンによる印刷用データ作成）のソフト（**図表7-1**）が普及して，専用機（**図表7-2**）を駆逐したことで，組版やレイアウトは，自宅で誰でも行える作業に変貌した。それは基本的に，本作りがすべての人に開かれるという「民主化」だった。け

れども極めて急速な変化だったため，それ以前の時代に本作りを担っていた職人たちが，新環境に適用・移行できる前に，社会から切り捨てられるように淘汰される，という出来事にもつながった。そしてその過程で，かつて職能集団が集合知として培ってきた見識の一部が，十分継承されないまま喪失する，という現象も起きた。

本章は，そうした本作り，あるいはブックデザインの「リミックス」の歴史について論じる。とくに「組版ルール」と呼ばれる，本のなかで文章を美しく配列するための社会的に共通化されたルールに注目し，それが1950年代末から2000年代初頭までの期間に，日本で

図表7-1　Adobe Indesign を使ったアマチュアによる出版物の制作

（出所）筆者撮影

図表7-2　電算写植を使った1971年の組版作業

（出所）『文字に生きる』写研，1975年

どのように成立し，変遷してきたかを概観したい。文字の実現を支える技術基盤が金属活字，写真（アナログ），デジタルと変化するなかで，何が問題の鍵となり，本というメディアとそれを担うアクターたちは，どのような再編成（リミックス）を経験することになったのだろうか。

2 「ブックデザインのリミックス」の前提

　まず，この先の議論の前提として，日本語の組版ルールとは何か，そしてこれまで組版ルールに関わるメディア技術がどのように変遷してきたのかを，簡単に確認しよう。

⑴　組版ルールとは何か

　組版とは，シンプルに言えば，一定以上の長さの文字による文章を配列すること，それもたんに並べるのではなく，読みやすく，美しく配列することである。組版ルールとは，そのような配列を個別判断不要で実現するための取り決めの束である。一見簡単な話だが，この「読みやすく美しい配列」は，実はややこしい問題でもある。第一に，ここで言う「美しい文字配列」とは，大意において，ぎこちなさを感じず，文章を長く読んでも疲れず，読み手の意識が「文章の内容」に集中できる配列のことだ。つまり，作為性が読者に意識されなければされないほど良い文字配列だ，という話になる。ところがその性質ゆえ，どれほど複雑な工夫や技芸が詰まった巧みな組版でも（そうであればあるほど）普通の読者には「当たり前」に見え，その知的創造性や，存在自体が認識されないという「透明な技術」になりがちだ。

　第二に，日本語の組版の決まりごとを言葉に書いてルール化（外在化）することは，簡単なようで難しい。日本語活字は原則としてほとんどの文字が正方形に設計されており，それを原稿用紙のマス目のように均等に並べれば最低限の組版になるので，その意味では「とても簡単」だ。しかし日本語には縦書きと横書きが混在し，アルファベットという異なる言語体系の字種もよく混じるので，そのなかで「自然に見える」組版を実現するには，じつは複雑なふるまいが要求される。たとえば，数字やアルファベットを縦書きすると，そのままでは横倒しになってしまう。その時，横倒しのままが良いのか，1文字ごと縦に回転させて読める向きにしたら良いのか（欧文回転），2文字くらいまでなら

合わせて1文字のようにまとめてから縦向きに回転させたら良いのか（縦中横），または漢数字に置き換えれば良いのかなど，処理にはさまざまな選択肢がある（けれど実際には，ある文字列を「違和感なく読ませる」組み方は，文脈に依存して，かなり限られる）。そうした調整を，毎回場当たりでなんとかするのではなく，いつでも誰でも迷わず実行するには，どのようなルールを定義すれば良いだろうか。他にもカッコ類や「，」や「。」のように，単独で行の頭／終わりに出現すると不自然になる記号類があったり，ふりがな（ルビ）の振り方にも極めて多様なバリエーションがあるといった問題があるため，現在の漢字仮名交じり文による一般的な日本語活字の文章で，「ぱっと見で自然」な品質を実現することは，実は「とても難しい」。

　しかもこうしたテクニカルな問題は，しばしば「どうでもいい，細かい話」にみえる。日本語組版ルールの記述のかなりの割合は，前述したような「例外的なケースの処理方法」に延々と費やされるため，そこを洗練し共通化することの価値や重要性は，専門家以外に理解されにくいという構造があった。

(2)　印字メディア技術の変遷

　日本語組版ルールの基本的な特徴を確認したので，次に，活字の実現に関わるメディア技術の変遷を見ていこう。印刷に使用する目的で，文字列を紙などに打ち出すことを印字という。印字技術は，過去に何度か大きく変化した（したがって，1990年代のデジタル化だけが「ブックデザインのリミックス」ではない）。そしてこの印字技術の変遷は，当然ながら組版ルールの問題と密接に関わっている。紙面レイアウトをどの程度試行錯誤できるかは，印字装置の能力的な条件から，基本的な制約を受けるからだ。印字技術の変遷を，組版との関わりに注目しながら，大まかに見ていこう。

　一般的な理解では，日本の印字技術は金属活字→写真植字（写植）→DTPという3段階で変化したとされる。写植は日本では戦前からある技術だが，活字からの置き換えが本格的に進み，社会に広がりはじめるのは60年代以降（もう少し早めだと考えても1950年代中盤以降）だ。一方，日本でDTPの本格的な導入

がはじまるのは1990年代の前半からで，これは Macintosh というパソコンの普及と深く関わっている。

　この三段階による整理は，活版印刷から光学／アナログ技術を経てデジタル技術に至るという，一般的なメディア論的歴史区分に沿うものである。だがこの図式は，書籍組版の歴史に関して言えば，間違っているわけではないものの，全面的に正しいとも言えない。写植機は，より正確に言うと，手動写植機と電算写植機の２種類に大別される。手動写植機とは，カメラとタイプライターが合体したような仕組みの光学装置である。写真術を使うことで，重い金属活字を使わずに，自由に拡大・縮小した文字を印字できることを特徴とする。この手動写植機という装置は，欧米でも1920年代に発明されたが，用途は見出しやタイトルの印字に限られ，限定的にしか実用化されなかった。対して日本では，1920年代から本格的な本文印刷への使用を目標にして，手動写植機[1]が積極的に研究開発され，1960年代には商業印刷全般に爆発的に普及，90年代初頭まで広く使用されるという，世界的にも特殊な展開があった。

　けれども結局，手動写植機は，主に雑誌，広告などの商業印刷物と，端物（はもの）と言われるチラシなどの印刷物での使用が中心で，本格的な書籍組版にはさほど広がらなかった。この時代，商業印刷物と本格的な書物は，基本的にまったく別の世界圏を形成し，担い手も異なっていた。技術的な詳細は省くが，フルカラー印刷や，写真や図版を多用するグラフィカルな紙面が必要なく，その代わりに長い文章を何ページも印刷しなくてはならない書籍組版（単行本など）の条件では，手動写植より活字・活版を使う方が依然として効率的だったからだ。

　写植と書籍組版が本格的に出合うのは（さまざまな先駆的例外を除けば），1970年前後の電算写植機の登場以降だ。電算写植機とは，コンピューター制御で印字を自動的に行う装置である。その最大の特徴は，デジタル情報として入力さ

---

(1)　より正確に言えば，「手動」写植機も，1970年代以降にステッピングモーターが使用されるようになってからは，モーターの動作をコンピューター回路が制御しているのだから，その意味では「デジタル機器」という側面も持つ。

れた長い文章を，文字サイズや行数や行長や書体指定といった構造およびデザインの情報と組み合わせ，一気にまとめて具体的な組版として出力（印字）できる点にある。[(2)]

　電算写植機の発達は，メーカーや用途別にいくつかの系譜があるが，いずれにせよ本文の印字をターゲットにした製品である。電算写植は，初期には新聞組版用が多かったが，70年代中盤以降，徐々に書籍制作の分野（正確には，辞事典，単行本，文庫本などを含め，印刷業界内で「ページもの」と呼ばれる分野）に広がっていく。したがって本文組版を中心に考えるならば，印字技術の進化は，活版印刷（金属活字）→デジタル（電算写植，専用コンピュータ）→デジタル（DTP，パソコン）という3段階だ，という整理になるだろう。[(3)]

3　第1のリミックス——電算写植と組版ルール

　以上の前提知識を共有した上で，書籍制作や組版の現場がいかなるメディア・リミックスを経験したのか，その諸相を見ていこう。前述のように，1990年代からのDTPの普及だけが書籍組版のメディア・リミックスだったわけではない。「活版印刷が（電算）写植に変わる」という1970年代の出来事が，まずは最初の巨大なパラダイムシフトだった。[(4)]この第1の技術革命が社会に与えた影響はいくつか指摘できるだろうが，本論がとくに取り上げたいのは，電算写植の登場が組版ルールの標準化をもたらした，という側面についてある。[(5)]

---

(2)　このように，実行する処理や手順をあらかじめ決めておき，大量のデータを一括で処理するやり方を，コンピューター用語で「バッチ処理」と呼ぶ。バッチ（batch）とは，英語で「ひと束にまとめる」という意味である。
(3)　出版社によっては，電算写植を採用せず，活版から直接DTPに移行するという，2段階だったケースもある。
(4)　1970年代，この技術革新には「コールドタイプ革命」というスローガンが与えられた。活版印刷は，鉛の合金を熱で溶かした鋳造活字を使用することから，「ホットタイプ」（熱い活字）という別名で呼ばれる。それに対し写植や平版オフセット印刷など，この時代に普及した新しい印刷環境は，高熱を伴わない光学技術がベースだったので，「コールドタイプ」（冷たい活字）と総称された。

(1)　写植専業者の増加，あるいは印字と印刷の分離

　では，なぜ（電算）写植が組版ルールの確立に寄与したのだろうか。それは，技術による知の分離と外在化の力学，つまり写植の登場によって，金属活字の時代には分離不可能だった印字と印刷が，別のプロセスになったからである。それとともに，組版作成という作業が印刷所から切り離され，写植専業者という，印字や組版だけをアウトソーシングで担当する職域が出現することになった。独立開業している組版専業者は，しばしば複数の印刷所／出版社から仕事を請け負うことになる。そのとき，要求される組版ルールがクライアントごとにバラバラだと効率が悪いので，社会全体で共有された，統一的な組版ルールが望まれはじめた。[7]

(2)　電算写植と組版ルール

　このような写植の普及を背景にした組版ルール整備の動きは，電算写植機の登場で，さら本格的に展開していくことになった。なぜならば，電算写植機を実現するためには，一般法則としての組版ルールを機械的に定義することが，原理的に必要になるからだ。いかなる文章が入力されても，コンピュータがそれにもとづいて自動・一括（バッチ）で作業を実行し，個別の調整をせずとも原則的に行末・行頭等の乱れが発生しないような組版結果を生成するためには，「組版ソフトウェア」や「組版言語」と呼ばれるかたちで，組版の手順や規約が外在化されていることが，不可欠だったのである。

　電算写植機の発展と組版ルールの整備がどのように関係していたのか，歴史

---

(5)　現在使われている日本語の活字組版ルールの基礎は，金属活字（活版印刷）の時代，1950年代末頃には大筋で完成していたとされる（野村，2013：82）。けれどもそれは，英国のオックスフォード・ルールのように社会的に共有された規格や規範ではなく，基本的には各出版社が，それぞれに異なる独自のルール（ハウスルール）を持っている状態だった。

(6)　すべての組版専業者が独立し，事業として印刷所から分離したという意味ではない。印刷所が内部に写植組版のセクションを抱えるケースなど，さまざまな業態が並行して存在した。

(7)　写植を使用した本文組版の品質向上と普及のための取り組み例としては，1972年に印刷工業組合連合会と日本軽印刷工業会と日本写真製版工業組合連合会が共同で刊行した『写真植字のための組版ルールブック』や，日本最王手の写植機製造販売企業だった株式会社写研が，杉浦康平のデザインで1972年から73年に刊行した書体／組み見本帳『写植 NOW』全 4 巻などを挙げることができる。

を簡単に確認していこう。日本では株式会社写研が，1950年代からの試作的取り組みを踏まえ，1962年頃に電算写植機を本格的に実用化した。当初は中小規模の新聞社の組版用途が中心だったが，1968年頃になると，電算機の性能向上ととともに，新聞制作だけではなく一般印刷をターゲットにした，より汎用的な本文組版用電算写植機の開発が進められていく。

　続く1969年には，組版環境の進化にとって重要な展開が二つあった。第一に，写研の社内で書籍の組版に必要なルールの整理・検討が開始されていった。その成果は最終的に『組みNOW』という書名で1975年に書籍化された。『組みNOW』は，組版ルールのバイブルとして広く読まれることになった。

　第二に，電算写植機の編集装置の機構がソフト化し，写植印字の装置（ハード）から分離するようになった。当時の編集装置は，ユーザーからの要望を踏まえて段階的に機能が拡充されていたが，やがて機能追加とハードの更新を一体にすることが不合理になっていった。そこで写研は1969年に，組版を行うためのソフトウェアとして，ミニコン[8]上で動作する組版プログラムSAPCOL[9]を制作した。これによって，組版ルールは特定のハードにロックインせず（少なくとも写研が製造する機種内では）汎用的な形式言語として，独自にバージョンアップされることが可能になった。以後SAPCOLは，日本語文書の組版に特化したページ記述言語として洗練されていく。

　そして1972年に，上記の二つの取り組み——つまり組版ルールの標準化と組版ソフトの開発——が合流する。「写植ルール委員会」の検討成果が組版言語SAPCOLに仕様として取り込まれ，SAPCOL-HSとして大幅に改定されたのである。このようにして確立した，「写植ルール委員会」（以下，この検討成果を便宜的に『組みNOW』と呼ぶ[11]）とSAPCOLの関係は，興味深いものだ。『組みNOW』は，人間が読むためのマニュアルとして整備された。『組みNOW』を

---

(8)　かつて，メインフレームと呼ばれた大型汎用コンピューターは，一部屋を丸ごと占有するほど大規模なものだった。それに対し1960年代半ばに登場したミニコン（ミニコンピュータ）は，サイズが冷蔵庫1台程度の「小ささ」だったので，「ミニ」と呼ばれた。最初のSAPCOLのために使用されたミニコンは，DEC社のPDP-8である。PDP-8は1960年代中期に登場した画期的に安価・汎用的なミニコンで，世界的に大ヒットした。
(9)　1969年時点での編集ソフトの正式名称はSAPCOL-D1。

熟読すれば，日本語組版の原則が効率的に習得でき，写植専業者として自立する道が拓かれる（活版印刷所の徒弟になって長期間の修行をすることは，必須ではなくなる）。一方で『組み NOW』が整備したルールの価値は，組版言語 SAPCOL の実装によって担保されているものでもある。電算写植時代のオペレーター（本文組版業者）は，日本語組版ルールを熟知していることに加えて，手打ちでテキストデータをコーディング[12]して適切な文章体裁を実現するという組版プログラミング[13]の技術も求められた。その際，SAPCOL は，『組み NOW』と思想基盤を共通にしているので，後者の知識をもっていれば，前者の習得に際して有利となる。そして SAPCOL は写研の製品に導入されている仕様である以上，『組み NOW』の知識の普及は，写研の商品の普及にもつながる，という表裏一体の構造になっていた。

(3) 組版ルールの外在化と更新

　以上を小括すると，まず，活版印刷の時代に「暗黙知」として現場に埋め込

[10]　その他にも，SAPCOL-HS では，段組，ハシラ，ノンブルなどを含めた「ページ」が表現できるようになったという進化があり（それ以前は，棒組みと言われる1段構成のテキストのブロックしか表現できなかった），同時に電算機本体も，組版編集システム，漢字キーボードなど複数のハード・ソフトからなる組版ソリューション（SAPTON-Spits）に進化した。これらの複合的な展開により，この頃から「ページ全体の一括印字」が実現するようになる（ただし，図版は実体ではなく配置予定位置の情報としてしか扱えなかった）。また，その他に特筆すべき出来事として，写研が独自の13ビット文字コード SK-72 を制定したのも1972年である。それ以前に日本に存在していた文字コードは，CO-59 と呼ばれ，これは1959年に，新聞記事の電信用に策定された六社協定新聞社用文字コードだが，新聞用の限定的な文字集合だったため（漢字は当用漢字しか含まず，全体で2000字以下だった），一般印刷用には足りなかった。SK-72は，一般的な日本語文書の印刷に必要と考えられた約1万字を内包している。
[11]　厳密に言えば，「写植ルール委員会」の検討成果の総体と，ガイドブックとして書籍化された『組み NOW』の掲載内容は，完全に同一ではないが，以下，両者を便宜的に同一視し，『組み NOW』と総称する。
[12]　和文組版言語のコーディングコードは「ファンクション」と呼ばれた。SAPCOL には約120のファンクションがあり，これをキーボード操作でテキストに挿入していくことで，カッコのような記号類の隙間を詰めるか詰めないか，ふりがなの表現をどうするといった体裁をはじめとする，組版の仕上がり状態を制御することができた。
[13]　写研の SAPCOL の他に，電算写植時代の日本で広く使われた組版言語としては，写植業界2位のモリサワが自社の写植機のために制定した CORA 5 E（1979年制定）も挙げることができる（CORA 5 E は独ライノタイプ社の欧文組版言語 CORA V を拡張したものである）。モリサワの電算写植は1980年代に急速に写研を追い上げるが，後発だったこともあり，CORA 5 E は大筋で SAPCOL の時代に整理された組版ルールを踏襲した内容だと考えられる。

まれていた組版ルールは，電算写植機の登場を大きな原動力の一つとして，段階的に印刷工程から分離（自立）し，知識として外在化されていった。それによって，従来に比べれば不特定多数の人びとに開かれた学習や，機械的な再現が可能になった。これが，パソコンやインターネット以前，1970年代前後のデジタル・テクノロジーがもたらしたブックデザインの「第1のメディア・リミックス」だったと考えることができる。

　ここで，もう一点注目に値するのは，1975年の『組みNOW』が行った整理が，単なる活版印刷時代の組版ルールの集約と再現に留まっていない，ということである。[14]『組みNOW』では，写植という技術条件を活かし，組版ルールを更新することが積極的に試みられている。その典型的な事例が，「アキ」という概念の全面化だ。[15]「アキ」とは，要素間の間隔という意味で，活版時代から存在する語彙だが，『組みNOW』においては，この「アキ」という単語が組版やブックデザインを論じる中心概念として，さまざまな箇所で繰り返し登場する（手動写植機のギアの挙動に由来し，行と行の間隔を意味する「送り」という単語も頻出する）。

　この概念が前景化した理由は，2つほど考えられる。第一に，物理的な実体（ボディ）をもつ金属活字と違って，写真術で印字をおこなう写植では，文字と文字の間隔を「アケ」たり「ツメ」たりするコントロールが，比較的自在に可能になったことである。そのため，行頭や行末に出現すべきではない記号類を，「ツメて」前行に追い込んだり「アケて」次の行に追い出すなど，活版時代には安定的な実行が困難だった，行全体にまたがる空間処理を活用した組版の思

⑭　1972年の『写真植字のための組版ルールブック』では，金属活字の物理的な制約に由来するルールがそのまま採用されている箇所が散見されたり，文字とビジュアル的な要素の相互作用に関する言及も少ないなど，大筋で言えば，活版印刷の時代に使用されていたルールを要約・整理したもの，という性質が強かったと言える。ただし，現在でも広く使われる語彙である，「行送り」と「行間」の違いに関する定義など，『写真植字のための組版ルールブック』の時点で行われた重要な概念整理も存在する。
⑮　ちなみに『組みNOW』の整理のベースになった「写植ルール委員会」が発足した1968年は，『日本の都市空間』において，建築家の磯崎新が「間（ま）」の概念を提唱した年でもある。つまり，日本の文化の構造を余白という切り口で説明するという議論が，この時代に複数の文脈で同時多発的に起きていたことになる。単なる偶然であるとしても，文化史的に興味深い符合と言える。

考が可能になった。

　もう一つの理由は，『組み NOW』の検討対象が，狭義での行組版のルールだけではなく，ページ全体だったことに関係していると考えられる。『組み NOW』では，本文版面だけでなく，柱やノンブルなど，本のページ内に含まれるさまざまな要素の設計方法をトータルに解説しようとしており，そうした要素間の位置関係を正確に記述する方法としても「アキ」という語彙が採用されている（紙の上端から本文の上端までの間隔や，本文の行間，段間といった距離の指定が「アキ○mm」や「○歯アキ」など，共通して「アキ」という言い方で記述されている）。それは，この時代の電算写植機や組版言語が，本文の棒組みだけでなくページ全体を記述・印字できるようになりつつあった，という技術的な進化と，表裏をなすものでもある。

　このように電算写植機の登場は，活版印刷の時代から連綿と現場に埋め込まれてきた組版ルールという「暗黙知」の体系を印刷工程から分離・独立させていった。同時に，コンピュータ技術（電算）や光学技術（写植）という新しいテクノロジー環境は，組版の方法論そのものをアップデートし，新しい規範を誕生させる原動力にもなっていった。

4　第 2 のリミックス——DTP の登場と伸長

　続いて，1990年代から2000年前半頃までに進行した，組版をめぐる第 2 のメディア・リミックスである，「DTP 化」について検討しよう。先に概要を確認すると，安価なパソコン上で組版レイアウトを行う DTP（デスクトップ・パブリッシング）は，概念としては1985年頃から提唱されていたが[16]，日本で実際に導入が進むのは90年代である。当初は Apple 社のパソコン Macintosh と Quark 社の DTP ソフト QuarkXPress の組み合わせが圧倒的多数を占めた[17]。そしてこの当時，「DTP の普及で日本の書籍の組版の品質が下がった」ということが，大きな問題になった。だが2001年に Adobe 社から DTP ソフト InDesign 日本

---

[16]　日本における DTP の発展史については，小笠原（1999）が参考になる。

語版が発売されると，急速に QuarkXPress のシェアを奪い，現在に至るデ
ファクト・スタンダードの位置を確立する。その過程で，一定程度残っていた
電算写植の活躍場面もほぼ消滅し，「組版の乱れ」をめぐる議論も，ややなし
崩し的に沈静化していったと言える。

(1) DTP と，「組版の乱れ」をめぐって

　それではまず，DTP の普及開始当初に言われた「DTP によって組版の品質
が下がった」という現象についてだが，これは，どのような背景から引き起こ
されたものだったのだろうか。原因の一つは，当初の DTP ソフトが，あくま
で欧文組版用のソフトを（半ば強引に）日本語化したものだったことである。
QuarkXPress や PageMaker は，日本語組版の実現に最適化された機能を有し
ておらず（とくに縦書き文書の扱いは不得意で），サードパーティー製のプラグイ
ンを利用するなどしても，不完全な環境で作業することを余儀なくされた。そ
の結果として，組版の質が低下するのは，避け難い事態だった。

　もう一つの原因は，DTP の登場以降，本作りのプロセスから組版専業者へ
の発注をスキップすることがしばしば行われるようになったことである。パソ
コンと DTP ソフトを使えば，誰でも組版が「できなくはない」時代，組版専
業者に代わって，工程の前後にいた編集者やデザイナーが組版をするケースも
増えた。この時代，本はかつてのようには売れなくなり，社会全体も不景気で，
出版産業をめぐる状況は悪化していた。多少のクオリティを犠牲にしてもコス
トカットにつながる発注構造の変化が，不可避的に進行した。

　この当時，組版専業者の一定数は「デザイナーが組版をするようになったた
めに，原則から逸脱した，醜悪な組版の書物が世の中に溢れるようになった」
と考え，強い反発を示した。[18] 従来的な役割分担では，編集者は（組版の要素を
含まない）「完成した文字原稿」までを作る専門職だし，デザイナーは「組版よ

(17)　QuarkXPress 以外には，Aldus 社の PageMaker という DTP ソフトも一定のシェアを獲得した。
　　しかし PageMaker は出力性能に問題があり，レイアウト崩れが起きやすかった。ゆえに，そうし
　　た品質へのこだわりが少ないビジネス文書か，逆にフィニッシュの品質管理に手わざを使って調整
　　コストをかける業務スタイルのデザイナーなど，採用事例は全体として見れば限定的だった。

117

りもマクロな，レイアウトの設計やビジュアル・イメージ」に関わる専門職
だった。そうした彼らが，専業者に匹敵する組版の知識をもっていることは少
なかった。

　その一方で，電算写植の業務効率や品質，価格的優位性は，DTP が登場し
てもすぐに揺らいだわけではなかった。だからこそ，電算写植の優位を維持し
たい組版実務者のなかには，新しい技術環境下での組版品質向上に積極的に関
与しない者も多く，そのことが結局は彼ら自身を追い込んだ側面もある，とい
う指摘もある：「当時，組版・印刷業者の主だった人びとは，「オープン化」に
対して抵抗していたと思います。組版の知識は私企業の秘伝であり，自分達が
生き延びるために私有していたい，という思いがあったのでしょう。いまから
思えば，その姿勢こそが社会における組版の乱れを招き，自らの職域の衰退を
招いた面もある。その事実は，しっかりと記憶されるべきです」[19]。

(2) Adobe InDesign 日本語版と，電算写植の終焉

　いずれにせよ，DTP の登場以降も特定分野では電算写植に優位性がある時
代が続いており，その期間は一般的なイメージよりも長い。大まかに言え
ば，1990年代の終わり頃までは，電算写植にも活躍の場面があった。Adobe In-
Design日本語版[20]は，21世紀初頭の約10年弱をかけて，そのような電算写植の
生態圏を決定的に終焉させた DTP ソフトだと言える。

---

(18)　「デザイナーが組版を壊した」という組版専業者からの批判に対して，その「責任」を積極的に
　　引き受けようとした代表的なデザイナーに，鈴木一誌がいる。鈴木が1996年に初版を公開した
　　「ページネーションのための基本マニュアル」（通称「ページネーションマニュアル」）は，「組版を
　　どのようなものとして捉え，DTP ソフトを具体的にどう設定したら良いか」に論点を絞った記述
　　に特色があり，日本語 DTP 組版のガイドとして広く読まれた。今となってはその歴史的な文脈が
　　わかりにくいが，このマニュアルの眼目は「デザイナーでも読める言葉で書いた，日本語組版の
　　ルール本」という点にある。鈴木は「ページネーションマニュアル」の編纂意図に関する筆者の取
　　材で「これだけやれば最低限の美しさは担保できるという基本を，できるだけ厳選し，文書にまと
　　めてデザイナー向けに公開した。要素をかなり絞った。それでも内容が足りない，全然ダメだと，
　　組版の専門家から，めった打ちにされたけれども」と語った。
(19)　元・電算写植コーダーの前田年昭の，本稿の取材での証言より。なお「オープン化への抵抗」と
　　いう当時の写植専業者への評価は，後述する日本語組版の標準規格「JIS X 4051」が，公開レ
　　ビューを率先して行ない，オープンに批判的提案を取り込んで内容を改善していった姿勢だったこ
　　ととの対照性が踏まえられている。

　では，InDesign 日本語版はどのような経緯で開発され，どのような点に特徴があるソフトウェアなのだろうか。InDesign 日本語版を企画・開発した元スタッフの証言[21]から明らかになる重要な点として，同ソフトは当初から，既存の DTP 市場（QuarkXPress など）のなかでのシェア争いは意図しておらず，むしろ日本にいまだ強く残る電算写植のパイこそを切り崩す狙いで企画がスタートしたという。国際的なメンバーからなる開発チームは，どうすれば電算写植のユーザーが InDesign に移行するかという観点から，日本語の組版スタイルとデザインの現場への入念なリサーチを行った[22]。

　InDesign 日本語版[23]は，特定言語へのローカライズ版にも関わらず研究・調査期間を含めて約 2 年間という，シリコンバレーの IT 企業にとってはかなり長い（だが，ゆったりと進む書籍や出版文化の世界にとっては脅威的に短い）開発期間を経て，2001年 2 月にバージョン 1 のリリースに漕ぎ着ける。InDesign 日本語版が日本の出版文化を学習して導入した特徴的な要素は，大きく二つある。一つは，グリッドレイアウトに代表される日本の雑誌独特のフォーマットとワークフローである（これは，マガジンハウスの『クロワッサン』や，プレジデント社の『dancyu』ほか，商業雑誌編集部へのリサーチ成果が取り込まれた）。

　そしてもう一つは，日本語固有の組版に必要なパラメータを大筋で網羅でき

---

[20]　Adobe InDesign は，DTP ソフト PageMaker のパブリッシャー（／デベロッパー）だった Aldus を1994年に Adobe が買収した流れのなかで，1999年に登場した DTP ソフトである。そのため，Adobe InDesign 日本語版を開発したプログラミングチームの拠点も，Adobe 本社があるカリフォルニア州サンノゼ（シリコンバレー）ではなく，旧 Aludus 社が所在したワシントン州シアトルだった。

[21]　2021年 2 月 6 日に Adobe InDesign 日本語版の20周年を記念するオンラインイベントが開催され，登壇した元開発者の証言により，企画からバージョン1.0リリースまでの状況が，かなり明らかにされている。本章これ以降の，InDesign 関連の記述は，このイベントでの証言に多くを依拠している。InDesign In Japan 20th Anniversary（2021）を参照。

[22]　意外なことに当時の Adobe は，技術による「破壊的イノベーション」で爆発的に成長した IT ベンチャーゆえか，市場リサーチという企業文化をほとんど持っていなかったという。そのため，日本の組版や雑誌・書籍作りの文化を丁寧にヒアリングしてソフトウェア上に再現しようとする企画チームの方針は Adobe 本社にとって理解しがたく，InDesign 日本語版のプロジェクトは，社内で何度も強い批判に遭ったと，当時の開発メンバーは語っている。

[23]　InDesign はもともと拡張性のあるアーキテクチャで開発されていたので，日本語版は他言語版との互換性を保ちつつも，日本語組版に対応するために，別物と言って良いほどのアレンジが行われた。

ていることである。このパラメーターは，JIS 規格である「JIS X 4051 日本語文書の組版方法」が基本的な参照元になっている。JIS X 4051とは，誰でもオープンに利用できる日本語組版ルールの確かな指針を目指して，通産省（現・経済産業省）が1993年から制定した，日本工業規格（現・日本産業規格）の一つである。この JIS 規格制定は，元々まったく別の目的で通産省が設置した懇談会の活動から派生したプロジェクトであり，日本語組版の標準となる指針を整備するという理念で集った言語学者，組版実務者，校正者，そして写植機開発のエンジニアらが，半ば無償奉仕に近い形で整備したものだった。

　InDesign 日本語版は，登場してすぐに圧倒的な成功を収めたわけではなかったものの，最終的に企画が意図した通りの評価を勝ち取り，2000年代のうちに日本の組版業界のデファクト・スタンダードになった。そしてその結果，電算写植と QuarkXPress は，共にほぼ完全に業界から消滅することになった。

(3)　開かれることと，規範を喪うこと

　こうした InDesign 日本語版の登場によって，DTP でも美しい組版を「実現

---

(24)　正確に言うと，「日本語文書の組版方法」は1995年に改訂された 2 次規格以降の名称。1993年に制定された JIS X 4051の 1 次規格の時点では，「日本語文書の行組版方法」という名称だった。

(25)　SGML（ISO 8879）という国際的な構造化文書の普及活動を目的にした「SGML 懇談会」のこと。

(26)　JIS X 4051のワーキンググループの主要なメンバーは，主査を務めたコンピュータ・サイエンティストの芝野耕司以下，言語学者の豊島正之，仏語学研究出身でデジタルテキストと日本語表記技術に造詣の深い家辺勝文，校正者養成学校である日本エディタースクールで講師も務めた組版の専門家である野村保惠と小林敏，写研のシステム技術部長だった小野澤賢三，モリサワの開発部課長だった枝本順三郎など。当時，写植企業の写研とモリサワは激しいライバル関係にあったが，両社の技術者が協力してこの社会的取り組みに参加していることは，歴史的に意義深い。前述した写研の写植ルール委員会の検討成果や，SAPCOL に実装されていた組版ルールの情報もこのワーキンググループに提供され，初期の検討の重要な叩き台になっている。

(27)　正確に言うと，InDesign も登場してすぐに商業的成功を収めたわけではない。InDesign が日本に定着していくのは，CS 2 と言われるバージョンがリリースされた2005年頃からと言える。また InDesign の成功要因としては，レイアウトや組版の性能だけではなくグラフィックを扱う基本性能が高いことや，Photoshop や Illustrator など Adobe 製の画像ソフトとの強力な連携機能を有していたことも重要である。前述したように，当時の DTP（組版）の担い手の少なからぬ層が，Photoshop や Illustrator に慣れ親しんだ，デザイナー系のバックボーンを有していた。当時の Adobe は，自社のソフトウェア間で，ユーザーインタフェースのルールを統一すること（いわゆる Adobe UI 化）を強力に推進していた時期でもあり，Illustrator とほとんど変わらない InDesign の UI は，グラフィック系の人材が組版・レイアウト業務に進出する際の心理的ハードルを，大きく下げる効果があった。

しようと思えばできる」は実現したと考えられる。だが，それによって，かつての組版の規範が次世代に十分引き継がれたかと言えば，必ずしもそうとは言えない側面もある。その一因は，InDesign において，組版設定に必要な「変数」は網羅されていても，「原則」や「規範」をユーザーに示す姿勢が薄いことにあると考えられる。InDesign の組版は，設定項目が非常に詳細で，論理的に矛盾した設定さえも可能な一方で，デフォルトが「一般的に原則とされる数値」になっていなかったり，設定する階層の深さと重要度が必ずしも対応していない傾向がある。言わば，日本語組版に関する価値判断を避けているとも解釈できる。[28] そのため，すでに組版の知識をもつユーザーが細かく設定すれば大筋で適切な組版を実現できるが，そうした知識をもたない者にまで知識が広がり，歴史的な規範が継承されていく，という作用はやや起こりにくくなっている。

　InDesign 日本語版の開発は，新分野を開拓するという情熱を共有した少数精鋭のメンバー（マルチリンガルな能力とアイデンティティーをもつ者が多い）によって，非常に高いモチベーションで進められ，最終的にソフトウェア史上でも特筆すべき成果を上げたプロジェクトだと考えられる。[29] 欧米中心の価値観から見ればマイナーで変則的な日本市場に特化したローカルな製品の開発は，わずか数名のスタッフの意志の力によって方向づけられ，そこに共鳴して集まったメンバーの高い機動力とプライドで実現したと言える。

　InDesign 日本語版の担当者たちは，本人達も明言しているように，決して日本での出版・印刷分野を熟知していたわけではなかった。[30] もちろん，語学に堪能で欧文タイポグラフィや日本文化への見識をもつ優秀なエンジニアリング・スタッフが要件整理や実装を主導しているなどの人材的厚みはある。[31] だが，それ以上に，創発性と蛮勇に突き動かされた活気ある開発過程だったことが，

(28)　これは SAPCOL の実装の中に，かなりの程度まで価値判断が埋め込まれていたことと対照的である。SAPCOL は，紙による日本語組版のみを前提にし，機能的な選択肢も少ないという限界がある一方で，論理矛盾は起きにくく，原則的な美しさを，仕様の次元で保証しようとしていたと考えられる。前田（2019）を参照。
(29)　InDesign 日本語版は2021年でリリース20周年を迎えた。

当事者たちの回顧の証言からは推察される。

　チームメンバーが従来的な意味での印刷・組版の専門家ではないことや，プログラミングの拠点がシアトルだったことから，開発スタッフは自分たちが制作している組版機能の実装がなぜそうであるべきかを，必ずしも理解しきっていなかったように思われる。InDesign 日本語版の設定項目は，かなりの程度まで，1995年の JIS X 4051（2次規格）を，そのまま引き写した側面があると考えられるからだ。工業規格である JIS X 4051には，思想的な背景や，個々の状況でどうするのが原則か等の規範までは書かれていない。そのため InDesign の組版設定は，言わば思想をユーザー側に任せる形での実装になったのだと想像される。[32]

　以上のような種々の展開が積み重なった結果として，写植の時代に組版専業者という職能集団が培ってきた美的規範や書籍組版に対する見識は，必ずしもスムーズに次の技術環境には引き継がれず（むしろ断絶し），その一部は集合的に忘却されることにつながったと言うことができる。

---

(30)　この状況は，1920年代に邦文写植機の実用化に挑んだエンジニアの石井茂吉（写研の創業者）と森澤信夫（モリサワの創業者）が，いずれも当初は完全に印刷分野の素人だった，という事実との共通性を想起させる。なお InDesign 日本語版の開発において決定的な役割を担ったスタッフには，企画を立案したプリシラ・ノーブル（プリシラは Adobe が買収した PageMaker の東アジア言語版の品質テストを担当する役職で雇用されていた），UI 設計に関与したリン・シェード，UX および戦略リサーチを担当した中村美香，プロダクトマネージャーの石岡由紀など，女性の比率が高い。これは，男性中心に展開してきた日本のデザイン史との関係で，注目に値する事実だと考えられる。

(31)　この作業を担った中心的なプログラマーは Adobe タイプチーム所属のナット・マカリー。マカリーはシカゴ大学で日本美術史を専攻し，文部省奨学生として早稲田大学に留学していた経歴を持つ。Apple 社でシニア・エンジニアをしていたが，InDesign 日本語版の企画を知り，Adobe に移籍した。マカリーたちは，日本のデザイン・組版関係者に大量の取材調査を実施している。なお，かつての Adobe は各国語版の開発をそれぞれの国で行うことも多かったが，InDesign 日本語版が開発される少し前からその方針が変わり，開発拠点を原則的に米国に集約させるようになったという。

(32)　裏を返せば，一種の偶然的・奉仕的な活動の結果として，JIS X 4051というオープン化のアクションが結実していなければ，InDesign が短期間で日本語組版を実装することは不可能だったかもしれない。

5　おわりに

　以上，本章では組版ルールの標準化をめぐる動きに注目しつつ，金属活字から写真植字へのシフトと，写真植字からDTPへのシフトという2つの局面での，日本語（文字）書籍の制作環境のメディア・リミックスを検討した。

　本章が概観した歴史全体に通底しているのは，テクノロジーがもたらす分離と外在化の力学である。技術が変化するとき，それ以前のメディア環境とそこに従事する人間の中に埋め込まれていた職能的な知識体系は，新しい技術上で再現するために書き取られて，外在化・可視化される。その過程で，技術的にプログラム可能な機械的規範と，担い手に内面化された人間的規範の境界も変動し，その領域の総体としての本質が何だったのかが，問い直される。だがその変動の仕方は，技術によって（大きな方向性は指し示されるが）決定されているわけではない。写植ルール委員会，JIS X 4051，InDesign日本語版開発などの経緯からは，わずか数人による取り組みが，状況と噛み合うことで，無数の可能性のなかから未来が方向づけられていく，という歴史が明瞭に見えてくる。とくに，技術の標準化やデファクトスタンダードとなる仕様の決定が未来に与える影響は大きく，その展開次第では，現在の姿がかなり異なっていた可能性もある。

　その一方，「本質が問われる」と言った時の「本質」が，しばしば文脈依存的で，歴史的に変化しうることには注意が必要である。ある時点で最新のメディアも，いずれは古くなる。過去の知識が現在のメディア環境で不合理あるいは不要にみえるとしても，その知識が永続的に無価値になったことが証明されたわけではない。一見前時代的にみえる職能の専門知のなかに，実際には将来的に価値をもつ洗練された知見が内在している可能性は，常にある。けれども，一度社会から失われた知識は，復活させることが非常に困難である。だからこそ，何らかのメディア・リミックスが社会で進行しているとき，我々はそこで「振り落としてしまうもの」に対して，十分注意深くあるべきである。

　「出版文化」という慣用表現が象徴するように，本を作る行為は，過去に対して敬意を払い忘却に抗う，文化的な営為の典型だと，一般的には考えられている。だがそのような媒体を支える技術の歴史のなかにさえ，わずか数十年前に起こった巨大な「メディア・リミックス」と，それによる集団的忘却が横たわっているのである。

　※本稿はDNP文化振興財団グラフィック文化に関する学術研究助成（2018-21年度）の支援を受けて執筆された。なお，内容は筆者の単著（阿部，2023）の9および10章の各前半部分と重複しているが，これは本章が先に完成・入稿され，その後，前掲の単著に組み込まれたものである。本書の刊行が当初予定よりも遅れたことで，執筆順と出版順が逆になった。

引用・参考文献

阿部卓也（2023）『杉浦康平と写植の時代——光学技術と日本語のデザイン』慶應義塾大学出版会。

印刷出版研究所編（1963）『活版印刷15のポイント』印刷出版研究所。

InDesign In Japan 20th Anniversary（2021）「InDesign20周年記念イベントアーカイブページ」『study-room.info』https://study-room.info/indesign20th/home.html（2023年1月5日閲覧）。

小笠原治（1999）「DTPの過去・現在・未来」『公益社団法人日本印刷技術協会 JAGAT

㉝　電算写植時代の組版専業者が，特徴的に有していた見識の一つとして，「組版を構造的に思考する能力」や「レイアウト指定から具体像を想像する能力」を挙げることができるだろう。それを仮に「抽象化された造形思考力」と呼ぶとして，当時の電算オペレーターがその力に優れていた理由は，彼／彼女らの作業環境がWYSIWYG（What You See is What You Get）でなかったことと関係していたように思われる。電算写植時代のオペレーターは，完成状態をイメージしながらテキストデータをコマンド（ファンクション）でラップし，作業が終わって印字して初めて実際の仕上がりを確認できる，という条件で仕事をしなくてはならなかった。それ以前の活版印刷では，活字組版を物理的に修正すれば，その変更結果が文字通り目の前にあるという，すべたが見たままの世界だった。そしてDTPになると，あらゆる変更は，モニターのプレビューで即座に正確に確認できるという，いわゆるWYSIWYGが実現する。その結果DTPでは，「とりあえず適当に組んでみて，何かおかしかったら，何となく良い感じになるまで，GUIをいじって直す」という作業態度が一般化した。結果的に，見えない状態で組版するという環境は，電算写植時代に固有のものだった。入力と出力の間に，視覚および時間的な隔たりが非常に大きいという電算特有の作業環境は，組版を「計画的な設計の問題」として捉え，そこに整合的な美を見出す思想的な態度を，それ以前にもそれ以後にもなされなかった精度で育んだとも考えられる。

ホームページ』https://www.jagat.or.jp/past_archives/story/448.html（2023年1月5日閲覧）。

小野澤賢三（1995）「JIS X 4051 "日本語文書の行組版方法" の概要」日本印刷学会編『日本印刷学会誌』第32巻第6号，pp. 328-333。

写研・写植ルール委員会編（1975）『組み NOW』写研。

杉浦康平・中垣信夫・海保透（1972，1973）『写植 NOW』第1-4巻，写研。

鈴木一誌（2018）『ページと力——手わざ，そしてデジタル・デザイン』［増補新版］青土社。

都市デザイン研究体（1968）『日本の都市空間』彰国社。

野村保惠（2013）『本の品格——電子書籍にも必要な校正読本』印刷学会出版部。

フータモ，エルキ，太田純貴訳（2015）『メディア考古学——過去・現在・未来の対話のために』NTT 出版。

ペティグリー，アンドルー，桑木野幸司訳（2017）『印刷という革命——ルネサンスの本と日常生活』［新装版］みすず書房。

前田年昭（2019）「電算写植死すとも，コーダー精神は死なず——組版言語，組版規則，職人気質」大阪DTP の勉強部屋『文字と組版，印刷展——勉強会［電算写植］』（講演資料）http://www.teisensha.com/dtp/SAPCOL20191019_s.pdf（2023年1月5日閲覧）。

マラニー，トーマス・S.，比護遥訳（2021）『チャイニーズ・タイプライター——漢字と技術の近代史』中央公論新社。

三井逸友（1981）「写真植字業小零細経営増加の実態と要因」慶應義塾経済学会編『三田学会雑誌』第74巻第3号，pp. 294（98）-318（120）。

ルールブック編集委員会編（1972）『写真植字のための組版ルールブック』印刷工業組合連合会・日本軽印刷工業会・日本写真製版工業組合連合会（共同発行）。

第8章

デジタルメディアと趣味のリミックス
ゲーム機の「改造」から

松井広志

1　モノとしてのデジタルデバイス

　近年のメディア環境の大きな変化は，インターネット化やデジタル化だろう。さまざまなモノやサービスが物質性のない"0／1"のデジタルデータに変換され，インターネット上を駆けめぐる。こうした動きは，新型コロナウイルスによる感染症の流行に伴う"物理的接触を避けるべき"という価値観の広がりのなかで，ますます進んでいるようにみえる。モノを所有することに積極的な価値が見出さない，それどころか多くのモノをもつことがネガティブに語られ，最小限のモノだけを所有する「断捨離」という行為や「ミニマリスト[1]」という生き方が注目されている状況は，高度消費社会の後に来たインターネット社会・デジタル社会を象徴している。

　ただ，このような現代社会でも，不可欠とされている物質的なモノもある。それは，スマートフォンやパーソナルコンピューター（パソコン），タブレット，音楽プレイヤー，家庭用ゲーム機などのデジタルデバイスである。これらの機器をまったくもっていないという人はほぼいない，といっていいだろう。デジタルデバイスは人間の身体が情報社会に包摂される入り口に当たる，まさにデジタル社会の構成要素であるゆえに，捨て去られにくいわけだ。

　しかし，現代社会で不可欠なモノであるデジタルデバイスに「必要以上」の

---

(1)　もちろん，SNSや動画共有サイトなどのソーシャルメディア上で語られる（あるいは，従来のマス・メディアでも取り上げられる）「ミニマリズム」「ミニマリスト」の含意は，従来の＝美術史におけるそれとは異なっている。美術におけるミニマリズムについては，ドナルド・ジャッドの批評（荒川，2019）を参照。

関心をもち，こだわる人びともいる。その表出の一つが「改造」という行為である。

　たとえば，デジタル音楽プレイヤー・iPod の（通常は白や黒などである）外部シェルを「スケルトン」（透明）に変える，デジタルゲーム機である Nintendo Switch のコントローラー「Joy-Con」のカバーを交換する，などがある。「見た目」を変更するこれらの改造はその動機を理解しやすい。しかし，任天堂の携帯型ゲーム機・ゲームボーイ (1989) のディスプレイだけを現行の高精細な液晶に置き換える，乾電池で稼働するものを USB 電源に換装するなど，外見に直接関わらない改造が行われる場合もある。こちらは「性能」を良くして快適なプレイを実現するのが目的と思われるかもしれない。ただよく考えてみると，これは不思議なふるまいである。

　すなわち，過去のゲームタイトルをプレイしたいだけであれば，最新機種への移植作やエミュレーターもあるので，現在のデジタルメディア環境のなかでは容易にプレイ可能だ。そのなかで，わざわざ昔の機器を改造してまで現代に甦らそうとするのは，通常の（合理的な）必要性を超えている，ある意味で奇妙なふるまいである。言い換えると，とくに必要ではないという点で，「実用」ではなく「趣味」の領域に属している。本章が対象とするのは，こうした「趣味」としてのデジタルデバイスの「改造」になる。そこから，「趣味のリミックス」というテーマについて考察していきたい。

　本章の構成は以下の通りである。まず，メディア技術と電子工作の歴史を先行研究から概観する。これによって，メディアの工作と改造がどういう歴史的文脈のなかで存在するかについて確認する（第2節）。次に，1980年代から2000年代における，ゲーム機の改造という趣味について述べる。これはいわば，インターネット化「以前」の時期である（第3節）。さらに，デジタル化・インターネット化による近年の「改造」趣味の変容を論じる（第4節）。それらをふまえて最後に，本章のテーマである趣味のリミックスについて考察していく。デジタルデバイスの改造から明らかになるのは，「趣味」のいかなるあり方なのだろうか（第5節）。

2　メディア技術と電子工作の歴史

　そもそも人間にとって，「作る」ことは「考える」ことと密接に関係する，本質的な行為である。しかし，さまざまな工業技術の進展した近代社会では，作ることは「不用」とみなされたため，「趣味」の領域で存続するようになった（セネット，2016）。

　一方，メディア研究においては，かつて受動的な存在とされた受け手の能動性が注目されるようになっている。そこでの重要な論点は，単なるメディア自体の性質ではなく，社会のなかでのメディア，メディアと社会の関係である。たとえば，テレビを家庭のなかで「飼いならす」人びとのふるまいを通して，現代社会と文化の動態を明らかにしようとした研究（Silverstone and Hirsch eds., 1992）はその代表だ。

　日本でも近年，メディア論やメディア史のなかで，技術と文化，社会の関わりに注目した研究が盛んになってきている（飯田編，2013；梅田他編，2021）。筆者もかつて，模型の歴史を記述したうえで，メディア論の観点から考察する研究を行った（松井，2017）。こうした関連研究のなかでも本章の扱う対象と関わりが深いものの一つは，次に述べるラジオのメディア史（溝尻，2010）だろう。

　戦前期にはじまったラジオ工作は，戦中期をはさみ，戦後の1950年代にかけて広く行われた。趣味として専門雑誌を読みつつラジオ自作に励む「アマチュア」たちは，技術的な営みのなかに快楽を見出していた。しかし，1950年代後半以降，ラジオが小型・高性能で故障も少なくなるにつれて，単なる放送の聴取を行うメディアへと可能性が縮減されていった。これは，マス・コミュニケーションの手段としてのみ位置づけられて，物質的なモノとしての側面が背景に退くことを意味する。

　その代わりとして，技術的な営みを希求するアマチュアたちは，その関心をオーディオへ移していく。1960年から70年代には，オーディオはエレクトロニクス技術の象徴となる。しかし，この時期には，多くの人びとにとってこれら

の技術はブラックボックス化しており，装置の構造を理解して改造するという趣味は「マニアック」な営みになっていった。

　こうした戦後のラジオ・オーディオの自作と改造の後の時代である1980年代以降に盛り上がりをみせるのが，次の節で述べるコンピューターの自作やゲーム機の改造である。

3　家庭用ゲーム機の改造という趣味

(1) 抵抗文化としてのテレビゲーム機

　コンピューターが自作や改造と密接不可分に発達してきたことは広く知られている。もともとアメリカ西海岸におけるパソコンの発達の背景にある考え方は，ハイカルチャーに対するサブカルチャーであった。なお，この場合の「サブカルチャー」は後に日本語化する「サブカル」ではなく，主流な文化に対する「抵抗文化」のニュアンスを強くもつ概念である。そうした態度は，この時期のスティーブ・ジョブズやビル・ゲイツの活動に体現されている。彼らは（IBMに象徴される）当時の支配的で「大きな」コンピューター業界に対して挑戦して，MacintoshやWindowsを作り上げたわけだ。

　本章の主な対象であるゲーム専用機も，実はこうしたコンピューターをめぐる対抗文化の思潮と呼応して生まれてきたものである。まず，アメリカでは1960年代にはテレビが一般家庭への普及を終えていた。テレビは基本的には，マス・コミュニケーションとしての放送を見るための装置と思われていた。[2]そこにテレビ番組以外のコンテンツを映し出そうとするコンセプトで家庭用ゲーム機が登場する。

　放送電波と同じ形式で変調したRF（高周波）信号を，アンテナ端子を通じて受像機の空きチャンネルに送り込む。1968年に作られた試作機Brown Box

---

(2)　第2節で述べたラジオと似た構造で，実はテレビも技術への憧れを含んだ「見世物」であるなど，マス・コミュニケーションの形式に収まらない多様性を秘めたメディアであった（飯田，2016）。その意味では，ビデオゲームによるテレビの電波ジャックは「先祖帰り」と呼ぶべきものかもしれない。

図表 8-1　RF 信号でテレビ受像機に映像を出力する「ブロック崩し」(任天堂 1978)

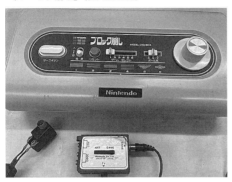

(出所) 筆者撮影 (筆者所有)

のねらいは，そうしたテレビの「電波ジャック」であった。1972 年には「世界初の家庭用テレビゲーム機」と言われる Odyssey (Magnavox 社) が発売される。これは，既存のボードゲームの延長線上に，テレビ画面をギミックの一つとして取り込む装置であった (中川，2016：第 3 章)。続く Atari 社のテレビ用ゲーム機がヒットしたことを通して，この仕様は一般化していった。

　上記の事情は日本でも同様である。たとえば，1970 年代後半における任天堂の初期のテレビゲーム機である「カラーテレビゲーム」や「ブロック崩し」は RF 出力によって，当時まだ外部入力装置が一般的でなかったテレビ受像機と接続する仕様になっていた (**図表 8-1**)。RF 出力端子のみが標準である仕様は，1983 年に発売され，その後はゲーム機全体の代名詞となったファミリーコンピュータ (ファミコン) にまで続く[3]。

　第 2 節で述べたように，ラジオやテレビといったメディアは，当初はさまざまな趣味に開かれた可能性をもっていたが，次第に放送というマス・コミュニケーションの用途に縮減されていく歴史をたどっていた。そうした点をふまえるならば，家庭用ゲーム機はこうした歴史の流れに抗い，反転させるものであったと考えられる。

---

[3] 1980 年代中盤からは，ベータマックスや VHS などの家庭用ビデオレコーダーの普及に合わせて，テレビ受像機にコンポジット方式の映像とステレオ音声を伝える RCA 端子などの組み合わせによる外部入力端子が付けられるのがスタンダードになっていく。それに伴い，任天堂の家庭用ゲーム機でも，ファミコンの次のスーパーファミコン (1990) からは RCA 端子を標準装備している。

(2)　ゲーム機の改造情報を提供した雑誌

　そうした由来をもつ家庭用ゲーム機であるから，通常のプレイ以外の仕方で「遊ばれる」のは必定であった。プログラムの不具合を突く「バグ技」が，1980年代以降，盛んに見出される。ソフトウェア上のハックである「バグ技」に対して，ハードウェアの領域に及ぶのが「改造」である。こちらは"モノとしてのゲーム機"自体に手を加えるわけだ。

　そこで知識の共有という役割を担ったのが関連する雑誌の存在である。そもそも雑誌は，戦後社会で存在感を増してきた高級文化と大衆文化の「中間文化」（加藤，1957）を形成する性質をもったメディアであった（佐藤編，2015）。さまざまな中間文化や趣味に雑誌は関わってきたが，ゲーム文化もまたその一つである。実際，上述した「バグ技」の盛り上がりについても，『ファミリーコンピュータ Magazine』（徳間書店，1985-1998）など，この時代に黎明期だったゲーム雑誌やゲーム攻略本が大きな役割を果たしていた（さやわか，2019）。

　ただ，ソフトウェア上のハックにも増して，ハードウェアに関わる改造は機械工学的な知識を必要とするので，難易度が高いといえる。そのため，雑誌が提供する知識の重要性はさらに高かっただろう。改造を主軸にした雑誌の一つが『ラジオライフ』の別冊としてはじまった『バックアップ活用テクニック』（三才ブックス，1985-1994）である。

　『バックアップ活用テクニック』は創刊当初はパソコンゲームを題材にした雑誌だった。しかし早くも 2 号目には「ファミコンの徹底改造テクニック」が特集の一つに組まれている。そこでは「ファミコンは日本のアップル」としたうえで，解析やいくつかの改造実践が掲載されていた。ファミコン用外部電源を作成し，アウトドアでプレイできるようにする記事がその一例だ（**図表 8-2**）。

　このような記事からわかるのは，家庭用ゲーム機が存在感を増すなかで，パソコン自作のノウハウが家庭用ゲーム機に拡張されたことである。同誌では，その後も多くの号でファミコンや家庭用ゲーム機の改造記事が取りあげられ，むしろパソコン関係を凌駕していく。

図表 8-2　ファミコンの改造記事の例

Part〈3〉
ファミコン改造
Ver.3

"キャンプ"DE"ファミコン"
取っておきの ビデオ出力化
ポータブル化 ファミコン電源

　家の中でファミコンをやっているなんて暗
い！これからは "アウト・ドア・ファミコン"
の時代ですよ。というわけで都会の雑踏から
離れ、自然の空気の中でキャンプをしながら
ファミコンを楽しむ。ちょっと贅沢な遊びの
ようだけど以外に簡単に実現できてしまいま
した。これからは、空気も澄んで紅葉も見ご
ろ、みなさんも "キャンプＤＥファミコン"
をやってみませんか？

〈写真21〉バッテリー・ボックス全景

ファミコン用外部電源

　アウトドア・ファミコンでネックとなるのは
やはりファミコンを動かすための電源とＴＶで
しょうか。発電機を持っているという方はまずい
ないでしょうから、バッテリーで動作させる

〈写真22〉ＡＣアダプタ内部

（出所）『バックアップ改造テクニック』第2号，1985

　『バックアップ改造テクニック』自体は1994年に休刊するが，その後を引き
継いだ『ゲームラボ』（三才ブックス，1994-2017）は，その誌名が示すように，
パソコンではなくゲーム機に特化した記事を展開していく。1980〜90年代の改
造という趣味のあり方は，もちろんマニアによる「口コミ」的なパーソナル・
ネットワークもあっただろうが，それに加えて雑誌の存在があってこそ広がっ
ていったと言えよう。

4　インターネット・デジタル化時代における「改造」の変容

　前節で述べたのは，1980～90年代においてゲーム機の改造という趣味が，ある程度の規模で行われていたと思われる個人間の情報伝達だけでなく，雑誌による情報共有によって醸成されたことだった。こうした構造が大きく変化するのが今世紀に入ってからである。そこには，インターネット化による情報共有の変化と，デジタル化によるデバイス自体の変容という二つの契機がある。

(1)　インターネットによる情報共有の変化

　第一に，インターネットによる情報共有の変化から見ていきたい。2000年代はじめには，インターネットの普及に伴って広がったブログなどの個人ウェブサイトにおいて，改造情報が掲載されるようになる。これは，大きな方向性としては，前節で見た『バックアップ活用テクニック』や『ゲームラボ』などの雑誌と連続している。

　たとえば，1990年代半ばに家庭用ゲーム機「次世代機戦争」を制したソニー・コンピューター・エンターテイメント（SCE）製のPlayStationシリーズは，2000年代のブログでしばしば取り上げられていた。とくに当時の平均的なパソコンのスペックを凌駕し，まだ普及していなかったDVD-ROMを搭載していたPlayStation 2（2000）や，携帯機として高性能だったPlayStation Portable」2004）は当時多くのブログが存在していた（と思われる）。[4]

　とはいえ，こうした個人によるウェブサイトが雑誌と異なっていた点もある。まず，発信の主体が個人ゆえ，より細やかな改造情報が発信されていた点だ。ブログの投稿を読む（受け手の）側としては，任天堂製やSCE製ではないゲーム機や，あまり知られていない周辺機器，さらには有名な機種であっても多く

---

[4]　当時のブログはその後移転や閉鎖しているものも多く，エビデンスとして示すのが難しい。こうした2000年代のネット文化を研究するアーカイブの問題は，近年メディア研究でも注目されている。例えば，立命館大学で行われている「ゼロ年代アーカイブプロジェクト」はその一つである（竹中他，2020）。

の人が思いつかないような改造など，個人化されたマニアックなニーズに応じた情報が得られることになる。⁽⁵⁾

　また，ウェブサイトに掲載することの利点は，改造に使えるデータファイルが配布できることだ。これまでの雑誌でも（パソコン改造から継続する）プログラミングのコード入力のしかたが掲載されることや，付録としてデータファイルが入った CD-ROM が付けられることはあった。しかし，受け手の側からすると，コーディングに伴う文字・数字の入力もウェブサイトならば「コピー＆ペースト」で容易であり，また直接ファイルをダウンロードできる利便性は圧倒的だろう。⁽⁶⁾こうして，改造情報の共有はブログやその他個人サイトのような，インターネットによるソーシャルメディアが中心となっていく。

(2)　デジタル化によるデバイスの変容

　第二に「改造キット」の供給という点がある。ここには「デジタル化の進展」という社会の動向が大きく関わっている。

　近年，デジタル機器の普及によって，さまざまな共通規格のデバイスが大量に生産され，安価に入手可能となっている。これは，経済的には「コモディティ化」という概念で語られる事柄である。たとえば，冷蔵庫や洗濯機などの白物家電，液晶テレビやパソコン関係部品が規格化され，新興国でも生産できるようになった。これは日本の家電産業の危機という文脈で語られることが多い。しかし消費者の立場からすると，液晶部品やメモリなどのコモディティ化したデジタル機器が安価で入手可能になったということだ。

　そうしたなか，昔のゲーム機の一部を現代のコモディティ化した（が，その

---

(5)　もちろん，ブログや SNS，さらには後述する動画共有サイトを使った個人による情報発信・共有が盛んになり，専門的な雑誌は苦境に立たされることになることは，ビデオゲーム関係に限ったことではなく，ファッション誌，音楽誌，映画誌など他の「中間文化」を担ってきた雑誌も同様である。むしろ，そうしたなかで『ゲームラボ』が2010年代半ばまで発行され続けたことは，こうした改造趣味の広がりを示しているだろう。

(6)　2000年代，特に話題になった，あるいは問題になった改造が PSP の「脱獄」だろう。これは，公式には許可されていないソフトウェアを動作可能にすることである。この時期，iPod などと並んで PSP の脱獄も盛んであり，その方法が個人 web サイトなどで共有されていた。

部分ではかつての性能を上回る）部分に置き
換える改造パーツが生産・販売されるよう
になる。例としては，本章冒頭でふれたよ
うに，携帯型ゲーム機で当時の暗い液晶を
カラーで鮮やかな液晶に置き換えるものや，
乾電池だったバッテリーを現在主流の
USB 電源に換装するものが挙げられる
（**図表 8 - 3**）。

図表 8 - 3　ゲーム機の「改造」の例

（出所）筆者撮影（筆者所有）

　さらには，こうしたパーツや接続に必要
なケーブル類をあらかじめセットにした
「改造キット」も登場している。受け手か
らすると，ゲーム機本体があれば，こうしたパーツやキットを購入してハンダ
付けなどの基本的な工作を行えば，改造ができることになる。

　これと関係して，パーツなどの入手経路の変化も指摘しておく必要がある。
改造に必要な物品を入手するためには，かつては電気専門店や「ジャンク屋」
にいく必要があった。これらを扱う店は東京の秋葉原や大阪の日本橋，名古屋
の大須といった，日本でも限られた大都市にしか存在せず，多くの地域での入
手は難しかっただろう。しかし，2000年代以降，ネットショッピングやオーク
ションによって，比較的簡単に購入できるようになった。たとえば Amazon
や楽天，Yahoo！オークション（ヤフオク），2010年代からはメルカリなど，一
般的によく知られるサイトでも多くの機器が買えるし，さらには AliExpress
などでは，上記で見つからないようなパーツやキットも中国から直接輸入する
ことができる。

　こうした改造パーツの入手可能性と呼応するのが，それを使った制作動画の
存在である。これは，前項で述べたインターネットによる情報共有の変化とも
関わる要素だ。

　インターネットを使ったソーシャルメディアのなかでも，2010年代から2020
年代にかけて影響力を増してきたのが YouTube などの動画共有サイトによる

改造実践の情報共有である。そこでは多くの場合，改造に必要な材料（場合によっては，より具体的な購入先や価格）と工作の手順，完成品の動作まで示される。このうち動画で最も特徴的なのは，工作手順であると考えられる。

　たとえば，hijiQuish channel の「GB」初代ゲームボーイ IPS バックライト最新バージョン？2021，液晶が大きい，ドット風液晶[7]」という動画では，1989年発売の携帯型ゲーム機「ゲームボーイ」を，ゲーム機のコアである CPU が含まれている基盤はそのままで，外装と液晶を現代のパーツに換装する様子が伝えられている。具体的には，まず改造後の完成品が少し紹介された後，分解された旧本体が提示され，次にそのサイズに合うように新しいシェルをニッパーや彫刻刀などで加工して，IPS 液晶をケーブルで接続していく。そういった様子が後撮りの音声を加えた動画で説明される，といった具合だ。その際，実際にかかった時間や，液晶を取り付ける際の注意も補足的に言及される。

　動画共有サイトは個人による情報発信という意味ではブログと同じだが，映像であることによって，文章や写真より改造の具体的なプロセスをわかりやすく示すことができる。そのなかで，多くの視聴者を獲得する投稿者や動画も出てきている。

　本節の話をまとめよう。高度化した家庭用ゲーム機ではハードウェアへの改造は難しくなってきた。しかし，ゲーム機の改造趣味がなくなったわけでなかった。代わりに見出されたのが，モノとしてシンプルだったかつてのゲーム機に対する，現在のパーツを使った改造である。そこではコモディティ化した現代のパーツを使って，かつてのハードウェアの一部が置き換えられることになる。これは，ゲーム機というモノの再構成であり，「ハードウェアのリミックス」といえるだろう。

---

(7)　https://www.youtube.com/watch?v = Ma5ca-VXkwg&t = 30 s（2022年 8 月29日閲覧）

5　ゲーム機というメディアのリミックス

　本章では，家庭用ゲーム機というデジタルデバイスの改造という趣味について論じてきた。それは，ラジオ・テレビ・オーディオなどの日本社会の戦前から戦後にかけて形成されてきた工作趣味や，抵抗文化とも関わるパソコン自作の流れのうえに現れた。また，その実践を支えていたのは専門的な雑誌による情報提供だったと考えられる。

　しかし近年では，インターネット化によって情報共有の仕方が変わった。さらに，機器が高性能によってハードウェアがブラックボックス化することで，過去のモノと現在のモノが混在する，ハードウェアのリミックスが行われている。これらは単純に過去のメディアの機能をプログラムとして再現するだけのエミュレーターではない。前章のゲームボーイ改造の例でいうならば，CPUや基盤は「オリジナル」のままであるにもかかわらず，ディスプレイはIPS・バックライト液晶と「新しいパーツ」が使われている。また，こうした過去と現在のリミックスでは，従来の改造趣味で蓄積されてきた知見が個人のノウハウとしても，社会的・文化的な系譜としても継続することになる。

　つまり，現代におけるゲーム機の改造は，情報とモノ（ハードウェア）の両方で，過去と現在が混在し，それらが再編成されるような「メディアリミックス」が行われている趣味だと言える。

　最後に，現代社会におけるこうした行為の意義を指摘しておきたい。コロナ禍では"物理的接触を避ける"ことが推奨されていた。しかし，まさにデジタル化社会ゆえ，さまざまなデジタルデバイスは身体が接触せざるを得ない存在として私たちの前にある。モノをリミックスさせる改造は，こうした社会へのささやかな抵抗とも，オルタナティヴな文化実践とも捉えられる。本章で対象

----

(8)　本章の問題意識と関係して，著者はかつて，身につける何気ないデジタルデバイスを介して虚構世界が日常に侵入し，「趣味」と「仕事」の区分が失効する可能性を，ケータイ「以前」の初期デジタルメディアに即して論じたことがある（松井，2021）。

としたゲーム機の改造は一つの例にすぎないが，他のデジタルデバイスも含めて，それらに「手を加える」行為へ注目していく必要があるだろう。

引用・参考文献

荒川徹（2019）『ドナルド・ジャッド──風景とミニマリズム』水声社。

飯田豊（2016）『テレビが見世物だったとき──初期テレビジョンの考古学』青弓社。

　編（2013）『メディア技術史』北樹出版。

梅田拓也・近藤和都・新倉貴仁編（2021）『技術と文化のメディア論』ナカニシヤ出版。

加藤秀俊（1957）『中間文化』平凡社。

佐藤卓己編（2015）『青年と雑誌の黄金時代』岩波書店。

さやわか（2019）『ゲーム雑誌ガイドブック』三才ブックス。

セネット，R., 高橋勇夫訳（2016）『クラフツマン』筑摩書房。

竹中悠美・向江駿佑・森敬洋（2020）「「ゼロ世代」WEB コンテンツ保存プロジェクト」立命館大学大学院先端総合学術研究科　https://www.arc.ritsumei.ac.jp/lib/app/newarc/news/download/17_takenaka_arc_day_2020.pdf

中川大地（2016）『現代ゲーム全史──文明の遊戯史観から』早川書房。

松井広志（2017）『模型のメディア論──時空間を媒介する「モノ」』青弓社。

──（2021）「たまごっちは「暇つぶし」を超える──初期デジタルメディアの考古学にむけて」秋谷直矩・團康晃・松井広志編『楽しみの技法──趣味実践の社会学』ナカニシヤ出版。

溝尻真也（2010）「ラジオ自作のメディア史」『マス・コミュニケーション研究』第76号。

Silverstone, R. and Hirsch, E. eds. (1992) *Consuming Technologies : Media and Information in Domestic Spaces*, Routledge.

第**9**章

「ゲーム化する世界」のリミックス
デジタル空間における虚実のカップリングとその変容

松本健太郎

---

1 はじめに——「ゲーム化する世界」とその進展

　イェスパー・ユールはその2005年刊行の著書 *Half-Real : Video Games between Real Rules and Fictional Worlds* のなかで，ゲームとは「現実」と「虚構」の混成物であるという見方を提示している（以下では引用の対象として，松永伸司による2016年刊行の邦訳版をもちいる）。

　　タイトルの『ハーフリアル』は，ビデオゲームがふたつの異なる側面を同時にもつものであるということを表している。ビデオゲームは，プレイヤーが実際にやりとりする現実のルールからなるという点で，またゲームの勝敗が現実の出来事であるという点で，現実的（real）なものだ。一方で，ドラゴンを倒すことでゲームをクリアするという場合，そのドラゴンは現実のドラゴンではなく虚構的（fictional）なドラゴンだ。そういうわけで，ビデオゲームをプレイすることは，現実のルールとやりとりすることであると同時に，虚構世界を想像することでもある。そして，ひとつのビデオゲーム作品は，ひとまとまりのルールであると同時にひとつの虚構世界でもある（ユール，2016：9）。

　ユールが上記のように主張したのは今から十数年前であるが，それ以後，ゲームと呼ばれる対象も少なからず変化を遂げている。彼は2009年に出版した *A Casual Revolution : Reinventing Video Games and Their Players*（**図表 9 –**

図表9-1 *A Casual Revolution*

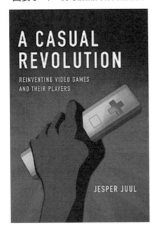

1）が示すように，その表紙には当時おおきな
ブームとなった任天堂の「Wiiリモコン」らしき
コントローラのイラストが描かれている）のなか
で，2000年代にゲーム業界へと到来した「カジュ
アル革命」——それはインターネットを介してダ
ウンロード可能なゲーム，およびWiiリモコン
のような擬態的なインターフェイスを前提とした
ゲームが登場したことで，カジュアルに遊べる新
しいタイプのゲームが台頭し，それにより従来で
あればゲームに興味をもたなかった層がユーザー
として取り込まれつつある，という主張にもとづ
く——を語ったが，それ以降のゲーム史の展開をみてみると，その業界をめぐ
る情勢も少なからず変化したといえよう。これから本稿でとりあげる位置情報
ゲームを筆頭として，ソーシャルゲームやゲーム実況など，現在では多種多様
なゲーム関連コンテンツや，それにもとづくゲーム文化が浮上しつつある。

　筆者はかつて「ゲーム化する世界」との題目のもとで，2011年には日本記号
学会第31回大会を企画し，さらに2013年にはその学会の機関誌として，（先行
する大会での討議をふまえて）同名の書籍の編集へと携わった。ここでいう
「ゲーム化」とは，しばしばマーケティングなどの領域で言及される「ゲーミ
フィケーション(1)」を念頭においたものではあるが，上述の年次大会および出版
企画の立案に際しては，デジタルゲームがたんなる娯楽ではなく，現代社会の
構成原理になりつつあるとの認識が前提となっており，それがイベントおよび
書籍のタイトルへと結実したともいえる。

----

(1) 字義的には「ゲーム化」を意味する「ゲーミフィケーション（gamification）」とは，「ゲームの
　考え方やデザイン・メカニクスなどの要素を，ゲーム以外の社会的な活動やサービスに利用するも
　の」と定義される。それは人びとのモチベーションやロイヤリティを高めたりする目的で援用され
　るのだ。今やゲーミフィケーションとは多岐にわたる領域，たとえば健康分野や行政分野などでも
　活用されるマーケティング上のアプローチであるが，深田浩嗣によると，それはターン制，行動力，
　オークション・入札，カード，サイコロ，リスクと報酬等のゲームメカニクスを利用することによ
　り実現される（深田，2011）。

　実際これらの構想の核に位置づけうる「世界のゲーム化」とは，上記の書籍が刊行されたのちも実社会のなかで着実に進展していったといえよう。そして考えてもみれば，たとえば2006年に発売された「Wii Sports」（直観的な操作を実現するコントローラを前提とする）や，その10年後にあたる2016年にリリースされた「Pokémon GO」（ARやGPSなどを前提とする），さらには物理的移動が制限されたコロナ禍で架空の移動体験を人びとに付与した「あつまれ　どうぶつの森」（以下「あつ森」と略記）など，各時代において世間の耳目を集めたデジタルゲームはそのつど，「現実」と「虚構」の関係を再編しつつ，着実に「世界のゲーム化」を推し進めたようにみえる。

　本章では上記にあげた作品群をとりあげながら，ゲーム的な「虚構」がいかにその画面の内側のみにとどまらず，「現実」の社会のなかに浸透しつつあるのかを考えていく。そのために，まず，ビデオゲームの歴史性および空間性を接続しながら整理するユールの言説を参照することからはじめたい。彼は2009年の時点で，ゲーム受容にかかわる3つの空間——スクリーン空間／3D空間／プレイヤー空間——を基盤としてゲーム史の歴史的展開を整理したが，「Pokémon GO」をその代表とする位置情報ゲームや，あるいはヘッドマウントディスプレイを前提とするVRゲームが登場したことにより，ゲームの空間性と歴史性を語る彼の言説はすっかり古びてしまった印象がある。本章ではそのような認識に立脚したうえで，ともに「モビリティ」という観点からアプローチ可能な対象として，現実の地理的空間をゲームのフィールドへと変換する位置情報ゲーム，すなわち「Pokémon GO」と，コロナ禍で移動が制限される状況にあって，架空の「旅」や「移住」のイマジネーションを人びとに付与したコミュニケーションゲーム，すなわち「あつ森」を俎上に載せつつ，デジタル空間における「虚構」と「現実」のカップリングとその変容について分析を展開していきたい。

2 ゲーム空間における虚実のカップリング
——各時代に注目された作品を考える

　人間は言葉や，あるいはそれ以外のメディアを介して，認識される現実を自在に書き換える存在である。これに関しては，ユヴァル・ノア・ハラリが『サピエンス全史（上）——文明の構造と人類の幸福』で主張する，以下のような言辞を導入しておくこともできるだろう。

　　言葉を使って想像上の現実を生み出す能力のおかげで，大勢の見知らぬ人どうしが効果的に協力できるようになった。だが，その恩恵はそれにとどまらなかった。人間どうしの大規模な協力は神話に基づいているので，人々の協力の仕方は，その神話を変えること，つまり別の物語を語ることによって，変更可能なのだ。適切な条件下では，神話はあっという間に現実を変えることができる。たとえば，1789年にフランスの人々は，ほぼ一夜にして，王権神授説の神話を信じるのをやめ，国民主権の神話を信じはじめた。このように，認知革命以降，ホモ・サピエンスは必要性の変化に応じて迅速にふるまいを改めることが可能になった。これにより，文化の進化に追い越し車線ができ，遺伝進化の交通渋滞を迂回する道が開けた。ホモ・サピエンスは，この追い越し車線をひた走り，協力するという能力に関して，他のあらゆる人類種や動物種を大きく引き離した（ハラリ，2016：50）。

　たしかに人間は「想像上」の現実を，あるいは「神話」として信じられた現実を，言葉をもちいることによって柔軟に組み替えることができる。むろん彼がここで語るのはあくまでも18世紀の例であるが，これに対して現代では「Pokémon GO」のように，私たちが生きる現実の意味空間を「虚構」によって書き換えるデジタルテクノロジーが普及しつつあるともいえる。

　昨今において「Ingress」(2013)，「Pokémon GO」(2016)，「ドラゴンクエストウォーク」(2019 以下「ドラクエウォーク」と略記) などが踵を接してリリースされたことで，位置情報ゲームはようやくデジタルゲームの一ジャンルとしての地位を確立しつつあるとも考えられるが，それらは総じて，GPS，デジタル地図，AR などを前提として，「現実」と「虚構」との組み合わせをめぐる新たなパターンを人びとに突き付ける。富田英典によると，「リアルな空間にバーチャルな情報が重畳されている状態，人びとが日常生活において常にネット上の情報を参照しているような状況，オンライン情報を常時参照しているオフラインをセカンドオフラインと呼ぶ」(富田，2016：2) と説明されるが，まさに私たちが生きているのは，有線／無線を問わずインターネットへの接続が常態化し，それによりオンラインとオフラインが重畳された「セカンドオフライン」的状況だといえる。そして位置情報ゲームなどは当該の技術的環境を基盤としつつ，ゲームの「虚構」を新たなレイヤーとして，私たちが生きる「現実」の意味空間に付加するのだ。たとえば「Pokémon GO」をプレイしながら都市を闊歩するのであればそこをポケモンたちが出現する空間へと，あるいは「ドラクエウォーク」をプレイしながら都市を闊歩するのであればそこをモンスターたちが出現する空間へと，ゲームの「虚構」は現実の意味空間を書き換えていく。しかも旅先でそれら位置情報ゲームを起動する場合，人はツーリストでありながらゲームの主人公を兼ね，「現実」と「虚構」という双方のコンテクストに二重所属することになる。

　このうち「ドラクエウォーク」を，1980年代から連綿とつづくドラゴンクエストシリーズの初期作品，たとえば「ドラゴンクエスト II 悪霊の神々」(1987) を含む「ロト 3 部作」などと比較した場合，「現実」と「虚構」の連携という側面において両者の差異は明白ではないだろうか。通常の RPG 作品の場合，ある目的地へと到達するために，プレイヤーはコントローラを操作して主人公を画面上で移動させる必要があるが，これに対して位置情報ゲームとしての「ドラクエウォーク」の場合，プレイヤーはコントローラであるスマート

---

(2)　ドラゴンクエストシリーズにおいて，第 1 作目と同じ舞台設定を有する初期の 3 作品。

フォンを随伴しつつ，自らの身体を物理的に移動させながら画面内の主人公を目的地へと導くのである。つまりこのうち後者では，「プレイヤーによる現実空間の移動／主人公による虚構空間の移動」の同期が認められるのである。ともあれこの種のものの登場により，GPS や AR などのデジタルテクノロジーを前提としつつ，現実空間を巻き込みながらよりダイナミックに構成されるようになったデジタルゲームを，もはやその画面の内側のみで把捉することが難しくなったともいえるだろう。

3　デジタルゲームの「ビフォー」
——イェスパー・ユールによる言説を起点に

　諸説あるが，少なくとも半世紀以上におよぶコンピュータゲームの歴史のなかで，前節であげた位置情報ゲームの台頭を私たちはどのように把捉しうるのだろうか。ユールは *A Casual Revolution* のなかで，ゲーム受容に関与する3つの空間——3D空間（3 d-space）／スクリーン空間（Screen space）／プレイヤー空間（Player space）——に論及し，それらの各空間を**図表9−2**のように関連づけるのである（Juul, 2010: 17）。

　ユールの整理によれば，そもそもゲームはその草創期に「スクリーン空間」の平面のなかで展開されていたものが，その後，ゲーム機の性能が向上したことで奥行きの錯視（「3D空間」）が発生し，さらに近年では，カジュアルに遊べる新しいタイプのゲームが台頭したことで「プレイヤー空間」が前景化されつつあるという。たしかに「Wii Sports」や「Wii Fit」（2007）が発売された当時に放映された CM を確認してみると，それらを手軽に体験可能なスポーツとして消費するプレイヤー（遊び手＝選手）の身体と，それをとりまく空間（すなわち「プレイヤー空間」）

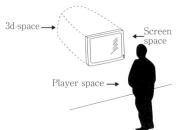

図表9−2　ゲームにおける3つの空間

とが強調されている。またそのような視座からみれば，ゲーム実況や e スポーツなどは，まさに「プレイヤー空間」から派生した新しいコンテンツ／ゲーム文化として位置づけうるかもしれない。しかし他方で，その後に流行をみた「Pokémon GO」や「ドラクエウォーク」などの位置情報ゲーム，そして，コロナ禍に社会的話題をさらった「あつ森」などは，そのつど，「現実」と「虚構」との新たな組み合わせを人びとに提示するものであったといえるだろう。

4　デジタルゲームの「アフター」①──位置情報ゲームを考える

　ユールが洞察したゲーム史における昨今の傾向，すなわちプレイヤー空間の前景化は，位置情報ゲームである「Pokémon GO」や「ドラクエウォーク」が登場したことで，新たな段階を迎えたといえる。つまりそれらは，スマートフォンをもつプレイヤーの身体，およびその可動性を前提とするものであり，モビリティによって「スクリーン空間」と「プレイヤー空間」の関係性をも大きく組み変わることになったからである。そして「世界のゲーム化」に関連していえば，ゲームの「虚構」はその映像をうつしだす画面のフレームを超過して，よりいっそう社会に干渉するようになったともいえる。

　ゲーム受容にかかわる空間的次元の変質に関しては，ケイティ・サレンとエリック・ジマーマンが論及した「マジックサークル（＝魔法円）」概念を踏まえると，さらなる考察を深化させることが可能だと考えられる。サレンとジマーマンは，マジックサークルを「時間と空間においてゲームを定義している境界もしくは枠」（サレン・ジマーマン，2019：71）としたうえで，それを以下のように解説するのである。

　　ごく基本的な意味で，ゲームの魔法円とは，ゲームがおこなわれる場のことである。つまり，ゲームで遊ぶということは，その魔法円に踏み入るということだ。あるいは，ゲームが始まるとそこに魔法円が生み出される。そうしたゲームの魔法円は，ボードゲームのボードやアスレチック競技の

競技場のように，物理的な要素を具えていることもある。他方で，そうした物理的な境界のないゲームも多々ある。たとえば，腕相撲は特別な場所や道具など，ほとんど何も必要としない。一人か複数の人が遊ぼうと思い立ったら，それだけでゲームが始まる（サレン・ジマーマン，2019：71）。

　ここでの「マジックサークル」とはゲームの時空，その内外を境界づけるものといえようが，「Pokémon GO」や「ドラクエウォーク」のような位置情報ゲームの場合，そこに「踏み入るということ」，そしてその際の「境界」のあり方は従来のゲームと比べてやや特異である。プレイヤーがそのマジックサークルに踏み込むのはゲームアプリのアイコンをタップしてそれを起動する瞬間かもしれないが，しかしその一方で，彼／彼女はいわゆるコンシューマーゲームの場合とは異なり，ただたんに座って画面を注視し，そのなかのキャラクターを操作するのみの存在ではない。そうではなく，ときに画面外にも目配りをしながら，都市の物理的空間を歩きまわる存在でもある。そして誰かに呼びかけられて振り向く瞬間，あるいは，信号が青に変わり横断歩道を歩きだす瞬間，プレイヤーは画面から視線を逸らすことで位置情報ゲームのマジックサークルから離脱し，またその後，みずからの意志でそのサークルへと立ち戻ることができる。つまり，位置情報ゲームではマジックサークルの境界を跨ぐ往還運動が頻繁に発生するのである。ともあれ，ゲーム史の最先端に位置づけうるこれらの性質を勘案すると，固定的な画面およびプレイヤーの存在を前提とするユールの図式は，それで充分とはもはや言い難い。

　吉田寛は『ゲーム化する世界――コンピュータゲームの記号論』に所収されたその論考において，チャールズ・ウィリアム・モリスによる記号理論――とくに意味論的次元（semantical dimension）および統語論的次元（syntactical dimension）をめぐるそれ――を援用しながら，ゲームにおけるそれら両次元の関係について論及している（吉田，2013：65）。彼によると，ゲームの場合には「意味論的次元」（すなわち「スクリーン上（ゲーム世界内）の記号（キャラクター）とスクリーン外（ゲーム世界外）の事物との対応関係」）と「統語論的次元」（スク

リーン上（ゲーム世界内）での記号（キャラクター）同士の関係）に乖離があった
としてもそれは問題にならない。たとえば，ゲームパッドでの操作を前提とす
る「プロ野球　ファミリースタジアム」（1986）では，プレイヤーが外野手とし
てフライを捕る際に求められるのは，画面上に展開される諸記号——記号的に
表象される「野手」「ボールの影」「効果音」など——の関係性を見定めたうえ
での，いわば「座標あわせ」である。よって，実在のプロ野球の選手が実際に
そのゲームをプレイしたとしても，うまく捕球できるとは限らないのである。

　ちなみに位置情報ゲームにおける「統語論的関係」を考えたとき，それを構
成する記号群は画面の内側のみで完結するものではなく，むしろその外側へと
迫り出している。そのプレイヤーは画面内のデジタル地図を確認し，しかる後
に，それと対応する地理的風景に目を向ける。「Pokémon GO」の場合，画面
に表示されるジムやポケストップのようなバーチャルなモノは現実世界におけ
る対応物を有するわけではないが，しかしそれらは画面内の他の記号群，およ
び画面外の他の記号群との関係性のなかで意味をもち，プレイを遂行するうえ
での重要な要素として機能するのである。ともあれ位置情報ゲームにおいて，
プレイヤーは画面の内外を跨ぐ認識上の往還を繰り返しながら，都市空間を闊
歩することになる。これはまさに，「世界のゲーム化」の新たな形態を示唆す
るものといえよう。

5　デジタルゲームの「アフター」②——「あつ森」を考える

　さて，前節ではモビリティという観点に着眼して位置情報ゲームを考察の対
象としてきたが，以下ではその問題意識を踏襲しつつ，コロナ禍の2020年に
ブームとなった「あつ森」を考えていきたい。

　全世界的な拡大をみせた新型コロナウイルス感染症（COVID-19）は，私た
ちの社会活動をとりまく環境の激変を惹起することとなった。各国では渡航禁
止や国境閉鎖，都市封鎖や自粛要請などの政策がとられる一方，日本では新型
インフルエンザ等対策特別措置法にもとづき緊急事態宣言が発令され，外出の

自粛や施設の休業などが要請された。そして世界的なパンデミックのなか，「動かない生活」をなかば強いられる状況にあって，人びとによる「メディア接触」や「コンテンツ受容」の形態もドラスティックに変化することになる。そして，それを象徴する事例として把捉しうるのが上記の「あつ森」ブームなのである。

　松井広志が「コミュニケーションゲーム」（松井，2021：21）として位置づける「あつ森」であるが「何もないから，なんでもできる」というコピーで知られるそれは，一般的な RPG などと比べると，きわめて自由度の高いプレイを保証するものといえる。本作のなかでプレイヤーは，自らデザインしたアバターをもちいて「たぬき開発」による移住パッケージプランへと参加し，「無人島」での生活を疑似体験することになる。そして，たぬき開発の社長である「たぬきち」，同社の社員である「まめきち」と「つぶきち」ら，二足歩行の動物たちに助けられながら，プレイヤーは樹木を伐採したり魚釣りをしたりと，徐々にその「無人島」を自分好みの空間としてデザインし，そこで長閑な日常を営むことになるのである。ともあれコロナ禍の混沌とした，コントロールしがたい状況の只中にあって，「あつ森」はそれがフィクションであるとはいえ，制御感を付与する「もう一つの現実」を人びとへと供給したといえる。そして見通しがきかない実社会から乖離したところで，精神的な「癒し」を希求してゲーム世界へと「脱出」する人びとが相当数に達したため，それは人びとの注目を浴びたのではないだろうか。

　ゲーム空間への大脱出——じつはコロナ以前からその種の現象は，ゲームデザイナーであるジェイン・マクゴニガルによって報告されていた。彼女はその著書『幸せな未来は「ゲーム」が創る』（原題は *Reality Is Broken : Why Games Make Us Better and How They Can Change the World*）のなかで，それを以下のように表している。

　　　現実世界は，仮想世界が提供するような周到にデザインされた楽しさや，スリルのある挑戦，社会との強い絆を容易に提供することはできません。

　現実は効果的にやる気を引き出したりはしませんし，私たちがもつ能力を
最大限に引き出して何かに取り組ませることもありません。現実は私たち
を幸せにするためにデザインされていません。そのため，ゲーマーコミュ
ニティにはある認識が広がってきています。つまり，ゲームに比べて，現
実は不完全だという認識です。実際，これは単なる認識だけではありませ
ん。これは現象となっています。経済学者のエドワード・カストロノヴァ
は，これをゲーム空間への「大脱出」と呼んでいます。人々は，ますます
多くの時間を現実の外で過ごすようになっています。米国だけでも，１億
8300万人のアクティブなゲーマー（調査上の定義は，日常的に週13時間以上コ
ンピュータゲームやビデオゲームで遊ぶ人たち）が存在します（マクゴニガル，
2011：17）。

　彼女が上記で指摘するように，綿密にデザインされたゲーム世界に対して，
私たちが生きる現実世界は「不完全」である。それはあまりにも複雑であり，
なおかつ混沌としているのだ。そして人びとは現実世界の不完全性から逃避す
るために，ゲームが人工的に構成した「虚構の現実」へと移動し，その内部で
より多くの時間を費やすようになったのである。その傾向にさらに拍車をかけ
たのが，COVID-19であったとみることができるだろう。

　外出自粛が要請されるさなか，人びとは自室に退避しつつ，携帯ゲーム機を
経由しながら無人島への「架空の移住」を果たした。そしてバーチャルな水準
においてのみ存在するその無人島とは，プレイヤーにとっては自らの趣味で埋
め尽くされ，長い時間そこで寛ぐことができる「個室」のような空間でありえ
たのではないか。実際に彼ら／彼女らはそのゲーム空間を舞台として，自らの
趣味嗜好に応じて，アバターと島とをより「居心地のよい環境」とすべくカス
タマイズしていった。そして，好きな服をきて友人に会うことを含め，COVID
-19により現実世界では実現困難な行為へと従事することになったのである。
外出する，友人と会う，旅行に行く，釣りをする……ゲーム内でのそれらの行
為は，筆者が別の論考で考察したところの「体験の技術的合成」（松本，2022

a：93）して位置づけうるだろう。そしてその際，プレイヤーにとってのアバターおよび島は，いわば「編集可能な対象」であり，多かれ少なかれ，自らのアイデンティティを反映したものになりえるのである（それらはバーチャルな対象でありながら，多田道太郎の言葉を援用すれば，それぞれ「第一自分」（＝皮膚で覆われた身体）および「第二自分」（＝みずからの「個室」）として理解可能な対象といえる）。

　近年そもそも，携帯可能なスマートフォンや，それと連携するインターネットによって，「メディア接触」や「コンテンツ受容」をめぐる社会的文脈が大きく組み変わりつつあったわけであるが，それをさらに加速させたのがCOVID-19であったという点は，衆目の一致するところではないだろうか。そしてそのパンデミックが惹起した新たな生活モードによって，「オンライン／オフライン比率」が大きく組み変わった点も看過することはできない。人びとはリスクを回避するために自宅に退避しつつ，そこから「楽しみ」のためのコンテンツへとアクセスすることになった。そして，まさにそれ潮流を象徴する事例である2020年の「あつ森」は，「虚実のカップリング」をめぐる新たなパターンを提示する好例といいうるのではないだろうか。

6　まとめ

　本章では2006年の「Wii Sports」，2016年の「Pokémon GO」，2020年の「あつ森」など，各時代に大きな社会的話題となり，そのつど「現実」と「虚構」の組み合わせを新たに提示してきた作品群に着眼しながら，ここ十数年のあいだ，いかにして「世界のゲーム化」が進展してきたのかを考察してきた。そしてその一連の過程をつうじて確認されるように，ゲームにおける「虚構」はその外部に展開する社会的「現実」と無関係ではなく，むしろより緊密な関係性をもつようになりつつある。そしてそれは，「世界のゲーム化」がさらなる進展を遂げつつあることの証左ともいいうるのではないだろうか。

引用・参考文献

サレン，K.・ジマーマン，E., 山本貴光訳（2019）『ルールズ・オブ・プレイ――ゲーム
　　　デザインの基礎《ユニット１／４核となる概念》』ニューゲームズオーダー。

多田道太郎（1978）『風俗学――路上の思考』筑摩書房。

富田英典（2016）「メディア状況の概観とセカンドオフライン――モバイル社会の現在」
　　　富田英典編『ポスト・モバイル社会――セカンドオフラインの時代へ』世界思想
　　　社。

日本記号学会編（2013）『セミオトポス⑧　ゲーム化する世界――コンピュータゲーム
　　　の記号論』新曜社。

ハラリ，Y. N., 柴田裕之訳（2016）『サピエンス全史（上）――文明の構造と人類の幸
　　　福』河出書房新社。

深田浩嗣（2011）『ソーシャルゲームはなぜハマるのか――ゲーミフィケーションが変
　　　える顧客満足』ソフトバンククリエイティブ。

マクゴニガル，J., 藤本徹・藤井清美訳（2011）『幸せな未来は「ゲーム」が創る』早川
　　　書房。

松井広志（2021）「失われた日常を求めて――「パンデミック」におけるコミュニケー
　　　ション指向のビデオゲーム」日本マス・コミュニケーション学会編『マス・コ
　　　ミュニケーション研究』第98号，東京大学出版会。

松本健太郎（2022a）『コンテンツのメディア論――コンテンツの循環とそこから派生す
　　　るコミュニケーション』新曜社。

――（2022b）「人は自らのイメージを何に託すのか――コロナ禍の『あつ森』ブームに
　　　みる個室的空間の拡張」『Fashion Talks...』第14号，京都服飾文化研究財団。

吉田寛（2013）「ビデオゲームの記号論的分析――〈スクリーンの二重化〉をめぐって」
　　　日本記号学会編『ゲーム化する世界――コンピュータゲームの記号論』新曜社。

ユール，J., 松永伸司訳（2016）『ハーフリアル――虚実のあいだのビデオゲーム』
　　　ニューゲームズオーダー。

Juul, J.（2010）*A Casual Revolution : Reinventing Video Games and Their Players*. MIT
　　　Press.

第Ⅱ部

「社会」と「経済」のメディア・リミックス

第**10**章

共有のリミックス
シェアリングエコノミーがつくる「接続」と「切断」

石野隆美

1　はじめに

　「所有からシェアへ」。あるいは,「所有からアクセスへ」。これらの標語は,今日における人びとの消費のあり方,そして人びとと物や情報,コンテンツとの関わり方の変化について,その一側面を如実に物語っている。いまや,何かをもたずとも,何かができてしまう。自家用車をもたずとも必要なときだけ車を運転することは可能だ。ホテルや旅館のような部屋を,そして特別な広告手段を所有していなくとも,見ず知らずの旅人を自室に迎え,宿泊させることも難しくない。反対に,すでにもっているものを手放すことも容易になったどころか,従来ならば捨てていたものや置き場に困っていたものに,新たな価値を見いだすことができるようになった。読み終えた本や不要物をインターネット上に「出品」すれば,部屋の空きスペースの確保どころか,次に読みたい本や買いたい物のための資金調達すらできてしまう。

　こうした事柄を可能にしたのは,シェアリングエコノミーという仕組みである。シェアリングエコノミーは,個人が所有するあらゆる遊休資産,すなわち「所有しているが使い道のないもの」と,それを「所有はしたくないが使用したいと考える個人」とのマッチングを実現した。企業や事業者が個人に対してサービスを提供するのではなく,個人同士がなかば直接的に取引をするという点で,レンタカーサービスなどの従来型のビジネスとは特徴を異にする。

　本章は,こうしたシェアリングエコノミーの実現を技術的に可能にしたメディア条件の変化について,「プラットフォーム」をめぐる議論を整理しなが

らまとめる。ただし，新しい仕組みが普及しひろく人びとに活用されるためには，その受容をうながした社会的な背景についての理解も必要だろう。(1) たとえば「持続可能性 (sustainability)」を標語とする近年の環境・消費意識の高まりには，さまざまな点でシェアリングエコノミーとの親和性が見いだされてきた。他方でシェアリングエコノミーが標榜する「シェア」概念が，資本主義的な搾取構造の是正に寄与するどころか，むしろ不平等を拡大させているといった問題提起も生じている。そこで次節では，シェアリングエコノミーの登場（とくに従来型の経済取引との〈ビフォー／アフター〉について）を単体として理解することよりも，むしろそれをとりまく社会的な背景を把握することに意識を置き，今日のシェアリングエコノミーおよび「シェア」概念の社会・経済的な〈ビフォー／アフター〉の流れを批判的に感知することをめざす。

　以上を経て，第3節では再度シェアリングエコノミーに関わるメディア条件に立ち戻る。シェアリングエコノミーは先述した「プラットフォーム」がしばしば注目されるが，本章ではSNSとの結びつきについても注目したい。それにより浮かび上がるのは，シェアリングエコノミーとSNSとが共通してもつ「切断のしやすさ」という重要な条件的性格であり，その性格がこんにちのコミュニケーションのあり方，ひいては「シェア」のあり方に重要な〈リミックス〉をもたらしているということである。シェアリングエコノミーを実現させたメディア条件の変容によって私たちが獲得したのは，何かを「（一時的に）手にしたい／手放したい」あるいは何かと「（一時的に）つながりたい／つながりを切断したい」という表裏一体の欲望の，同時的な達成の可能性でありうることとをみていこう。

----

(1)　念のため述べておくが，本章のように技術的発展と社会的受容とをそれぞれ分けて何らかの対象物の変遷を描く作業は，厳密にはいくつかの問題を抱えている（久保，2019）。技術の発展度合いに普及の根拠を見いだす「技術決定論」的視座（「役に立つならば，普及するだろう」）か，その技術をとりまく社会的状況に根拠を見いだす「社会決定論」（「社会制度が整っているならば，普及するだろう」）の二項対立的記述に陥り，「技術」と「社会」とをそれぞれ実体化してしまうといった問題は，その典型である。

2　プラットフォーム——シェアリングエコノミーの展開と諸問題

　遊休資産の活用，過剰な消費主義からの脱却，サステナブルなビジネスモデルへの変革，新たなコミュニティの創発，「顔の見える関係」の構築，等々…シェアリングエコノミーおよびそこに含まれる「シェア」という概念の価値と可能性は，今日ますます期待とともに語られているといえるだろう。[(2)]

　デジタル庁の前身である内閣情報通信技術（IT）総合戦略室は，シェアリングエコノミーを「個人等が保有する活用可能な資産等（スキルや時間等の無形のものを含む。）を，インターネット上のマッチングプラットフォームを介して他の個人等も利用可能とする経済活性化活動」と説明している。[(3)]商品生産と提供をおこなう企業や事業者と，それを購入する消費者によって構成される従来型の取引モデル（いわゆる B to C : Business to Consumer）とは異なり，生産者と消費者，売り手と買い手，あるいは，貸し手と借り手といった不特定多数の個人同士によって取引関係が結ばれるのが特徴だ。[(4)]

　だが，見ず知らずの個人同士がそれぞれの「ニッチ」なニーズを表明し，互いの要求に適した取引相手を見つけだすことは，簡単なことではない。それは従来であれば時間も手間も多分に要する作業であった。シェアリングエコノミーの実現には，不特定多数の個人のマッチングを容易にするオンライン・プラットフォームの構築が大きく関わっている。

　プラットフォームは，「外部の生産者と消費者が〔中略〕相互に関係しあえるようなオープンな参加型のインフラを提供するとともに，そのインフラのガ

(2)　一般社団法人シェアリングエコノミー協会（2016年設立）と株式会社情報通信総合研究所が共同で実施した市場調査によれば，2021年度における国内のシェアリングエコノミー市場規模は2兆4,198億円に達し，今後10年でその規模はさらに約3倍から最大で約7倍まで成長する予測があるという（一般社団法人シェアリングエコノミー協会プレスリリース（2021年1月18日）「2021年，日本のシェアリングエコノミー市場規模が，過去最高の2兆4,198億円を記録。2030年度には「14兆2,799億円」に拡大予測」2022年8月30日閲覧）

(3)　https://cio.go.jp/share-eco-center（2022年8月30日閲覧）

(4)　ただし，カーシェアリングやシェアバイクのように，シェアの対象とされる事物の所有者／管理者が個人ではなく事業者である例も少なくない。

バナンス（統治）の条件を整える」ものとされる（パーカー他，2018）。こうして
みるとプラットフォームはシンプルなアイデアだが，時間と空間に左右されな
い正確かつ迅速なユーザー間のインタラクションを実現する情報通信技術と結
びつくことで，プラットフォームは一種のデジタル・インフラストラクチャー
とまで化している。

　オンライン・プラットフォームは，諸個人が抱く「都度的」なニーズにフレ
キシブルに対応可能な取引を実現した。必要な物を，必要なときに，必要最低
限の分だけ購入したり，販売側もそのニーズに応じて「オンデマンド」に商品
やサービスを生産・提供したりすることが可能になったということである。従
来の消費社会が増大させてきた環境負荷の低減や，持続可能な循環型社会の実
現に対してシェアリングエコノミーの貢献が期待されるのは（環境省，2018な
ど），シェアリングエコノミーがいわゆる「無駄のない」生産と消費のあり方
をめぐる近年の消費意識と親和的であるためと考えられる[5]。

　またプラットフォームは，「ピア・トゥ・ピア（P2P/P to P : Peer to Peer）」の
取引ネットワークにもとづいた，「対等な個人同士の対等な取引」を可能にす
る基盤としてもある。つまり，従来の「サーバー／クライアント」ネットワー
クのようにサービスの提供側と受容側とが不均等な関係に置かれず，個人が有
するスマートフォンやPC端末同士でダイレクトに，かつ水平的につながるこ
とができるということである。

　だがここで，シェアリングエコノミーにおける「シェア」の概念，そしてプ
ラットフォームという概念の価値中立性・水平性に対する疑義がすでに生じて
いる点にも，注意を払っておく必要があるだろう。まず，シェアリングエコノ
ミーにおける「シェア」の思想自体が従来の消費主義と親和的である点につい
ては，当初から指摘がある（ボッツマン・ロジャース，2010 : 152）。たとえばカー
シェアリングサービスは，魅力的な車種の選択肢を膨大に提示することによっ

---

(5)　ただし，1990年以降の資本主義自体が欲望開拓の照準を物質から非物質へと移行させてきたこと
　　を示す「認知資本主義」とシェアリングエコノミーが無縁ではないことには注意が必要だ。なお認
　　知資本主義については山本編（2016）が参考になるだろう。

て利用者の消費／所有の欲求を絶えず刺激しつづける，「トランシューマリズム」（「あとひとつ，もうひとつ」「次は何の車に乗ろう」）と結びつくことで成功を果たしているという。付け加えれば，合理的経済活動の担い手としての「近代的個人（individual）」を独立させたままではおかず，「シェア」の名のもとに消費のネットワークに捕捉してゆくという点でみれば，シェアリングエコノミーはネオリベラルな市場原理とそう矛盾するものではない（門脇，2021：156-157）。

　それだけではない。文化人類学者・小川さやかは，シェアリングエコノミーのプラットフォームを支える「信用評価」システムが，信用の不履行を引き起こす可能性のある人間をあらかじめ排除する排他的な思想にもとづいて構築されている点を指摘する（小川，2019：252-259）。プラットフォームがはらむこの危険性をコミュニケーション研究の立場からより明示的に論じた T. Gillespieによれば，段差のない平等主義的な土台を人びとに想起させるプラットフォームという概念は，種々の不均衡な力関係やプラットフォーム内部の競争性を中立的な装いによって自ら隠蔽するような，ネオリベラルな企業的論理にほかならないという（Gillespie, 2010）。

　プラットフォームは，単にユーザー間に位置し，ユーザーの活動を許し，それらを媒介している透明な存在や土台ではない。それは膨大な量のデータを組織化する占有装置にほかならないというべきだろう（Srnicek, 2017）。それは人びとの膨大な検索情報を独占的に収集し，「ネットワーク効果」[6]を高め，プラットフォームそれ自体の拡大を自ら進める。同時に，データの抽出と分析，使用によってさらなるビジネスを展開したり，広告収集の獲得を進めたりすることを可能にしている。ここに，N. Srnicek が「プラットフォーム資本主義」と呼ぶ，データを照準する今日の資本主義の形態が顔をのぞかせている。

---

(6)　サービスの価値が，それ自体の魅力や効用ではなく，利用者数（需要をもつ側）に依存して増減する状態を指す用語であり，「ネットワーク外部性（network externality）」とも呼ばれる（Katz and Shapiro, 1985）。利用者が増えるほど，サービスの価値も上昇し，利用者がさらに増えてゆくこととなる。たとえば Google にとって検索ユーザーの増加は検索アルゴリズムの向上につながり，最適化されつづけるサービスにはさらに多くのユーザーが集まっていった。「ネットワーク効果」はしたがって，サービスの独占化と結びついている（Srnicek, 2017：45-46）。

「所有からシェアへ」「所有からアクセスへ」という標語は，したがって，シェアリングエコノミー利用者にとっての語ではなく，プラットフォームを管理・運営する事業の論理を説明する言葉として理解すべきなのかもしれない。たとえば次のような指摘は，象徴的である。

> 世界最大のタクシー会社 Uber は，車を所有していない。世界で最も人気のあるメディアをもつ Facebook は，コンテンツをつくらない。最も価値がある小売業者アリババは，在庫をもたない。そして世界最大の宿泊施設提供者である Airbnb は，一切の不動産を所有していない。何やら面白いことが起きている。[(7)]

Uber や Airbnb が所有しているのは，プラットフォームとその運営権のみである。彼らは固定資産や労働者や維持費といったあらゆる事柄をアウトソースする「ハイパー・アウトソースモデル（hyper-outsourced model）」（Srnicek, 2017 : 76）によって最大効率化された運営を進めている。車や自転車を買うのは個々の「配達パートナー」であり，貸しだす部屋をきれいにするのは「ホスト」の仕事なのである。こうした特徴ゆえ，労働者（それは雇用関係にある従業員ではなく，業務委託を受けた個人契約者にあたる）の問題含みな雇用の位置づけが問題化されたり，今日のワーキング・プアの創出にシェアリングエコノミーが関わっていることが指摘されたりする例は，枚挙に暇がない。所有からの離脱が可能な者と不可能な者とのあいだには，深い溝が引かれている。

　また，すべての無駄をなくし，あらゆるものを最後の最後まで徹底的に利用し尽くし，利潤を最大化するという目論見として遊休資産の活用を捉えかえせば，シェアリングエコノミーは市場主義のこれ以上なき蔓延と表裏一体だ。オンライン・プラットフォームの上では，一切の事物やスキルや空間が，利用されずにおかれることは許されない——まさに「オン・ザ・ムーブ」（アーリ，

---

(7)　Goodwin, T. (2015). The Battle is for the Customer Interface. *TechCrunch*.（2022年 8 月27日　閲覧）。

2015）——のかもしれない。「シェア」は消費のオルタナティヴたりえるのか，それとも消費追求の新たな道具として〈リミックス〉されているのだろうか。[8]

　本節はプラットフォームをめぐる議論を概観することをねらいとしていたので，以上の批判的問いは読者に残されたものとしておこう。次節では，プラットフォームを技術的に可能にしたメディア条件により注目し，スマートフォンに代表されるモバイル・メディアやSNSとの関連をみることをつうじて，消費の問題とは別角度から「シェア」の〈リミックス〉をとらえてみたい。

3　つながる，離れる，またつながる——「シェア」のリミックス

　「ちょっとその写真シェアしてよ」「はい，シェアしたよ！ 地図も一緒にシェアしておくね」。いまや「シェア」は，端末上のわずかな指の動きで数秒の内に達成されてしまう。こうしたことは，今日の私たちの人間関係，いわば他者との「つながり」にいかに関わっているのだろうか。本節では，シェアリングエコノミーとSNSないしモバイル・メディアとの結びつきがもたらす「シェア」の〈リミックス〉の描出をつうじて，「つながること」としての「シェア」の理解を再考する。

　まずは，シェアリングエコノミーとSNSがさほど隔たったものではないことを簡単に確認しておこう。さしあたりは二つの方向から説明できる。第一に，SNSは自身の複合化・多機能化をつうじて，シェアリングエコノミーに限らず社会全般に浸透しつつある。たとえばLINEは単なるメッセンジャーアプリを超えて，プラットフォームとしての「タイムライン」や「ホーム」画面を備えるほか，ニュースの閲覧や決済，同じ関心をもつ不特定多数の人びととやりとりできるオープンチャット，商品や飲食店の予約，さらには求職活動すら可

能となっている。また筆者が調査地としてたびたび訪れるフィリピンでは，日常的な連絡や業務連絡から，国境を越えた家族間のコミュニケーションに至るまでFacebookのメッセンジャーアプリやグループ機能が活用されており，それらはデジタル・インフラストラクチャーと呼びうる様相を呈している。東南アジア諸地域では，国内政治や外交にまでSNSやソーシャルメディアが深く関わっている，という指摘もある（見市・茅根編，2020）。これは東南アジアの例だが，おそらく世界的に，もはやSNSなき社会生活を鮮明に想像することは難しいと言っても大きな問題はないかもしれない。

　第二に，シェアリングエコノミーの仕組みにおけるSNSの一定の役割をあげることができる。たとえばAirbnbはFacebookとの「連携」をつうじて，ログインの簡素化や，取引相手の「友達」数とプロフィール情報の可視化にもとづいた利用者間の信頼性評価に役立てている[(9)]。お金のシェアリングエコノミーとされるクラウドファンディングの場合，情報拡散とファンドの収集のためにSNSのプラットフォームを活用することはもはや必須と思われる[(10)]。

　私たちもまたSNSと，もっといえばモバイル・メディアと「常時接続状態」にある。「朝起きて床につくまで，私たちはなんらかのメディア・デバイスの至近距離内にあり，触り，眺め，耳を傾ける。いや，スマートフォンのアプリケーションは，いまや就寝中の身体にまで作用しようとするものさえ現れている」（北野，2014：88-89）。インターネットの個人利用が普及してきた1990年代半ば，そして2010年代以降のスマートフォンとSNSの「環境化」[(11)]を経て，私

---

(9)　なお先述のSrnicekは，シェアリングエコノミーとSNSの連携が，データの徹底的な囲い込みによる競合他社の排除と独占化の目論みを有している点を批判している（Srnicek, 2017：94-96）。

(10)　いうまでもなく，SNSはビジネスや消費と密接に結びついている。LINEは個人に最適化された広告を個別に「トーク」してくるし，Facebookはその収益のほとんどを広告収入によって獲得している。YouTubeに流れてくる「買ってよかったもの」系動画や，X（旧Twitter）のタイムラインに流れてくる「商品レビュー」の「つぶやき」において，はたして商品の純粋な感想が述べられているのか，ステルスな広告として発信されているのかは，もはや切り分けられない。関連して，小川さやかが注目したタンザニアの「TRUST」と呼ばれるシェアリングエコノミーでは，中古車や電化製品の国境を越えた売買にInstagramとFacebookグループのタイムラインが用いられている（小川，2019）。そこでは，社会的なコミュニケーションとビジネスが渾然一体となったタイムラインが形成されているという。小川は述べる。「ただ普通に眺めているだけでは，これがビジネスサイトとして活用されていることに気づくことは難しいとさえ思う」（小川，2019：159）。

たちはじつに多くの事柄を，端末とともに，端末を介して，あるいは端末の表面で行為している。

　常時接続性。これが，今日の SNS およびシェアリングエコノミーを特徴づける「ピア・トゥ・ピア」コミュニケーションの根幹にある。常に端末とつながり，プラットフォームを介して他者とつながることが可能であるからこそ，他者との即時的な交渉にもとづき，必要な物を必要なときに，それも過不足なく売買することが可能となったといえる——それも，数本の指で，である。

　常時接続性は，「つながりへの予期」を生みだす。松本健太郎は，ジョン・アーリが提示した「予期空間」概念を用いて，デジタルメディアと連携した私たちの生活と諸行動における「予期空間」の広がりを指摘している（松本，2021；アーリ，2015）。たとえば旅にでるとき，事前に目的地を地図アプリで確認したり，交通機関の運行情報を調べたりすることがあるだろう。それはこれからなす旅がうまくいくことへの「予期」をもたらす。「予期」を支えるのは，行為を取りまく諸システム（この場合，地図アプリの正確性や組織化された交通機関など）への信頼である。「つながりへの予期」とはすなわち，スマートフォンと電波さえあればいつでも誰かとコミュニケーションできるだろう，という前提がメディア技術の発展にともない共有され，「つながること」それ自体が予期可能な対象と化した現代的状況を示すものである。プラットフォームはしたがって，「つながりへの予期空間」を構築している。

　この観点は，現代の〈リミックス〉された「シェア」の逆説的だが本質的な性格を説明するのに役立つだろう。他者をボタン一つで「ブロック」「ミュート」できたり，「既読無視」できたりする今日の SNS 上のコミュニケーションの一側面は，そうした関係切断を実行しても必要とあればすぐに別の誰かと再接続できる，という予期があるから可能となっているのであり，その予期はプラットフォームに下支えされたものにほかならない。それゆえ，常時接続の世

⑾　土橋（2017）を参照。なお，こうしたデジタル技術やモバイル・メディアが今日の観光や人びととのコミュニケーションにいかに広範に関与し，変容をもたらしてきたかについては，須藤他編（2022）が詳しい。

界における関係の切断は孤立とイコールではない。むしろ，常に関係の潜在的
可能性の環のなかにあるからこそ可能となるようなつながりの着脱の仕方が，
〈リミックス〉された「シェア」という語を説明するのである。

　シェアリングエコノミーの利点は，ここにおいて裏返される。つまりシェア
リングエコノミーは，常時接続の世界のただなかにおいて生じる，一時離脱の
エコノミーとしても理解しうるのである。シェアリングエコノミーが「シェ
ア」を語るとき，そこでは「誰かとつながることへの欲求」と同じか以上に，
事物やサービス・空間との長期的かつ継続的な関係を回避できることや，自己
の所有物と簡単に縁を切れること，あるいは，取引における人間関係の長期化
を回避できることといった，「関係を切断することへの欲求」にピントが合わ
せられている可能性があるのだ。[12]

4　おわりに——解約手数料フリーのつながり？

　本章では，不特定多数の個人同士を結びつける仕組みとしてのシェアリング
エコノミーの展開について，それを技術的に可能としてきたメディア条件の変
化に着目して検討してきた。モバイル・メディアとの常時接続状態にある個人
像を前提に構築されるオンライン・プラットフォーム（つながりへの予期空間）
は，SNSにおける利那的な「つながり」や，「オンデマンド」な商品・サービ
スの個人間取引を可能とし，その内部において「シェア」を言説化してきた。
　〈ビフォー〉としての「シェア」のあり方を，地縁共同体や持続的なコミュ
ニティ，特定の場に位置づけられた人びと同士の継続的な「つながり」を土台
としたものとして措定できるとするならば（岡部，2021），シェアリングエコノ

---

[12]　海外の日本人向けゲストハウスを調査した鍋倉咲希は，人びとは誰かと出会うことを重視すると
　　同時に，いつでも他者と関係を切断できること，継続的なつながりではなく「常に入れ替わる出会
　　い」であることが彼らにとって重要であることを指摘し，現代社会においてはそうした流動性を有
　　する「一時的つながり」が存在感をもつと述べる（鍋倉，2021）。その「常に入れ替わる出会い」
　　の価値は，今日のSNSやシェアリングエコノミーにおける他者との関係性と矛盾しないといえよ
　　う。

ミーに見いだされる〈リミックス〉された「シェア」は，「つながること」と「離れること」とを同時に構成するものだと考えられるだろう。つながることも重要だが，使わないときには一切それを気に留めずにいられること，「解約」に手数料や手間がかからないこともいっそう重要なのである。そうしたことが可能なのは，常時接続の状態において常に新たな「つながりへの予期」が潜在しているためである。そこでは，接続と切断は互いに，常に他方に内在する。〈リミックス〉を経た「シェア」は，そうした二面性のダイナミズムに着目されながら批判的に検討されてゆく必要があるだろう。[13]

引用・参考文献

アーリ, J., 吉原直樹・伊藤嘉高訳（2015）『モビリティーズ——移動の社会学』作品社。

岡部明子（2021）「シェアを問い直す——選択する「行為」から社会の「基盤」へ」住総研「シェアが描く住まいの未来」研究委員会編『住まいから問うシェアの未来』学芸出版社，pp. 9-20。

小川さやか（2019）『チョンキンマンションのボスは知っている——アングラ経済の人類学』春秋社。

門脇耕三（2021）「戦後の住まいに見るシェアの思想とその現在」住総研「シェアが描く住まいの未来」研究委員会編『住まいから問うシェアの未来』学芸出版社，pp. 138-164。

環境省（2018）『平成30年度版 環境白書 循環型社会白書／生物多様性白書——地域循環共生圏の創出による持続可能な地域づくり』 https://www.env.go.jp/policy/hakusyo/h30／index.html#index（2022年 8 月31日閲覧）。

---

(13)　しかし，「一時的なつながり」がじつは新自由主義の論理ときわめて親和的である点には注意が必要である。フランソワ・リオタールはポスト・モダンの特徴として「政治的諸関係と同様に，職業的，情意的，性的，文化的，家族的，国際的な諸関係において，暫定的契約が永続的制度に取って代わりつつある」（リオタール，1989：162）と述べ，あらゆる契約関係が一時的な性格を帯びていくことを論じたが，デヴィッド・ハーヴェイはそのポスト・モダン的な特徴が新自由主義における契約関係にも当てはまることを指摘している（ハーヴェイ，2007：12）。ネオリベラルな論理は，短期的な市場取引を最大頻度で行うことを志向する。そこでは，利益を損なうリスクがある契約関係や利益の見込まれない取引関係は即座に切り捨てられ，そして利益が期待できる新しい人間関係は即座に構築されることが理想となるのである。シェアリングエコノミーに看取される人間関係のあり方（必要に応じてすぐにつながり，必要に応じてすぐに関係を解消できる関係）は，まさに新自由主義が理想としてきた人間関係像にほかならない。ゆえに人間関係や「つながり」の一時性を手放しに称揚することは問題含みである。

北野圭介（2014）『制御と社会——欲望と権力のテクノロジー』人文書院。

久保明教（2019）『ブルーノ・ラトゥールの取説——アクターネットワーク論から存在様態探求へ』月曜社。

住総研「シェアが描く住まいの未来」研究委員会編（2021）『住まいから問うシェアの未来』学芸出版社。

須藤廣・遠藤英樹・高岡文章・松本健太郎編（2022）『よくわかる観光コミュニケーション論』ミネルヴァ書房。

土橋臣吾（2017）「序章 環境化するデジタルメディア」土橋臣吾・南田勝也・辻泉編『デジタルメディアの社会学——問題を発見し，可能性を探る』[第3版] 北樹出版。

鍋倉咲希（2021）「モビリティが生み出す一時的つながり」『年報社会学論集』第34号，pp. 178-189。

ハーヴェイ，D.，渡辺治監訳（2007）『新自由主義——その歴史的展開と現在』作品社。

パーカー，G.G.・アルスタイン，M.W.V.・チョーダリー，S.P.，妹尾堅一郎監訳（2018）『プラットフォーム・レボリューション——未知の巨大なライバルとの競争に勝つために』ダイヤモンド社。

ボッツマン，R.・ロジャース，R.，関美和訳（2010）『シェア——〈共有〉からビジネスを生みだす新戦略』NHK出版。

松本健太郎（2021）「メディアと化す旅／コンテンツと化す観光——バーチャル観光による「体験の技術的合成」を考える」遠藤英樹編『アフターコロナの観光学——COVID-19以後の「新しい観光様式」』新曜社，pp. 40-58。

見市建・茅根由佳編（2020）『ソーシャルメディア時代の東南アジア政治』明石書店。

山本泰三編（2016）『認知資本主義——21世紀のポリティカル・エコノミー』ナカニシヤ出版。

リオタール，小林康夫訳（1989）『ポスト・モダンの条件——知・社会・言語ゲーム』水声社。

Gillespie, T. (2010), "The Politics of 'Platforms,'" *New Media & Society*, Vol.12, No.3, pp. 347-364.

Katz, M. and Shapiro, C., (1985), "Network Externalities, Competition, and Compatibility," *The American Economic Review*, Vol.75, No.3, pp. 424-440.

Srnicek, N. (2017), *Platform Capitalism*. Polity.

第11章

アジアにおける広告のリミックス
テレビ広告におけるジェンダー役割の変容

ポンサピタックサンティ　ピヤ

1　はじめに

　1970年代から1980年代にかけてタイで制作されたテレビ広告をみてみると，女性が家庭内で家事をしたり，子どもの面倒をみたりする姿が多く描かれている。それはジェンダー役割をめぐる伝統的なステレオタイプに依拠したものといえるだろう。そしてそれは現在，インターネットやSNS普及によってメディア環境が大きく変化するなか，いかにして変容しつつあるだろうか。本章ではアジアの広告を題材としてとりあげながら，そこに表象されたジェンダー・イメージ，およびその変化を考えていきたい。

　手はじめに，この分野に関する先行研究に触れておこう。まず，世界各国の広告におけるジェンダー・イメージの変容に関しては，西欧で多くの研究が過去になされている。その結果はまちまちであり，テレビ広告におけるジェンダー・イメージのステレオタイプ的な描写は減少しているとする研究もあれば（Bretl and Cantor, 1988；Ferrante et al., 1988；Furnham and Skae, 1997；Wolin, 2003），他方で，近年においてそのような描写は減少していないとする研究も報告されている（Lovdal, 1989；MacLin & Kolbe, 1984；Milner and Higgs, 2004；坂元ほか, 2003）。このように，性ステレオタイプ的描写の通時的変化については，研究の結果は一致していないといえる。

　付言しておくと，広告とジェンダーをめぐる先行研究には，いくつかの問題点がみられる。まず，これまでの先行研究の多く——とりわけ時代的な変化を扱ったもの——は，西欧社会における広告を題材としたジェンダー研究がほと

んどであり，アジア諸国における広告を題材としたものはいまだ多くはない。
そして，従来の広告におけるジェンダー研究においては，当該の社会のジェン
ダー構造が，広告に直接的に反映されていると前提したうえでなされているも
のが目立つ。しかし，この問題については，伝統的なジェンダー役割の変容を
ふまえた指摘もなされつつある（Grau and Zotos, 2016 ; Wolin, 2003）。今後は広告
のなかに，現実の社会におけるジェンダー構造が反映されていると捉える単純
化された図式的見方を乗り越える必要がでてくるであろう。さらに，これまで
の研究では，比較的短期間のうちに制作された広告を対象とするものが多く，
長期にわたるその変容を対象としたものはあまり存在していない。このことを
勘案すると，長期間にわたる視野を確保しつつ，広告におけるジェンダー・イ
メージの変容を分析することが重要であると考えられる。

　本章ではアジアの広告におけるジェンダー・イメージに着眼しつつ，はたし
てそのなかに現実社会のジェンダー構造が反映されているのか，そして，メ
ディア環境が著しく変化する昨今，ジェンダー・イメージがどう変容しつつあ
るか，といった問いに依拠して議論を展開していくことになる。そしてそのた
めに，まず，筆者が過去におこなった研究を参照しながら，1970年代から1990
年代におけるタイのテレビ広告におけるジェンダー役割をとりあげる。そして
それをふまえたうえで，2000年代以降のメディア環境を踏まえながら，近年に
おけるアジアの広告に認められるジェンダー役割の変容を分析の俎上に載せて
みたい。

2　広告のビフォー
──1970年代〜1990年代のタイにおけるジェンダー役割

　世界各国のテレビ広告におけるジェンダー役割については，これまで数多く
の先行研究が積み重ねられてきた。テレビ広告におけるジェンダー描写に焦点
を当てた内容分析研究では，男性と女性のあいだの差異が明らかにされるが，
それは伝統的な性役割観にもとづくものといえる。

　広告におけるジェンダー描写の特徴は以下のように整理することができる。

　まず，画面に登場する主人公の男女の割合はほぼ同じであるが，ナレーターについては男性が多い傾向にある。また，広告に登場する女性の年齢は，想定される実際の商品使用者よりも若いことが多い。また，広告のなかで演じられている役柄や職業については，登場人物の女性は主婦や母親など，家庭内の役割が多いのに対して，男性は労働者や商品紹介者などの役柄で登場することが多い。さらに，登場する場面としては，女性は男性と比べて家庭内で登場することが多く，男性は職場で登場することが多いとされてきた（Zotos, Grau, and Taylor, 2018）。

　では，ここでタイの事例（ポンサピタックサンティ，2008a；2008b）に目を向け，広告における女性の役割について考えていきたい。1976年から1995年にかけてのタイのテレビ広告では，女性は家庭内で家事をしたり，子どもの面倒をみたりする姿がよく描かれている。そして，伝統的な性役割ステレオタイプにもとづくこのイメージは，時代をつうじてあまり変化していない。家庭内で，若い母親が子どもの世話をしたり，台所で料理をつくったり，赤ちゃんを抱いたりするシーンが頻繁に登場しているのである。たとえば，1976年のベビーパウダーのCMでは，若い母親が家庭内で，幼児の娘と乳児の息子の面倒をみる姿が表象されている。また，1980年のインスタントラーメンの広告では，中年の母親が台所で，子どもと一緒にラーメンをつくる様子が表象されている。さらに1980年代および1990年代には，ローションや薬などといった乳児向け商品の広告において，乳児を優しく抱く母親の姿が数多くのCMで表象されている。つまり1970年代から1990年代までのタイの広告を精査してみると，女性の伝統的役割をめぐる表現に特段の変化は認められないのである。

　ただし，タイの広告において勤労女性が表象される割合は時代ごとに変化していないが，主婦のイメージは時期によって変化する傾向がみられる。1970年代の広告では，タイの伝統的な住宅や農村の風景を背景として母子が描写される広告が散見されたが，1980年代の後半以降の広告では，新中間層の女性のライフスタイルに焦点を当てた広告がみられるようになる。たとえば，1970年代につくられた銀行の広告では，農村の風景のなかで中学生の息子がアルバイト

をし，母親に「タイ・サロン」という布をプレゼントしている。また，タイの
伝統的な住宅のなかで，子どもに勉強を教えている母親の姿が描かれている。
しかし，1980年代の後半になると，伝統的な住宅や農村の風景を舞台とするこ
うした広告表現は減少し，その代わりに，バンコクなどの都市空間のなかで，
モダンな主婦が登場する広告が増加することになる。たとえば都市的なライフ
スタイルを象徴する高級住宅を舞台として，夜遅くに仕事から帰宅する夫へ温
かいご飯を食べさせるために，24時間保温できる炊飯器を利用する主婦の姿が
描かれる。あるいは高級住宅を舞台としてローションを使ったり，殺菌牛乳を
飲んだりするおしゃれな主婦の姿などが描かれる。さらに1990年代になると，
預貯金の利息で生活を送ったり，あるいは，高級住宅で外国人男性の使用人を
雇ったり，高級な自動車に乗ったりなどという，贅沢な暮らしを体現する主婦
の姿が描かれるようになる。このように1970年代と1990年代の広告にあらわれ
る主婦像を比較してみると，それはかなり異なっているといえる。つまり，1970
年代から1980年代の前半までの広告では，タイの伝統的な風景を舞台として，
どちらかというと古いタイプの女性の姿が多く登場していたが，これに対して
1980年代の後半になると，バンコクなどの都市部を舞台として，新しいタイプ
の女性像が多く登場するようになるのだ。

　筆者の研究——合計139本のTACT賞サンプルの内容を分析したもの——
によると，タイの広告におけるジェンダーの労働役割については，男女間で有
意的に異なっている。つまり，タイのテレビ広告に登場する男性は女性よりも，
有償の仕事で働く姿が多く認められる（働く男性の割合が38.9%であるのに対して，
働く女性の割合が7.4%である）。また，職業に従事する以外の役割にも違いがあ
る。すなわち，男性の主人公は「レクリエーション」に従事する姿が多く登場

---

(1)　筆者による調査では，タイの広告におけるジェンダー役割の変容を分析するため，1976年，1979
　　年～1981年，1983年～1985年，1995年にタイのTACT賞を受賞したテレビ広告から分析している。
　　その際，1976年から1985年までのデータは少ないため，期待度数に関する統計的な問題が生じる。
　　この統計上の問題を解決するため，本研究では，1976年，1979年～1981年までの4年分のデータと
　　1983年から1985年までの2年分のデータをまとめることにした。また，広告はすべてコード化し，
　　SPSSをもちいて分析した。

する（61.4％）が，これに対して女性の主人公は「家事」に従事する場面が多く登場する（50.0％）。つまり「男は仕事・レクリエーション」，そして「女は家事・育児」という性役割観がタイの広告世界で反映されているのである[2]。

　一般的にいって欧米のテレビ広告では，男性主人公と女性主人公が登場する割合はほぼ同じだといわれている（延島，1998；Wolin, 2003）。筆者による調査でも，タイにおける広告の主人公は時代が変わっても，男女比の点で欧米のそれとほとんど同じ割合で出現している。また，女性に関しては若い主人公（18～35歳）の割合が高いが，これは諸外国で行われてきた研究結果と一致する（タイにおいても，広告で重視されているのはやはり若い女性なのである）。つぎに，ナレーターの男女比についても，諸外国の先行研究とほぼ一致しており，すべての時期の広告において男性が女性を大きく上回っている。また，就職していない登場人物に関していうと，女性は家庭内での役割を担って登場することが多く，男性は家庭外での役割を担って登場することが多いという点も，従来の研究と同様であった。以上のように，タイの広告におけるジェンダー・イメージの配置は，欧米のこれまでの広告におけるジェンダー研究の成果と，ほぼ一致している。しかし筆者による研究の結果によれば，タイのテレビ広告における性ステレオタイプな描写は，じつは減少していないことが判明した。少なくとも1970年代から1990年代における事例を概観する限り，伝統的な性役割イメージにもとづく女性像／主婦像が描かれつづけてきたのである。

　テレビCMの世界から離れて実社会に目を向けてみると，タイは他のアジア諸国のなかでも女性の就業率が非常に高く，女性の経済生活活動への参加の機会も多い。実際に，2005年のデータをみれば，タイの女性労働力率は66.3％であったが，これは日本の48.4％と比べてだいぶ高い水準である。歴史的な視点にたって比較してみても，日本では女性労働力率と女性役職者の割合はわずかしか増加していない——国際比較の結果によると，1970年代半ばから現在にいたるまで，日本の女性労働力率の変化はあまりみられないのである（落合，

---

(2) 他方で職種については，男女間で違いはない。タイの広告に登場する男性と女性の職種は，ほぼ同じ程度であることがわかった。

2005)。これに対してタイでは，女性労働力率と女性の地位は非常に高い水準にある。タイの女性労働力率は1978年から1990年にかけて75.3％から76.3％へと増加し，相変わらず高い水準を維持している。そして2000年のUNDPによる統計データを参照すると，タイ人の働く女性のうち21.6％が管理職につき，55％が専門家であることがわかる。また，労働参加に関しては，タイの女性が東南アジアのなかでも高く，また，日本と比べてもはるか高い数値を示している（速水，2003）。

　タイの女性労働力率は伝統的にみても高く，現在でも世界有数の「共働き社会」を実現している（橋本・斧出，2007）。タイの女性労働力の高さは，日本のように結婚・出産によって一時中断する「M字型就労」ではなく，中高年期まで働き続ける「就労継続」パターンの違いから生じている。また，国際的な相互比較において，しばしば「女性の地位」の指標にもちいられる労働参加，教育機会，識字率，雇用，参政権などについては，他の東南アジア諸国と比較すると，タイはトップといえる水準にある（速水，2003：250）。

　しかし，ジェンダー役割意識からみると，1992年にバンコクで実施された調査（広木，2005）によれば，タイ社会では「男は外で働き，女は家庭を守るのが望ましい」という項目に関して，賛成している女性は70.5％，男性でも68.5％という結果であり，バンコクの人びとの認識では「主婦志向」が強い傾向があることが理解される。なお，この点に関連して，バンコク郊外におけるタウンハウス型分譲住宅の調査（橋本，2006）によれば，専業主婦世帯を「理想の生き方」だと回答する世帯の割合は60％となっている。そして，その調査では20歳から30歳の女性労働力を「否定的主婦タイプ」と「積極的主婦タイプ」に分類したうえで，タイ社会では，中間層出身で子育てに熱心な，高学歴の働く母親である「積極的主婦」タイプが台頭しつつあると指摘される（橋本，2003：71）。

　また，斧出（2007）によれば，都市中間層が注目されるのは，政治からライフスタイルにいたるまで，社会全体に影響を及ぼす重要な役割をもつからだという。具体的には，労働人口における大卒者の割合も，1993年の5％から2001

年の約12％へと増加傾向にある。このような大卒者の多くは，職を求めてバンコクに集まり，バンコク首都圏人口における中間層の割合は2割から3割に達しているとされる（橋本・斧出，2007）。そして，橋本（2007）は現在のところ，都市化や経済発展の影響によって，首都バンコクで都市中間層が着実に成長しつつあると指摘している。

　さらに，タイ社会では女性労働力率が伝統的に高く，農業経済を軸としながら現在でも農業就業者が約40〜50％を占めている。しかし筆者が調査した広告サンプルによれば，そこに農村の風景はめったにあらわれない。その一方で，バンコクなどの都市の風景がよく登場するとともに，とりわけ1980年代および1990年代のタイの広告では，都市型のライフスタイルのなかで商品を使用する場面が頻出するのである。そして1980年代の後半以降における広告では，タイの伝統的な社会における古いタイプの女性像ではなく，都市型のライフスタイルを送る新しいタイプの女性像が登場する。つまり農村部で農業などに従事するタイの女性たちは，マーケティングや広告の概念によって，広告のスペースから周縁化されていると考えられるのである。その背景として指摘しておくべきは，タイのメディアや広告産業が首都バンコクに拠点をおいているため，主婦志向が最も強いとされる都市中間層の価値観を尊重する傾向にある，という点である。したがって，タイの広告は全国で実際に働いている女性より，バンコクなどの都市部で，中間層女性が憧れる「主婦のイメージ」を強調しがちなのである。

　既述のとおり，タイでは現実の女性労働力率，および女性の地位が高いにもかかわらず，それに関するテレビ広告の表現では「主婦志向」が顕著に認められる——それは，バンコクなど都市部における女性たちの「理想的なイメージ」を反映するものといえよう。つまるところタイの広告は，「女性のみせたい自分」としての主婦の姿を創造しているのである。テレビ広告におけるジェンダー役割の変容は，ジェンダーに関する社会意識の変容とともに，ジェンダーの理想像を創造することをつうじて，「理想的なイメージ」を間接的に反映しているのではないか。筆者による研究は，従来の先行研究のように「ジェ

ンダー構造が広告のなかに直接反映されている」と捉えるのではなく，それを
「社会における理想的なイメージ」の間接的な反映という視座からとらえる点
において，先行研究を乗り越える可能性をもつ。

3　広告のアフター
——2000年代以降のアジアの広告におけるジェンダー役割[(3)]

　それでは，インターネットやSNSの普及によるメディア環境の変化のなか
で，アジア諸国の広告にあらわれるジェンダー・イメージは，どのように変容
しつつあるだろうか。本節では2000年代以降の状況に目を向けながら，さらな
る考察を展開してみたい。

　筆者は2000年代から2020年代における広告上のジェンダー・イメージを研究
しているが，それによると，ジェンダー役割をめぐるステレオタイプ的な描写
は次第に減少しつつある。具体的に約20年間におよぶアジアのテレビ広告の
データを収集・分析した結果，男性と女性ともに外で働く姿が表象される割合
は減少し，広告に登場する働く男性と女性の割合は，年々近づいている。また，
家庭内で家事をする男性の姿が表象される割合は増加傾向にある。つまり，広
告におけるジェンダーのイメージは，男女平等を具現化する傾向へと移行しつ
つあるのだ。また，以前の広告では，「男性は仕事／女性は家事」というステ
レオタイプ的な描写が散見されたが，それが「男性も女性も家事」という新し
いイメージへと更新されつつある。

　筆者はアジア諸国——日本・中国・韓国・タイ・シンガポール——のテレビ
広告におけるジェンダーと労働の役割を分析し，2015年の時点における，これ
ら5カ国における広告サンプル（1,940本）の分析をふまえ，いくつかの視点か
ら，ジェンダー役割の平等の特性を分析していった（ポンサピタックサンティ，
2018）。その概略を以下に示しておこう。

---

(3)　本研究は，「2018年度科学研究費補助金（基盤研究C）『アジアのテレビ広告におけるジェンダー
　　役割の国際比較』18K01979および「2021年度科学研究費補助金（基盤研究C）『アジアのテレビ広
　　告におけるジェンダー役割の国際比較——東・東南アジア6カ国の比較』21K01934」による研究
　　成果の一部である。

①ジェンダー役割の平等（シンガポール）：シンガポールの広告におけるジェンダー役割の特徴は他国と異なり，働く男性と女性の割合の違いがなく，ジェンダー役割の平等が広告に反映されている。そして，男女の職種の違いもみられない。また，これまでの研究結果と異なり，シンガポールのテレビ広告における家庭の場面に登場する男性は，女性よりも多い。これらの結果を勘案すると，シンガポールの広告におけるジェンダー役割には，新たな非性ステレオタイプが認められる。

②職種と職業に従事する以外の役割の平等（日本）：日本の広告にあらわれる働く男性の割合は働く女性より多いが，職種と職業に従事する以外の役割に関して男女差は認められない。つまり，職種と職業に従事する以外の男性と女性の役割は平等である。

③職種の平等（中国・タイ）：中国とタイの広告における男女の職種は，違いがみられない。つまり，男性と女性の仕事の種類はほぼ同じである。しかし男女の役割，および職業に従事する以外の役割には違いが認められる。中国とタイでは，男性の遊ぶ姿が多く描かれ，女性の商品紹介者と家庭の場面に登場する姿が多い。

④職業に従事する以外の役割の平等（韓国）：韓国の広告では，男女の職業に従事する以外の役割には違いがみられない。つまり，男性と女性の仕事以外の役割はほぼ同じである。しかし，男女の役割と職種の違いがみられる。韓国では，上級・中級管理職の男性が多く描かれるが，その他の職種には女性がよく描かれる。

　以上，筆者による研究にもとづいて，アジアのテレビ広告におけるジェンダー役割の平等性をめぐって，各国の状況を概観した。広告のジェンダー役割に関する過去の研究結果とは異なり，アジアのテレビ広告では，ジェンダー役割の平等や新しい非性ステレオタイプが誕生していることが理解される（とくにシンガポールのテレビ広告では，ジェンダー平等が徹底している）。アジアの広告を事例とする上記の分析結果は，ジェンダー・イメージをめぐるステレオタイ

プ的な描写が減少している傾向を証明するものといえる。ちなみに現在でもこの傾向は継続していて，たとえば韓国の広告では，家事をする男性の姿は増えつづけている。日本でも，広告のなかで家事（料理・掃除・洗濯・育児）をする男性のイメージは，たびたび目にするはずである。

さらに，筆者が2016年に日本およびタイの広告サンプル（760本）を分析した結果においても，両国のジェンダー役割をめぐる平等を確認することができ，ステレオタイプ的な描写の減少が証明されている（Pongsapitaksanti, 2021）。

2000年代以降に認められる上記の変化にはさまざまな背景があるが，生活者のメディア利用行動の変化はその一因であると考えられる。スマートフォンの普及，およびインターネットやソーシャルメディア利用増加の影響により，誰でも新しい情報を発信できるようになり，人びとはマスメディアよりもインターネット経由で情報を獲得するようになっている。そして日本でも，インターネットの炎上広告がたびたび話題となることは周知のとおりである。たとえばジェンダー・ステレオタイプに関する表現を考慮せずに，女性のみが母親や主婦として，料理，皿洗い，掃除，洗濯などの家事や育児に従事する姿は，しばしばインターネットで炎上のネタを提供することになる（それをテレビ広告によって不用意に放送してしまうと，その企業のイメージがダメージを受ける可能性すらある）。日本でも2010年代後半に入ってから，こうした事案が数多く発生している。そしてこのような問題を避けるため，企業は今まであまり検討していなかった広告におけるジェンダー問題を真摯に考慮するようになり，広告のなかに料理，掃除，洗濯などの場面を描こうとする際には，男性も女性も家事をする「共働き家族」などの表現が盛り込まれるようになった。これは，ジェンダー・イメージの現代的変容の証左であるといえるだろう。

さらに，男女間のジェンダー・イメージだけではなく，ダイバーシティとインクルーシブが意識される昨今の社会的状況のなかで，これまで広告にほとんど描かれてこなかった性的なマイノリティ（LGBTQ＋）のイメージがアジア諸国でもみられるようになっている。具体的にいうと台湾では，ファストフード店でゲイであることを父親にカミングアウトする息子や，娘を育てている女性

同士の同性婚の家庭，あるいは，男性同士の同性婚のストーリーなどが表現されている。タイでは，彼氏を実家に連れていき，食事中に母親に紹介する男性の事例などもみられる。

　日本でも就職活動をテーマとするシャンプー広告（トランスジェンダーのインタビュー形式）や，男性同士の同性家族とその息子が登場する不動産サービスの広告，あるいは，若い女性同士のカップルが買い物したり，食事したりする普段の生活を描いたアパレル商品の広告などの事例をあげることができる。また，ネット広告では，男性同士や女性同士のカップルが登場する電化製品や化粧品の企業広告などがある。

　そのほか，広告に描かれる「男性らしさ」にも変化が認められる。近年，韓国，中国，日本，タイなどのアジアの広告では，女性やLGBTQ＋をターゲットする化粧品の広告に，化粧している男性アイドルやイケメンが登場する事例が増えている。これは「クロス・ジェンダー（Cross Gender）広告」や「ジェンダーレス（Genderless）広告」と呼ばれている。具体的には，女性リップスティックやマスカラを利用しているイケメン俳優やアイライナーを利用している人気のBLドラマの俳優，女性向けのクリームや化粧水，香水を利用する男性アイドルなどが起用されているのである。

　それに加えて，メディア利用行動の変化以外に，若者たちのジェンダーに関する意識変化も理由として指摘することができよう。たとえば「男性は仕事／女性は家事」という既存の固定概念に対して，男女ともに反対する割合が増加し，賛成する割合が減少している。「男性が家事するのは当たり前である」という考え方に対して，男性が賛成する割合も増えている。さらに，LGBTQ＋の認知率も高まり，それが身近で自然だと思う人も多くなっている。このように若者のジェンダーに関する意識は，男女平等や多様性を理解する傾向へと変化しつつある。

　ともあれ以上のように，メディア利用行動の変化や若者のジェンダーに関する意識の変化などの理由で，広告に表象されるジェンダー役割のステレオタイプ的な描写が減少し，ジェンダー役割が平等化する傾向が顕著に認められる。

また，LGBTQ＋の登場や男性らしさの変化のように，ジェンダー・イメージが少しずつ多様化し，誰でも生きやすいダイバーシティ社会へと近づきつつある。

4　まとめ

本章ではアジアの広告におけるジェンダー・イメージに着眼しつつ，はたしてそのなかに現実社会のジェンダー構造が反映されているのか，そして，新たなメディア環境のなかでジェンダー・イメージがどう変容しつつあるか，といった問いにもとづいて議論を展開した。そして筆者による研究を参照しながら，1970年代から1990年代におけるタイのテレビ広告におけるジェンダー役割について，さらには2000年代におけるアジアの広告におけるジェンダー役割について考察を展開してきた。

昨今では生活者のメディア利用行動は大きく変化したが，それによってインターネット広告費は，マスコミ四媒体の総計を上回っている。そのために広告コミュニケーション・モデルは，マスメディアを中心としたものから，ソーシャルメディアやユーザ投稿コンテンツを中心としたものへと移行しつつある。また，こうしたメディアの変化により，広告におけるジェンダー・イメージも変容しつつある。「男性は仕事／女性は家事」というジェンダー・イメージのステレオタイプ的な描写から脱却し，最近では家事する男性や働く女性という新しい非性ステレオタイプ描写が徐々に増加しつつあり，男女平等のイメージが強調されつつある。さらに性的マイノリティやLGBTQ＋は，アジアの広告にも登場するようになり，女性向けの商品の広告では男性アイドルが起用されている。つまり広告のなかに，ダイバーシティが色濃く出現するようになりつつあるのだ。

引用・参考文献
落合恵美子（2005）「現代アジアにおける主婦の誕生——グローバル化と近代家族」『日

本学報』第24号, pp. 3-28。

斧出節子（2007）「タイ・バンコクにおける中間層の家事・育児・介護」落合恵美子・山根真理・宮坂靖子編『アジアの家族とジェンダー』勁草書房。

坂元章・鬼頭真澄・高比良美詠子・足立にれか（2003）「テレビ・コマーシャルにおける性ステレオタイプ的描写の内容分析研究」『ジェンダー研究』第6号, pp. 47-57。

延島明恵（1998）「日本のテレビ広告におけるジェンダー描写」『広告科学』第36集, pp. 1-14。

橋本泰子（2003）「共働き社会における女性の『専業主婦化』をめぐって――タイ都市中間層を事例に」『四国学院論集』第111・112号, pp. 53-78。

―― （2006）「『伝統家族』の創造と『近代家族』――タイを事例に」橋本（関）泰子編『アジア家族の変容と「伝統創造」に関する比較研究――日本・韓国・中国・タイ』科研研究成果報告書。

―― （2007）「バンコクにおける女性のライフコースの変化と主婦化をめぐって」落合恵美子・山根真理・宮坂靖子（編）『アジアの家族とジェンダー』勁草書房。

橋本泰子・斧出節子（2007）「地域概要――タイ」落合恵美子・山根真理・宮坂靖子編『アジアの家族とジェンダー』勁草書房。

速水洋子（2003）「タイ社会と女性」『タイを知るための60章』明石書店, pp. 250-253。

広木道子（2005）「タイの女性労働」『世界の女性労働』ミネルヴァ書房。

ポンサピタックサンティ・ピヤ（2008a）「テレビ広告におけるジェンダーと労働役割――日本とタイの比較から」『ソシオロジ』第161号, pp. 71-86。

―― （2008b）「テレビ広告におけるジェンダーの役割の変容――日本とタイの比較から」『日本ジェンダー研究』第11号 pp. 14-27。

―― （2018）「アジアのテレビ広告におけるジェンダー役割――日本・中国・韓国・タイ・シンガポールの国際比較研究」『日本ジェンダー研究』第21号, pp. 25-36。

Bretl, D. J., and Cantor, J. (1988), "The portrayal of men and women in U. S. television commercials." *Sex Roles*. No.18, pp. 595-609.

Ferrante, C. L., Haynes, A. M. and Kingsley, S. M. (1988), "Image of women in television advertising." *Journal of Broadcasting & Electronic Media*, no.32, pp. 231-237.

Furnham, A., and Skae, E. (1997), "Changes in the stereotypical portrayal of men and women in British television advertisements." *European Psychologist*, no.2, pp. 44-51.

Grau, S. L., and Zotos, Yorgos C. (2016), "Gender Stereotypes in Advertising : A Review of Current Research." *International Journal of Advertising*, vol.31, no 5, pp. 761–770.

Lovdal, L.T., (1989), "Sex role messages in television commercials." *Sex Roles*, pp. 715–724.

MacLin, M. C., and Kolbe, R. H. (1984), "Sex role stereotyping in children's advertising : Current and past trends." *Journal of Advertising*, no.13 pp. 34–42.

Milner, Laura and Higgs, B. (2004), "Gender Sex-Role Portrayals in International Television Advertising Over Time : The Australian Experience, " *Journal of Current Issues and Research in Advertising*, vol.26, no.2, pp. 81–95.

Pongsapitaksanti, Piya (2021), Gender and Working Roles in Television Commercials : A Comparison between Japanese and Thai Television Commercials, *Manusya : Journal of Humanities*, vol.24, pp. 355–372.

Wolin, Lori D. (2003), "Gender Issues in Advertising – An Oversight Synthesis of Research : 1970–2002." *Journal of Advertising Research*, no.42, pp. 11–29.

Zotos, Y. C., Grau, S. L. and Taylor, C. R. (2018), *Current Research on Gender Issues in Advertising*. Routledge.

第12章

観光のリミックス
情動の産業化

遠藤英樹

1 観光＝メディア研究のビフォー／アフター

　本章では，観光がメディアの記号やイメージとどのような関係を切り結んで
いるのかについて考察し，いわば観光＝メディア研究のビフォー／アフターを
論じる。

　かつて観光研究者であるスー・ビートンは，メディアの記号やイメージの力
を借りて展開される観光のことを，「メディア誘発型観光」と呼んだ（Beeton,
2005)。「フィルム・ツーリズム」や「コンテンツ・ツーリズム」といわれる観
光は，その事例である。フィルム・ツーリズムとは「映画やテレビドラマのロ
ケ地などを訪れ，映像の世界を追体験する観光」であり，コンテンツ・ツーリ
ズムとは「映画，テレビドラマだけではなく，アニメ，マンガの舞台を観光す
る現象」を総称した言葉だ。

　以下ではまず，フィルム・ツーリズムやコンテンツ・ツーリズムの事例をい
くつかあげながら，観光とメディアの関わりを考察するうえで避けては通れな
い「観光の記号論」について検討していくことから議論をはじめていくことに
したい。それは，かつて，観光客の情動をかきたてるメディアの記号を考察す
る際に重要なものであった（観光＝メディア研究のビフォー）。

　しかしながら，その後，「観光の記号論」を超えていくような視点が必要と
されるにいたっている。それは，観光のあり方を再編するとともに，メディア
のあり方をも再編する「観光＝メディアのリミックス」をとらえていくことに
つながっていく（観光＝メディア研究のアフター）。そして結論として，その視点

が「観光＝メディアの精神分析」とでも呼ぶべき議論をさらに招来するにいたると指摘する。

2　観光の記号論──観光客の情動をかきたてるメディアの記号

フィルム・ツーリズムの事例としては，映画『ハリー・ポッター』の舞台を訪ねるツアーなどがある。『ハリー・ポッター』はアメリカのハリウッド映画会社ワーナー・ブラザーズ社によって同名のファンタジー小説を映画化した作品で，作品中で主人公のハリーが魔法魔術学校に入学するにあたって，英国ロンドンのキング

図表12-1　英国キングスクロス駅にある９と３／４プラットフォーム

（出所）筆者撮影

スクロス駅の実在しないホーム（９と３／４プラットフォーム）から旅立つというシーンがある。もちろん，そのようなプラットフォームなどキングスクロス駅にあるはずはないのだが，このシーンを見た多くのファンたちが，わざわざキングスクロス駅に訪れるようになった。そのため現在では，キングスクロス駅に，実在していなかったはずの９と３／４プラットフォームがつくられ，多くの観光客を引きよせるようになっている（**図表12-1**）。

このように「映画やテレビドラマのロケ地などを訪れ，映像の世界を追体験する観光」は以前からも存在していた。ただし日本において，そうした観光を「フィルム・ツーリズム」という概念で括り示すようになったのは，2000年前後のことである。そのきっかけになった一つが，2002年１月から３月に韓国KBSで放送された『冬のソナタ』という韓流ドラマである。[1]

ドラマは基本的にはラブストーリーで，そこに主人公たちの出生の秘密や，記憶喪失などさまざまな事件が絡み，ストーリー展開に起伏を与えていた。『冬のソナタ』は，「かなえられない初恋」をテーマにした純愛の物語であり，

---

(1)　1998年に署名されるにいたった「日韓共同宣言──21世紀に向けた新たなパートナーシップ」が，その背景として存在していることは無視できない。

それが主題歌，挿入歌をはじめとしたいくつかの曲や，主人公たちを演じた俳優たちの高い人気などに支えられ，多くの話題をさらい韓流ドラマ・ブームの先駆けになった。

　このドラマでは，ロケ地としていくつかの場所が撮影された。そこが人気の観光スポットになり，テレビドラマのロケ地を訪れるさまざまなツアーが組まれ，日本から多くの観光客が訪れるようになったのである。春川にある南怡島もその一つである。ここは『冬のソナタ』におけるさまざまなシーンで印象深く描き出され，多くの観光客がツアーで訪れた。また主人公とヒロインが仕事で再びよく会うようになるシーンで撮影されたのが，スキー場のある龍平リゾートで，やはり観光スポットになっている。さらに主人公が事故で記憶を喪失してしまう前にヒロインと待ち合わせしようと約束するシーンがあるが，その約束の場所が春川市の繁華街である春川明洞である。この場所にも，やはりツアーで多くの人びとが訪れるようになった。

　日本でも，2004年公開の映画『世界の中心で愛をさけぶ』では，主人公とヒロインを印象深く描いた香川県旧庵治町（現高松市）の防波堤が何の変哲もない防波堤でありながら，映画のヒットとともにそこが多くの観光客の訪れるスポットとなった（**図表12-2**）。アイドルグループ「嵐」のメンバーが出演したテレビドラマ『花より男子』のロケ地を訪問する行為も，「フィルム・ツーリズム」といえる。そのドラマの中では，"主人公の男性が初めて女性をデートに誘うが，彼女が来るまでに雨が降りだしてしまい，傘もささずにずっと待ち続けている"という場面があった。その場面でロケ地につかわれたのが，恵比寿ガーデンプレイスである（**図表12-3**）。このドラマを好きだった人びとのなかには，主人公たちが待ち合わせをした場所を見ようと観光にやってくる人も少なくない。

　ジョン・アーリは『観光のまなざし』という本のなかで，「観光地に向ける，観光客たちの視線（まなざし）」＝「観光のまなざし」が，メディアをはじめとする社会的なものと結びついて現れていることを指摘している。恵比寿ガーデンプレイスは，東京の「おしゃれなスポット」として知られている場所だが，

そうかといって他と大きく変わったところがあるわけではない。それが〈見るべき場所〉として「観光客のまなざし」を向けられることになったのは，『花より男子』というテレビドラマのロケ地になっているからにほかならないのである。

　さらに，映画やテレビドラマにとどまらず，アニメやマンガの舞台となっている場所を訪れる観光も注目されるようになっている。たとえば埼玉県鷲宮町は『らき☆すた』というアニメの舞台になっているが，ここに『らき☆すた』というアニメ作品を愛好する多くのファンたちが観光にやってくる。他にも『けいおん！』というアニメの舞

図表12-2　香川県旧庵治町（現高松市）の防波堤

（出所）筆者撮影

図表12-3　恵比寿ガーデンプレイス

（出所）筆者撮影

台となっている滋賀県豊郷町や，『涼宮ハルヒの憂鬱』というアニメの舞台となっている兵庫県西宮市など，アニメやマンガの舞台となっている場所の多くが，観光地としてスポットライトを浴びている。このようにアニメやマンガの舞台となっている場所を訪れる観光は，「コンテンツ・ツーリズム」のなかでも，アニメやマンガの聖地巡礼といわれる。

　少女マンガにおいても，聖地巡礼の事例は見受けられる。『君に届け』もそ

図表12-4 札幌スターライトドーム

（出所）筆者撮影

うした事例の一つである。この作品は『別冊マーガレット』で連載されていた椎名軽穂原作のマンガで，これが舞台とするのが札幌市内にあるいくつかの場所である。そのため，この作品のファンの人たちが，この場所を観光で訪れるようになっている。たとえば，主人公のふたりが初めてデートで行くのが札幌市内にある手稲駅から10分くらい歩いたところにあるスターライトドームというプラネタリウムである（図表12-4）。

　その際，非常に興味深い現象が生じたりする。プラネタリムの中を寒く感じる人のために，そこにはブランケットが置かれている。作品内ではブランケットを主人公に対して恋人が優しく手渡すシーンが描かれているが，そのシーンに惹かれた観光客がブランケットを写真にとって「あの場面で見たのと同じだ！」と盛り上がっていたりするのである。しかしながら，そのブランケットはとりたてて特別なものではない（もしかすると筆者の自宅にあるブランケットの方が高価かもしれない）。モノとしては何の変哲もないのに，スターライトドームのブランケットには観光客は惹かれ，情動をかきたてられ，写真を撮る。これは，一体いかなることなのであろうか。

　このように考えると，観光地や観光対象とは，不思議な場所であると思えてくる。「名所が何ヶ所ある」「海や山がある」など，何かある客観的な条件を満たしたら，その場所が観光地や観光対象になるわけではないのである。たとえ何の変哲もないような場所やモノであっても，そこがメディアによって起動された「観光客のまなざし」のなかに映る場所になれば観光地や観光対象になるのだ。これについてディーン・マキァーネルは考察を展開し，「観光の記号論」

を主張している。

彼によると，ある場所やモノ（マキァーネルはこれを「サイト」と呼ぶ）が観光地や観光対象（マキァーネルはこれを「アトラクション：観光客を魅惑するもの」と呼ぶ）となるのは，その場所が「素晴らしい見どころ」がたくさんあるのだと観光客に認識させ，彼らの情動をかきたて，視線を惹きつけてやまない記号（マキァーネルはこれを「マーカー：印づけするもの」と呼ぶ）が必要なのだとされる。たとえ何の変哲もない場所やモノでも，その場所（サイト）がメディアによって印づけされれば，その場所やモノは観光客の視線を惹きつけるアトラクションになるのだと彼は主張し，次のような公式を立てる（マキァーネル，2012）[2]。

アトラクション＝サイト×マーカー

3　コンヴァージェンス・カルチャー——観光の記号論を超えて

とはいえ，「アトラクション＝サイト×マーカー」という公式は，その成り立ち方として，いくつかのバリエーションが存在している。たとえば，ときに実際にみていないメディア作品であっても，多くの者があちらこちらで耳にしたりしながら，なんとなく記憶にとどめている作品の場合には，少し異なる公式の成り立ち方をするのではないだろうか。映画作品『ローマの休日』などは，その典型的な例であろう。

『ローマの休日』は，オードリー・ヘプバーンとグレゴリー・ペックが主演

---

(2)　だからこそ「フィルムコミッション活動」なども，国内・海外どちらにおいても積極的に行われるようになっているのだといえる。「フィルムコミッション活動」とは自治体が関与しながら撮影支援を行うことでロケ地誘致をはかり，地域の経済振興や観光振興に結びつけようとする活動のことをいう。具体的には，ロケ地情報の提供，撮影許可申請の代行，食事や宿泊施設の手配，エキストラの募集・手配，映画イベントの協力，ロケ地観光パンフレットの製作・配布，映画ポスターの配布・手配等を行う。このようなかたちで，旅行会社などの観光産業と連携をとり，メディア産業をまきこみながら，自分たちの地域にある場所やモノ（サイト）をメディアの記号（マーカー）の力で観光対象（アトラクション）に変えていこうと試みる行政も多い。

したアメリカ合衆国の映画である。1953年の公開で，かなり古い映画のため，一度も見たことがないという人も多くなってきている。ただ映画としては有名で，スペイン広場の階段や，真実の口や，トレヴィの泉といったローマにある場所が本作品の舞台となっていることは知られている。このような作品の場合には，メディアの情報やイメージといった「マーカー」の力が見えにくくなっているが，背後に確実に作用しているといえよう。

　そのときの公式は，「アトラクション＝サイト（×マーカー）」という成り立ち方をするのではないか。すなわち「マーカー」が見えにくくなっていて，スペイン広場の階段や，真実の口や，トレヴィの泉という場所（サイト）があるから，多くの観光客が押し寄せているように思えるのだが，背後にメディアの記号の力が「マーカー」として確実に作用していて，観光客を惹きつけているのである。このように，ときに実際にみていないメディア作品であっても，多くの者があちらこちらで目にしたり耳にしたりしながら，なんとなく記憶にとどめている作品の場合，それは「マーカー」となることがある。

　ほかには，「モノや場所（サイト）」がもともとなかったのに，メディアの記号（マーカー）が先行することで，結果として，あとからモノや場所といった「サイト」が生み出されてくる場合もある。これに当てはまるのは，石川県湯涌温泉を舞台としたアニメ『花咲くいろは』の事例である。

　この作品中では，温泉街に昔から息づいていた伝統的な祭りとして，「ぼんぼり祭り」というものが描かれている。湯涌温泉には，そもそも，そうした祭りはなかったのだが，このアニメを見てやってくる観光客が増えたため，あとから「ぼんぼり祭り」を地域で実際に行うようになったのである。そのときの公式は，「アトラクション＝サイト←×←マーカー」といったかたちとなるのではないか（前節で述べたハリー・ポッターの事例もこれに当てはまる）。

　このように「観光の記号論」の公式が成立したとしても，公式はさまざまな成り立ち方をする。だが，メディアの記号性が観光を誘発することを検討しようとするためには，それだけではなおも不十分である。

　これについて，『鬼滅の刃』の聖地巡礼を事例にして検討してみたい。『鬼滅

の刃』は,『週刊少年ジャンプ』において2016年から2020年まで連載された,吾峠呼世晴が描くマンガ作品である。時代は大正時代に設定され,家族を鬼に惨殺され,唯一生き残った妹も鬼にされてしまった主人公・竈門炭治郎が妹を人間に戻す方法を探しながら,仲間たちとともに鬼と戦っていく物語である。単行本の累計発行部数が１億5,000万部を突破していることからもわかるように大ヒットを記録し,この作品は巨大マーケットを形成するとともに,多様な聖地巡礼現象を引き起こした。

　そのなかでも,福岡県にある太宰府市「宝満宮竈門神社」が聖地として観光されるようになっていることを具体例に挙げてみよう。この場所はマンガ,アニメなど,どのメディア作品においても舞台として描かれていたわけではない。いくら目を凝らして見ても,この場所はメディア作品に登場しない。

　「宝満宮竈門神社」が聖地として観光対象になっているのは,ただ１点,主人公の名前と同じだからである。そのことのみをフックとして,ファンたちが能動的に「聖地」として意味づけ,そのことを皆がSNS上で拡散させていった結果,この場所は「聖地」とされたのである。つまり「アトラクション＝サイト×マーカー」という公式における「サイト」がメディアの記号性(マーカー)と直接にリンクしていなくても,視聴者は,メディアの記号性を勝手に投影しながら,場所やモノ(サイト)を観光対象(アトラクション)として聖地に意味づけ,観光を行い,みずからの情動をかきたてているのである。

　このことを適切に表現し議論を展開するためには,「コンヴァージェンス・カルチャー」という概念が有効となろう。「コンヴァージェンス・カルチャー」とは,アメリカ合衆国のポップカルチャー研究者であるヘンリー・ジェンキンズが提示した概念で,以下三つの特徴をもったポップカルチャーであるとされる(ジェンキンズ,2021)。

　　①　多数のメディア・プラットフォームをもっていて,そのなかでコンテンツが流通すること。

　　②　それゆえ,多数のメディア業界が協力してつくりだしているコンテン

ツとなっていること。

③ そのことによって視聴者が受動的に作品を読んだり，見たり，聴いたりするだけではなく，多様な体験を行いながら，みずからの娯楽（エンターテインメント）を追求していくこと。

『鬼滅の刃』というマンガは，まさに，このような特徴を有する作品であるといえる。たとえば，このマンガがここまでに大きな人気を博したのは，アニメ，映画（アニメ映画）という媒体の力を無視することはできない。また，この作品は2.5次元ミュージカルで舞台化されてもいる。マンガ，アニメ，映画，2.5次元ミュージカル，さらには音楽と，多様なメディア・プラットフォーム上で，多くのメディア業界が協力しながらつくりだされているコンテンツが，『鬼滅の刃』なのである。そして何よりも重要なのは，そのことによって，『鬼滅の刃』の視聴者たちは，マンガを読んだり，アニメや映画を見たり，テーマ曲を聴いたりと受動的に鑑賞するにとどまらず，SNSで仲間たちと情報や意見を交換したりして社会的交流を行いながら，コスプレなどを楽しみつつ，みずからの娯楽（エンターテインメント）を能動的に追求しているということである。

ファンたちは，ある場所やモノが作品と直接にリンクしていなくても，SNSをもちいたファン同士のコミュニケーションを通して場所やモノにメディアの記号性を投影し，「聖地化（アトラクション化)」していく。場所やモノ（サイト）にリンクするメディアの記号性（マーカー）が観光対象を生み出すのではなく，メディアの記号性（マーカー）を流用しながら，ファンたちが場所やモノ（サイト）に意味を読み込んで，能動的にアトラクションを創り出していくのである。

そのなかでファンたちは，聖地巡礼という観光を，単に「あのシーンと同じ風景だ」と「見る」だけに限定せず，コスプレをしたり，絵馬を書いたり，ポーズをとって写真を撮ったり，それら写真をインスタグラムにアップしたり

---

(3) この点で，アドルノ＆ホルクハイマー（2007）が主張する「文化産業論」も，コンヴァージェンス・カルチャーの議論を取り入れつつバージョンアップしていくことが求められているといえよう。

と，場所を「体験」しながら，みずからの娯楽（エンターテインメント）を追求するのだ。その場合もはや，それは，「観光のまなざし」という視線だけで成立する現象ではなくなっている。ファンたちは五感を総動員しながら，この場所を「体験」しているのである。そうだとすれば，「観光の記号論」の枠組のもとで「観光のまなざし」を議論することにとどまっていては，現代の観光は適切に考察しえないだろう。我々はいまや，「コンヴァージェンス・カルチャー」による「観光のパフォーマティブな体験」を考えていかなければならないのである。[(4)]

4 観光のリミックス，メディアのリミックス ——「観光＝メディアの精神分析」をめざして

　場所やモノ（サイト）に直接にリンクするメディアの記号性（マーカー）が観光対象（アトラクション）を生み出すとは限らない。もはや，そういった視点から観光を捉える「観光の記号論」だけでは，現代の観光のかたちを考察することはできないのである。『鬼滅の刃』に限っても，それは，「宝満宮竈門神社」の事例にとどまりはしない。他にも，奈良市柳生地区「一刀石」や奈良県葛城市「葛木坐火雷神社」の聖地巡礼の事例をあげることもできる（神田，2021）。

　これらの場所のいずれもが，メディア作品のなかに直接に登場してはいない。奈良市柳生地区「一刀石」をみるならば，この場所を観光客が訪れるようになったのは，ファンたちがSNS等を通じて奈良市・柳生地区を聖地へと能動的に変えていったからなのである。神田（2021）が紹介している新聞記事においても，以下のように書かれている。

　　「柳生新陰流」発祥の地として知られる奈良市の柳生地区が，アニメのコ
　　スプレイヤーたちの注目を集めている。縦に真っ二つに割れた直径約7

---

(4)　『観光のまなざし』を著したアーリものちに，ヨーナス・ラースンを共著者にむかえ，第3版において，このことを強調するようになる（アーリ＆ラースン 2014）。そこでは，観光というモビリティを考察するうえで，「見る」ことだけが強調されてはおらず，パフォーマンスに注目する視点が積極的に取り入れられていくことになる。

メートルの巨石「一刀石」が，人気アニメ「鬼滅の刃」の名シーンを再現できる撮影スポットとして会員制交流サイト（SNS）や口コミで広まったためだ。[5]

　また奈良県葛城市「葛木坐火雷神社」も，善逸というキャラクターがもちいるとされる「火雷神」という技の名前だけをフックに聖地として意味づけられていった場所である。もちろん，こうしたことは『鬼滅の刃』だけにとどまるものではない。滋賀県栗東市にある大野神社に目を向けてみても良いだろう。

　この神社は，アイドルグループ「嵐」のメンバーである大野智の苗字と名前が同じであることだけをフックに，ファンたちが「聖地」として能動的に創出した場所なのだ。現在，大野神社は大野智個人の聖地としてではなく，嵐というグループ全体の聖地として捉えられるようになっており，嵐ファンが全国各地から訪れるようになっている。

　ファンたちは，この神社を，単に「見る」ために訪問するのではない。そうではなく，チケットの当選などの御利益を目的として絵馬を書いて写真に撮ったり，それらをインスタグラムにアップしたりと，場所を「体験」している。**図表12-5**にあるように，メディアによる記号やイメージは，多様なメディアの形態を横断し，それらを融合させ凝集させながら流通し，ファンたちによる「体験」を志向したものへと新たにリミックスされていくのである。そうすることで，現代の観光も，「観光の記号論」を超えるかたちでメディアの記号性をまきこみながら，「観光のまなざし」にはとどまらないパフォーマティブな体験へとリミックスされていくのだ。

　「メディアのリミックス」と「観光のリミックス」が，相互が重なり合いながら，〈観光を含みこんだ新たなメディア〉〈メディアを含みこんだ新たな観光〉が形成されつつある。その際には，SNSやサブスクリプションなどメディアの記号をデジタルな形態で流通させるテクノロジーを経由させながら，

---

(5)　『産経新聞』2020年2月24日　https://www.sankei.com/article/20200224-ZZGBBH4VIZNNNHP6CWBJTPDUII/（2022年8月28日閲覧）

図表12-5　観光のリミックス，メディアのリミックス

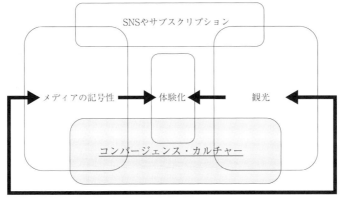

（出所）筆者作成

観光＝メディアのリミックスの事例が同時多発的にあちらこちらで生み出され
ていくのである。観光客たちの「楽しい」「面白い」「嬉しい」といった情動は，
まさに，そのフィールドにおいて生じている。

　このような観光＝メディアのリミックスの目的は明確である。それは，観光
客の情動を産業化することだ。観光産業としても，メディア産業としても，観
光客の情動を産業化し，より効果的なマーケティングをはかり，そのことに
よって政府や自治体も観光やメディアに関する政策的目標を達成していくこと
が，観光＝メディアのリミックスの目的として意識野に浮上していることであ
る。

　だが，意識野に浮上する目的とは位相を別にして，観光＝メディアの無意識
の欲望が作用しているのではないだろうか。観光客の情動を産業化し，これを
動力としながらリミックスされゆく観光＝メディアの無意識的な領野で，いか
なる欲望が存在しているのか。このことを注意深く考えていくべきであろう。[6]

---

[6]　これについては石田・東（2019）も参照してもらいたい。とくに石田がメディア論においてフロ
　　イトの「不思議メモ帳」に関する記述を応用しようとしている部分は興味深い議論となっている。
　　もちろん石田の議論は，メディアの精神分析と，観光の精神分析を同時に行っていこうとする本稿
　　が目指そうとしている方向とは異なっている。しかし，彼の議論からは多くの示唆を得られると考
　　えている。

　それは，メディアの精神分析と，観光の精神分析を同時に行っていこうとする，「観光＝メディアの精神分析」とも呼ぶべきものに位置づけられるものである。観光研究とメディア研究をいっそうコンヴァージェンスな形態で融合させながら，このことを今後の課題として目指していく必要がある。

引用・参考文献

アーリ，J.，加太宏邦訳（1995）『観光のまなざし——現代社会におけるレジャーと旅行』法政大学出版局。

アーリ，J.・ラースン，J.，加太宏邦訳（2014）『観光のまなざし』[増補改訂版]法政大学出版局。

アドルノ，T.・ホルクハイマー，M.徳永恂訳（2007）『啓蒙の弁証法——哲学的断想』岩波書店。

石田英敬・東浩紀（2019）『新記号論——脳とメディアが出会うとき』株式会社ゲンロン。

遠藤英樹・橋本和也・神田孝治編著（2019）『現代観光学——ツーリズムから「いま」がみえる』新曜社。

岡本健（2018）『巡礼ビジネス——ポップカルチャーが観光資産になる時代』KADOKAWA。

岡本亮輔（2015）『聖地巡礼——世界遺産からアニメの舞台まで』中央公論新社。

神田孝治（2021）「『鬼滅の刃』が生じさせる新たな聖地——「境界の融解」と「移動」に注目した考察」『立命館文學』pp. 88–110。

ジェンキンス，H.，渡部宏樹・北村紗衣・阿部康人訳（2021）『コンヴァージェンス・カルチャー——ファンとメディアがつくる参加型文化』晶文社。

マキァーネル，D.，安村克己・須藤廣・高橋雄一郎・堀野正人・遠藤英樹・寺岡伸悟訳（2012）『ザ・ツーリスト——高度近代社会の構造分析』学文社。

Beeton, S.（2005）, *Film-Induced Tourism*, Channel View Publications.

第13章

テーマパークのリミックス
カスタマイズされるディズニーランドとゲストたち

新井克弥

1 リピートするゲストたち

　東京ディズニーリゾート（東京ディズニーランド＋東京ディズニーシー，以下 TDR）は1983年開園以来，着実にゲスト（＝入園者）を増やし，2019年には3,200万人と，日本人口の4分の1に相当するまでの規模になった。コロナ発生によって，その数がいったんは激減したものの，ウイズコロナ的なムードが漂いはじめると一気に回復へと向かい，2021年には1,200万人台に回復している——いずれこの数がかつてのそれに戻ることは疑いの余地がない。もはやパークは日本人にとって定期的に"参拝"する"聖地"と化した感がある。

　ただし，これを額面通りに解釈することは誤りである。というのも，この数値はリピーターによって作り上げられたものだからだ。つまり，パーク参拝は一定層にとって嗜癖化しているのである。

　そこで，この原因を宗教との兼ね合いから考えてみたい。ウォルト・ディズニーが作り上げたディズニーランドは，アメリカでは消費社会におけるメインカルチャーの一つ，とりわけ宗教的色彩を帯びた，いわば「聖地」として機能してきた。しかし日本に移植されたディズニーランドとその歴史を見ていくと，その宗教的色彩は開園以来，大きく変容してきていることが見て取れる。その背景には，SNSの普及をはじめとしたメディア環境の変化と，またそこで登場しつつある新たな消費者のあり方という問題がある。本章では社会学者デイヴィッド・ライアンの議論を下敷きにしながら，アメリカのディズニーランドと日本のTDRとの比較を通して，ディズニー的テーマパークが有する消費社

会的な宗教性とその変容について検討したい。

2 ディズニーランド化する宗教

　ここで取りあげる著書は，ライアンによる『ジーザス・イン・ディズニーランド』（2000／2021）である。ただし，このタイトルはやや煽りの感が否めない。本書はディズニーランドではなく，今日の米キリスト教についての考察を目的とするものだからだ。すなわち"ディズニーランドの中のイエス＝キリスト教"ではなく"ディズニーランド・イン・ジーザス"，つまりキリスト教のディズニーランド化，そして宗教の消費化についての洞察なのだ。ライアンは聖−俗／遊，禁欲−欲望といった二項対立を解体することによって，米宗教が消費と結びつくというリミックスを起こしていると指摘している。そこで，TDRについての言及はいったん脇に置き，ライアンの議論から確認していきたい。

　ライアンは，今日の米キリスト教に特徴づけられるのは宗教のカジュアル化であるという。かつて信者は週末になると教会で祈りを捧げ，牧師や神父の説教に耳を傾け，自ら聖書を手に取り，原罪という教義に従って禁欲する生活を厳守していた。必然的に快楽に直結する消費的なライフスタイルは最も忌避すべきものだった。宗教は閉鎖的かつ排他的なものと位置づけられていたのである。

　ところが現代ではここに消費生活が介入することで，宗教生活はより開放的かつ包摂的なものになったという（ライアン，2020／2021：161）。それを象徴するのが80年代に興隆したマス・エヴァンジェリズムと呼ばれる宗教形態である。これはマスメディア，とりわけテレビ番組を通じた布教を旨としており，そこでテレ・エバンジェリストと呼ばれる伝道師たちが，さながらハリウッドやショービジネスのスターのように仰々しく，しかも直截に伝道パフォーマンスを繰り広げたのである。

　これによって信者＝消費者たちは宗教活動の中心を教会のベンチから居間のソファへと移動させた。また人びとは組織に所属することなしに信じることが

できるようになった。言い換えれば，宗教という聖＝非日常なるものは俗＝遊＝日常と化したのである。

　また，そのカジュアルさゆえ，信者は宗教に柔軟に相対するようになった。その一つは参入と離脱の任意化で，宗教は強制ではなく選択にもとづくものとなったことである。信心こそ継続するものの，どのような団体，宗派に属するかは気分によって，さながら着せかえのごとく変更される。もう一つは「無数の伝統要素の組み合わせから自分用のテーラーメイドな意味体系を作ろうとしている」（ライアン，2020／2021：193）ことである。宗教の教義に厳密に従うのではなく，つまみ食いのように自らの嗜好に合わせて教義の一部をチョイスし，自分なりの宗教＝「マイ宗教」を創り上げる。ライアンはこうした傾向について，「物語（≒教義）ははるかに流動化し，柔軟になり，個別化された」と指摘している（ライアン，2020／2021：189）。

　そして，こうした信心を支えるのが「聖なる快楽主義」である。信心を動機付けるのは教義にもとづく知識ではなく感情や直感で，信者は日常とスピリチュアリティへの結びつきに関心を寄せる。ビビッドな体験や感情の変化のめくるめく展開＝スペクタクルを求め，それが信心を継続させる原動力となるのである。ライアンはこのようなモチベーションの変化を「宗教的献身から宗教的消費へ」と表現している。

　当然，こうしたニーズに対応すべく，宗教はエンターテイメント化した。それが前述した宗教ショー＝マス・エヴァンジェリズムにほかならない。たとえば，伝道師ビリー・グラハムがマスメディアを駆使して展開した大衆向けトップダウンの宗教＝メガ・チャーチはその典型だった。信者は居間でテレビを見ながら，あるいはときにはスタジアムでの"ミサという名のライブ"に参加し，宗教グッズを購入することで宗教ショーに熱狂したのである。

3　宗教としてのディズニーランド

　ライアンの議論はこれまで存在していた宗教と消費という対立が解体されよ

うとしていることを示唆している。現代においては宗教-禁欲，消費-快楽二つ
の組み合わせの要素が入れ替えられ，宗教-快楽というリミックスが誕生する。
宗教は消費化しているのである。

　この議論を踏まえれば，消費＝快楽の極致であるディズニーランドというエ
ンターテインメントと宗教は，その内実において同質のものとなる。今日の宗
教についてライアンが指摘しているもののほとんどを，ディズニーランドは備
えているからだ。アメリカ人にとってディズニーはメインカルチャーであり，
アメリカの正義や道徳，良心，倫理を啓蒙する存在といえる。その情報は日常
生活のなかで消費物，マスメディアを通じて遍在している。テレビで“ミッ
キーマウスクラブ”を視聴し，ディズニー新作を鑑賞するために定期的に映画
館へ足を運び，グッズを収集し，お気に入りのキャラクターに入れ込み，人生
の重大なイベントとしてディズニーランドを訪れ熱狂することで，ディズニー
に対する愛着＝信心を厚くする。親がエージェントとしてこれらを積極的に啓
蒙するため，子どもは誕生時からこうしたディズニー環境に置かれる。これら
一連の行動がアメリカ人の行動の一貫性，アイデンティティをメインテナンス
する装置の一つとして作動しているのだ。80年代，テレ・エヴァンジェリスト
のジム・バッカーによる宗教団体・PTLクラブ（＝Pray The Lord）は，宗教
テーマパーク Heritage USA を建設し，二つのディズニーランド（フロリダ，カ
リフォルニア）に次ぐ3番目の入場者数を誇っていた。こちらは宗教のエン
ターテイメント化だったが，ディズニーランドはその逆，つまり“ジーザス・
イン・ディズニーランド”＝エンターテイメントのキリスト教化ということに
なる。ただしこの場合，イエスはウォルト・ディズニー，キリスト教は，いわ
ば“ウォルト教”に置き換わるのだが。

　アメリカのディズニーランド（とりわけ元祖のカリフォルニア）が，こうした
マス・エヴァンジェリズム的な色彩に彩られていることは，ここを訪れた経験
のある人間なら容易に察せられるだろう。パークは創業者のウォルト・ディズ
ニーの理念で彩られている。エントランス前から出発する二階建てバスのツ
アー・オムニバスに乗車すると，ゲストはひたすらウォルトとディズニーラン

ドの関わりについての説明＝"説教"を受ける。メインストリート USA（東京
ディズニーランドのワールドバザールに相当）では，ウォルトが生活していたファ
イヤーハウス（消防署）の２階の部屋に今でも灯りがともり，通りのカーネー
ション・カフェではウォルトがお気に入りだったチリに舌鼓を打つことができ
る。さらにファーストエイド（救護室）に入ると，そこには生後６ヵ月の産着
を纏ったウォルトの写真が……これらをゲストは嬉々として受け入れ，消費す
る。その時，ゲストが経験しているのはウォルトという教祖が啓蒙した"ウォ
ルト教"への，消費と快楽を介しての帰依にほかならない。

4　監視社会から監視文化へ

　だが TDR の場合，これとは趣を異にする。しかも，ライアンが『ジーザ
ス・イン・ディズニーランド』で指摘した状況を，より具現化したかたちで。
本書を記したのとほぼ同時期，ライアンは『監視社会』（2001年）を上梓してい
るが，ここでの議論も本書と同じ視点に立脚している。それは「オーウェル的
図式」＝監視者と被監視者（支配と被支配）の二項対立図式にもとづいた考え
方への批判である。G. オーウェルの小説『1984年』では，ビッグブラザーと
呼ばれる実体不明な人物が，テレスクリーンと呼ばれる一望監視装置を通して
常にトップダウンで国民をモニタリングするディストピアが描かれている
（「ビッグブラザーは見ている！」）。そして，ビッグブラザーの存在は，情報社会
論ではしばしば今日のコンピューターによる監視のメタファーとしてもちいら
れている。
　『監視社会』では，この図式が一歩進められる。情報社会では安全性，リス
ク管理，利便性，効率性のために絶えず個人情報がコンピューターやインター
ネットによって収集され，分類されることで人びとが監視＝コントロールされ
る。『1984年』同様，個人は常に「上から見張られている」（ライアン，2001／
2002：15）。異なるのはバーター的視点が加えられていることで，プライバシー
が抜き取れれて支配されるのと引き換えに，個人の安全性が確保されるので

ある。また，収集された情報はアルゴリズムにかけられ，個人にフィードバックされる。たとえばアマゾンのリコメンド機能はその典型である。アマゾンのサイトにアクセスすると，ユーザーの閲覧履歴はすべて収集されるが，その引き換えに，今度はアマゾン側から「あなたにおすすめの商品があります」と提案がなされる。これは AI のビッグデータとアルゴリズムにもとづいているので「痒いところに手が届く」気の利いた情報といえる。だから，私たちはこれを快適なものとして受け入れる。それにより，監視されている側は必ずしも抑圧されているとは感じないのである。

　ところが，こうした状況は2010年前後のスマートフォンと SNS の出現によって，さらに変化をみせるようになった。監視−被監視という二項対立の解消がそれである。SNS は情報の送り手−受け手という図式を曖昧化した。マスメディアがメディアを支配していた時代にはテレビやラジオ，雑誌，新聞が情報の送り手として，受け手である消費者に一方的に情報を提供していた。受け手が情報発信することはほとんど不可能だったのである。ところが，SNS はこの状況を一変させる。ユーザーはスマートフォンをもちいて SNS 上にテクスト，写真，イラスト，ビデオ，音声を手軽にアップ可能になり，送り手＝情報提供者の立場を手に入れたのだ。これら情報は監視側＝送り手＝資本にフィードバックされ，AI 等を通じて解析された後，受け手に返される。だが，こうしてフィードバックされた情報もまた，ユーザーたちによってカスタマイズされ，再びかつての送り手たちに返される「いたちごっこ」が繰り返されるようになったのである。

　この状況は，ユーザー＝被監視の側にあった消費者が監視側に継続的に情報のボディーブローを打ち返す状況を作り出す。そして監視側も，意識無意識裡に，こうした情報を取り込まなければならない状況に追い込まれた。言い換えれば，誰が情報発信者で誰が受信者なのか，誰が監視者で誰が被監視者かが不明瞭になってしまったのだ。我々は他者に監視されていると同時に，他者を監視する側にもなった。「ビッグブラザーは見ている！」が「ビックブラザーは見られている」に，いや，そもそもビッグブラザーという存在すらが否定され

た。ビッグブラザーはかつての監視者と被監視者の間で共有されるようになったのだから。

　2000年当時にはスマホやSNSの存在は未発達ゆえ，この時期のライアンの論考には，当然ながらこうした時代的状況への考慮がない。言い換えれば監視－被監視の図式を捨て切れていない。それゆえ，宗教のカジュアル化といっても，そこには相変わらず一方向的な図式，つまりエヴァンジェリストという支配＝発信＝監視する側と，信者という被支配＝受信＝監視される側という対立軸が残存している。だからこそマス・エヴァンジェリズムに注目していたのだ。時はまだまだテレビ優位の時代だった。

　さて，この図式は前述した米二つのディズニーランドでは現在でも十分に適用可能だろう。カリフォルニアとフロリダ二つのパークでディズニーは現在でもウォルト主義の下，一貫したコンセプトにもとづいて計画的にパークを再構築＝発展させている。ディズニー（ウォルト＋ディズニーカンパニー）＝支配者（監視者），ゲスト＝被支配者（被監視者）の図式は維持されたままだ。あそこでは依然として「ウォルトは生きて」おり，ゲストを「見ている」のである。

5　TDRとカジュアル化

　だが，TDRは米ディズニーランドとはまったく異なった方向へと変容している。この流れは，インターネットが普及しはじめた2000年前後からはじまり，スマホとSNSが一般化した10年代に加速度的に拍車がかかるようになった。

　まずはパークの変容から，その内実をみてみよう。1983年，東京ディズニーランドオープン時，パークはフロリダのウォルトディズニーワールド内のパークのひとつであるマジックキングダムのほぼコピーだった。中央にシンデレラ城が配置され，アトラクションも同様のもの，あるいはアメリカから移設したもので構成された。アメリカ的な要素で統一すべく，周辺を土塁で囲んで立地である浦安の要素を排除し，日本食すら用意しなかった。環境はまさに閉鎖的，排他的に構成されていたのだ。

　ところが次第にこうした状況が変化しはじめる。パークのレストランでは和食や中華，ラーメンといったメニューが登場，ディズニー映画に登場したものとは異なる独自のキャラクターがパーク内を闊歩するようになった。典型は2005年，東京ディズニーシー（TDS）に登場したダッフィーとその後デビューした仲間たちで，これらキャラクターは，いわば"ジャパン・オリジナル"として人気を博し，ダッフィー＆フレンズというシリーズとしてTDSを象徴する存在となった。海をテーマとしたパークは次第に，海とは関わりのないダッフィー＆フレンズランドへと変貌を遂げたのである。言い換えれば，これは一望監視＝一元管理的なテーマパークというコンセプトの流動化，そして崩壊だった。

　変容はさらに進む。2024年，TDSにオープン予定の八番目のテーマポート・ファンタジースプリングスでは「フローズンキングダム」「ピーターパンのネバーランド」「ラプンツェルの森」のエリアが設けられ，アトラクションがそれぞれ配置されるが，ポートのコンセプトはTDSのテーマからは著しく乖離している。それぞれの海との関連性が極めて薄いのである。いや，そもそも海をテーマにしたパークであるはずなのだが，このポートには「スプリングス＝泉」という名が冠せられているのも不可解と言わざるをえない。

　ゲスト（入場者）の方はどうだろう。1983年のパークオープン時，ゲストのほとんどはディズニーのことをよく知らず，さながら海外旅行にやって来た団体客のようにパーク内でオロオロするだけで，キャストがアメリカ風のオーバーアクションで挨拶を交わしてきても，後ずさりという状態だった。1996年，アドベンチャーランドステージ（現シアターオーリンズ）で開催されたショー，フェスタトロピカールで，パークははじめてゲスト参加型のショーを導入した。「恋のマカレナ」に合わせてゲストたちにマカレナダンスを踊ってもらう試みだったが，なかなか立ち上がらないことを想定していたのか，ダンス開始直前にはキャラクターのチップとデールに「皆さん，立って下さい」と声をかけさせる工夫すらなされていた。

　この状況が変わりはじめるのは，やはりインターネットが普及しはじめた

2000年に入ってからだ。次第にパークリテラシーを高めていったゲストたちはパークの方針に適合するようになるのだが，これがスマホとSNSの普及につれ，適合どころか凌駕するようにすらなっていく。

　ゲストたちはネットを通じてTDRに関する情報を収集するだけにとどまらず，SNSを利用して自ら情報を発信しはじめる。やがて，これら情報は増殖し，それら情報の中から自らの嗜好に合わせてパークの情報をカスタマイズ，さらにこれを発信するようになったのである。

　TDR側は，こうしたゲストの動向をマーケティングし，ポピュリズム的にゲストに対応し続けた。だが，それはパークを米のそれとはまったく異なる方向へと誘うことになる。TDRとゲスト間の膨大な情報の永続的な往還がテーマ性をますます拡散，崩壊させていったのだ。それがダッフィー＆フレンズやファンタジースプリングスの出現だった。自らのコンセプトはさておき，ゲストの情報発信にもとづき「あなた色に染まった」のである——しかも無意識裡に。

　変容する環境はおそらく，米パークのコンセプトに依拠した「監視＝管理」－「被監視＝被管理」図式にもとづいてトップダウン的にパークを認識しようとするウォルト主義のゲストには異様なものにしかみえないだろう。だが，多くのリピーターと呼ばれるファン，とりわけDヲタと呼ばれるディズニーオタクにはむしろ歓迎すべきものと映る。Dヲタたちはこうした「ごった煮」的な環境のなかから，自らの好みに合ったディズニー情報を収集し，これをカスタマイズすることで，それぞれがパークのなかに自分だけのディズニー，すなわち「マイディズニー」を見いだすことが可能だからだ。2019年から開始されたイベント，ジャンボリミッキーでは，ゲストたちは思い思いの身なりをし，ネット上であらかじめインターネットで学習してきたダンスの振り付けに従ってキャラクターと一体となり，嬉々としてパフォーマンスに興じている。もはやゲスト参加型のショーに躊躇することなど，ない。

6 TDR はポストモダン宗教の殿堂

　ここではライアン批判の体裁を採ってきたが，実はその後，ライアンも SNS の発展を見据え，監視社会について議論の改訂を行っている。2019年に上梓された『監視文化の誕生』のなかでは監視社会＝「監視‐被監視」の対立図式を破棄し，代わって「監視文化」という概念を提示したのだ。これは「人々が積極的に監視に関わる」状況を指すものだ（ライアン，2018／2019：14）。人びとは相互に監視する，すなわち監視者かつ被監視者となることで社会を変容させつつあるという。こうした嵌入状態をライアンは「共有（シェア）」と表現した。さらに「共有（シェア）はケア」（ライアン，2018／2019：10）とまで言い切っている。TDR に該当させれば，膨大なディズニー情報をゲスト間，そして TDR とゲスト間でシェア＝相互監視することで，自らのマイディズニー（ゲスト，TDR 双方にとっての）のケアが可能となるということになる。TDR はライアンが指摘した新しい宗教形態を米パークよりもはるかに理想的なかたちで，そしてライアンの議論を超えて現出させている。

　ただし，そこにあるのは名ばかりの"ディズニー"ランドである。もちろん，そこにビッグブラザー然としたウォルトなどいない。存在するのは，いわば"○が3つで構成されるミッキーマウス"という担保‐印籠‐形式だけだ。これに TDR とゲスト＝Dヲタは自らにとって都合のよい意味＝内容を挿入し，それぞれマイディズニーを創り上げ続ける。もちろん，それは「あなただけのもの」──それゆえ「ここは，あなたの夢がかなう場所」（TDR の2012年の TVCM でのキャッチコピー）。言い換えれば，TDR は多様化，相対化された情報化社会のなかで確たる自己の拠り所を失ってしまった人びとが，消費を通じてテイラーメードとしての自己を作り，それをメインテナンスする空間なのだ（ゲスト全体の八割が大人であることは，現代人のアイデンティティ維持が極めて困難であることを示唆している）。そして，TDR もまた，そのニーズに応えながら無限の変容をとげていく。TDR とゲストは相互に監視，つまりシェアし，ケアするこ

とでパークを流動化させているのである。

　ゲストたちはパークを訪れるたびに変容・流動するパークのなかで，毎回，自らのアイデンティティの存在を確認し続けることができる。だからパーク"参拝"はやめられない。TDR は消費のエンターテインメントとポストモダン宗教をリミックスした"殿堂"にほかならないのである。

引用・参考文献

新井克弥（2016）『ディズニーランドの社会学——脱ディズニー化する TDR』青弓社ライブラリー。

ライアン，D.，河村一郎訳（2001／2002）『監視社会』青土社。

——，田畑暁生訳（2018／2019）『監視文化の誕生——社会に監視される時代から，ひとびとが進んで監視する時代へ』青土社。

——，大畑凜他訳（2020／2021）『ジーザス・イン・ディズニーランド——ポストモダンの宗教，消費主義，テクノロジー』新教出版社。

第14章

おみやげと旅行写真のリミックス
観光経験の記録と共有をめぐるモノとパフォーマンスの再編

鈴木涼太郎

1　はじめに——記録され共有される観光経験

　観光客は，旅先で日常生活とは異なるモノをみたり，コトを経験したりして，その記憶と記録を持ち帰り，共有する。たとえば，旅行先で名物料理のおいしさに感動したという経験を帰宅後家族と共有したいと思ったら，どうすればよいだろうか。その料理そのもの，あるいはそれをアレンジした菓子類などがおみやげになっていれば，家族に買って帰ることもできるし，その料理を撮影して写真をみながらみやげ話に花を咲かせることもできる。名物料理を食べるという観光経験は，おみやげというモノを買って帰るというパフォーマンス，カメラというモノで写真を撮るというパフォーマンスによって，記録され，共有が可能となる。もちろん，名物料理に限らず，旅先での文化的な経験を形にした民芸品や大自然の絶景を撮影した写真は，旅行の想い出を自らが振り返り，誰かと共有するための媒体となるのである。

　本章では，おみやげと旅行写真をめぐるモノとパフォーマンスのあり方が，デジタル技術の進展に伴い登場したさまざまな機器やメディアによって，いかに再編されているのかについて考察する。1990年代後半以降に普及したデジタルカメラ（以下デジカメ）とインターネット，パーソナルコンピューター（以下PC），そして2010年代以降に広く普及することとなったそれらを総合し個人化した「メタ・メディア」（松本，2021）であるスマートフォン（以下スマホ），さらにはスマホとともに普及したソーシャル・ネットワーキング・サービス（以下SNS）は，観光経験の記録と共有にかかわる営みを大きく変えつつある。[1]

　そもそも観光という活動は，観光地という空間を形成する物理的環境のなか
で，人びとが観光客という役柄を演じふるまう多種多様なパフォーマンスから
形成される（Edensor, 2001；アーリ&ラーソン，2014：300）。これらのパフォー
マンスは，「観光経験を記録する」というような合目的な行為だけでなく，そ
れ自体が観光という活動を行為遂行的に成立させるものでもある。人びとは，
観光地でおみやげを買ったり，写真を撮ったりというパフォーマンスを通じて，
観光客に「なる」のであり，たとえ観光地であってもそのような行為とは無縁
の地元の住民は，同じ場を共有していても観光客とはなりえない（鈴木，2019）。
　また必然的にそのパフォーマンスは，観光客たちが持ち帰るおみやげ／写真
を撮影するカメラといった非人間のモノの存在と不可分の関係にある（アーリ
&ラーソン，2014：300）。風光明媚な場所に設けられたフォトスポットのように，
特定の物理的環境やモノの存在は，ときとしてカメラを用いた記念撮影という
特定のパフォーマンスを観光客に促す。他方で，いわゆる「アニメ聖地巡礼」
のように，ファンの訪問によって新たな観光地が生まれ，作品にちなんだおみ
やげが登場したりする場合には，観光客のパフォーマンスによって場所が改変
され，それに対応した新たなモノが誕生することになる。すなわち，観光客の
パフォーマンスは，デジタル技術やそれを可能とする各種のデバイスなど非人
間の存在も含めた多様なアクターの関係性のなかで生起する再帰的なプロセス
なのである。であるとすれば，スマホに集約されるような新たな技術の登場は，
観光客が旅先での経験を記録し，共有する方法をいかに再編し，さらには観光
という営為そのものや観光地という場所をいかに変容させているのであろうか。
以下では，そのような再編の錯綜した姿を素描してみたい。

⑴　内閣府 HP『消費動向調査』の「主要耐久消費財等の普及率」によれば，デジカメの普及率は，
　調査項目に加わった2004年には約20％であったが，2006年には世帯保有率が50％を超える水準と
　なった（2022年8月31日閲覧）。また総務省『通信利用動向調査』によると，PC については1995年
　の Windows95の登場以降増加し，2001年には PC の世帯保有率が50％となった。インターネッ
　トについても同調査では，2002年に普及率が50％を超えている。一方スマホの普及率は，2012年に
　49.5％，2013年に62.6％となり，2021年には88.6％となっている（2022年8月31日閲覧）。

2 スマートフォンの中のおみやげ

(1) おみやげの基本要素と「フォーマット」

観光客は楽しかった旅行の記念として，あるいは家族や友人へのギフトとして，おみやげを持ち帰る。観光地のみやげ店では，定番の菓子類から民芸品類，Tシャツなどの衣類，そして絵葉書など多種多様な商品が並んでいるのを目にすることができるだろう。おみやげ，あるいは英語圏で類似した意味をもつスーベニアの語は，観光経験の記憶をめぐるものがたりを凍結し貯蔵するものとされてきた（Hitchcock, 2000；橋本, 2011）。それゆえ，チケットや岩のかけらなどの非商品も含め，これまでもさまざまな品物が観光経験と結びつきながらおみやげとなっている。

ただしそれらの多くには，真正性やギフト性といった観光客がおみやげに求める基本的な要素が備わっている[2]（鈴木, 2017）。たとえば，旅先で経験した自然や文化をめぐる記憶と深くかかわる品，その歴史や由緒，品質が高く評価される品は，観光経験や対象となる事物の真正性を担保してくれる。自分用ではなく旅行から戻った後に家族や知人友人に贈るおみやげの場合には，菓子類のように配りやすく，贈られた相手に過度な負担を与えることのないギフト性が高い品がおみやげに適している。

その結果，観光地のみやげ店で販売されている商品のなかには，おみやげの基本要素を兼ね備えた「フォーマット」ともいうべきものが存在している。一例をあげれば，チョコレートやクッキーといった菓子類，あるいはキーホルダーやマグネットなどの雑貨類があげられる。これらは，「地域限定販売」や「地元の原材料使用」，あるいは地名やその土地を象徴する記号となる事物の画像が書き込まれることで一定の真正性が担保されるとともに，小分けにすることができて持ち運びに便利であるため，贈答コミュニケーションの文脈でも無

---

(2) このほかの基本要素としては，Gordon（1986）が指摘するように，ギャグTシャツをはじめとしたユニークな商品の持つ倒錯性があげられる。

難な品であり，あらゆる観光地で目にすることが
できる定番商品となっている。

図表14-1　旅行先で捕獲した
ポケモン

（出所）筆者撮影 ©Niantics

(2)　おみやげとしてのスマホ画像

　スマホの登場は，そのようなおみやげのバラエ
ティに「スマホの中の形がないおみやげ」（鈴
木，2021）という新たなジャンルを付け加えるこ
とになった。その典型例が，2016年7月にリリー
スされ直後には大ブームとなったスマホのゲーム
アプリ，ポケモンGOである。このゲームでは，
位置情報機能を利用してプレーヤーの現在地を反
映した地図が画面上に表示され，そこに出現する
架空のポケモンを捕獲すると，位置情報と日付が
国内外問わず記録される。そのため，旅行先で捕
獲したポケモンが，旅行の記念品にもなりえるの
である（図表14-1）。

　また，2019年9月にリリースされた「ドラゴンクエストウォーク」（以下，
DQW）には，その名の通り「おみやげ」と呼ばれるコンテンツが存在してい
る。このゲームでは，各都道府県にそれぞれ4ヵ所設定された特定の場所付近
で特定のクエスト（設定された場所への移動）を達成すると，東京であれば雷門
やハチ公像，もんじゃ焼きといった地域のアイコンとなる事物の画像を，「お
みやげ」として獲得することができるのである。なおポケモンやDQWの
「おみやげ」は，他のプレーヤーにプレゼントしたり，お礼にお返ししたりす
ることもできる。そのため，旅行に出かける友人におみやげとして旅先でポケ
モンの捕獲をオーダーすることも可能なのである。[3]いわばこれらスマホゲーム

---

(3)　筆者の授業を聴講した学生の中には，実際に海外旅行のおみやげにポケモン捕獲を友人に依頼し
　　たという者が複数いた。さらに，「リアルおみやげプロジェクト」と題し，DQWに登場するモン
　　スター「スライム」をモチーフとしたおみやげを再現し販売するプロジェクトも行われており，こ
　　れまでに「スライムかまぼこ」（小田原），「もみじ饅頭スライム」（広島）などが発売されている。

の画像は，形あるモノであったおみやげの代替になっているともいえよう。

　もっとも，物質性が消滅したスマホの中の画像をこれまでのおみやげと同一視することには，抵抗があるかもしれない。いくら位置情報が刻まれることによって「ご当地」だからといっても，あるいはその土地の名物の画像であるとはいっても，固有の重さや手触りがあるモノではなく，実際に食べることもできない。だが，移動の結果獲得されたものである以上，ポケモンの画像が観光旅行の記憶を保存する媒体となることには疑いはない。位置情報や名物の画像が書かれているだけだと批判するのであれば，観光地以外で生産され，名物でもないにもかかわらずパッケージに「東京○○○」と地名が書かれただけの菓子類と何が異なるのだろうか。人に贈るおみやげ，ギフトという観点でみた場合には，かさばらず持ち運びに便利で受けとりやすいプレゼントであり，いわばポケモンGOもDQWの「おみやげ」も，贈答に適した「フォーマット」になっている。つまり，スマホの中の画像たちは，おみやげの基本要素を十分に満たしているのである。

　もちろん，スマホの中のおみやげが，これまでの形あるモノとしてのおみやげすべてに取って代わる訳ではなく，あくまで新たなタイプのおみやげがスマホの登場によって加わったに過ぎない。とはいえ興味深いのは，スマホのゲームアプリによっておみやげという観光経験を記録するモノが物質性を失っても，おみやげを「持ち帰る」というパフォーマンスがスマホを介して依然として保持されているということである。この点については，次節以降で論じる旅行写真についても同様のことが指摘される。

3　スマートフォンと旅行写真をめぐる変化

(1)　なつかしの「写真交換会」

　かつて一部の海外団体旅行では，帰国後しばらくの後に「写真交換会」という催しが行われていた。旅行会社が準備した会議室やレストランなどを会場に，旅行中に撮影した互いの写真を「焼き増し」して持参し，他の参加者と交換し

ながら，楽しかった旅行の想い出を語り合う。ツアーの参加者は，旅を通じて知り合った仲間との再会の場を得ることができるのである。この「写真交換会」は，どちらかというと格安パッケージツアーよりも，宿泊施設や食事の質が担保された，あるいは音楽や絵画など特定のテーマに特化した，現在でいうSIT（Special Interest Tourism）に該当するツアーで多く設定されていた。[4]

　このようなエピソードは，スマホが当たり前の世代の人びとには理解不能であろう。フィルムカメラが主流だった時代，写真を撮影してもその場で見ることはできず，帰着後写真店にフィルムを預けて現像を依頼する必要があった。また，写っている人数に応じて複数枚必要な場合は，「焼き増し」をしなければならなかったし，共有するためには，郵送するか，直接会って交換するしかなかった。そもそもスマホに比べて大型のフィルムカメラを片手に「自撮り」をすることはできない。そのためポートレートは，自身のカメラを同行者に渡すか，あるいは同行者のカメラで撮影してもらう必要があった。このような状況であったからこそ，「写真交換会」という場が必要だったのである。もちろん現在では，いわゆる団体旅行の衰退もあり，「写真交換会」を行うようなツアーはめったに存在しない。大衆観光の黎明期から成熟期にかけてのひとコマであったともいえるだろう。

(2)　スマートフォンが可能としたもの

　旅先にてスマホの内蔵カメラで撮影した写真を SNS にアップする。現代において当たり前となった行為と類似した機能を果たしていた「写真交換会」。しかしスマホが1台あれば，フィルムを写真店に持ち込むことも，印画紙にプリントすることも，わざわざ参加者の住所など連絡先を管理する旅行会社が帰国後に場を設定しなくても，楽しかった旅の記憶を想起させてくれる旅行写真の共有が瞬時に可能になる。

---

(4)　筆者は1990年代後半から2000年代前半に旅行会社に勤務し，団体旅行の営業・企画の業務についていたため，たびたび「写真交換会」の場に立ち会った。旅行会社は直接的にこの催しから収益を得ることはないものの，顧客の満足度を高め継続したツアー参加を期待していた。

　1990年代後半から普及したデジカメは，フィルムを不要なものとした。さらに同時期に普及した，撮影した画像を確認するPC，そしてそれらのデータを送受信し共有するインターネットの存在は，写真を紙にプリントしたり，焼き増したりする作業，そしてそれらを共有のために郵送する作業をなくしてくれた。SNSの登場は，特定の仲間，あるいは不特定多数の人びととの写真の共有をさらに容易にしてくれる。そしてデジカメとPC，インターネットとSNS，これらすべてにかかわる機能をスマホは兼ね備えている。スマホに集約されている1990年代後半以降に登場した各種の技術は，観光経験を記録し共有するモノ，あるいはそれに関連した一連の作業を抹消しつつあるのだ。

　ただしここで注意したいのは，先のおみやげと同様に，スマホの中の画像となることによって写真というモノがもつ物質性が消失したとしても，写真を撮影するというパフォーマンスは保持されており，むしろ促進すらされているということである。

　かつての写真のフィルムは，12枚から36枚撮りが主流であった。既定の枚数が終了すればその都度交換が必要で，足りなくなれば追加で購入しなければならないし，撮影量が多くなれば撮影済みのフィルムケースが増えるだけでなく，相応の費用がかかった。絶好の撮影スポットでフィルム切れ，というような事態を回避するため，無駄な撮影はしないよう留意する必要もあった。それに対し，デジカメのメモリははるかに膨大の画像を記録できるだけでなく，たくさん撮影したからといってケースがかさばったり，追加の費用がかかったりするわけでもない。そのため以前のフィルムカメラに比べると，旅行中にいつでもどこでも，気兼ねなく大量の写真を撮影することが可能になるのである。

　また，カメラを持っていない観光客はいても，スマホを持ち歩かない観光客はいない。かつての家族旅行では，カメラは一家に1台，ともすれば父親のみが所有するものであったが，スマホは家族誰もが1台ずつ保有する。スマホの登場は，誰もが旅行中常に写真家となることも可能にしているのである。

　こうしてスマホの登場は，写真の物質性を消失させる一方で，旅行中に写真を撮影するというパフォーマンスをむしろ常態化させ，それにともなって新た

なモノやパフォーマンスの登場を要請し，観光経験のあり方を変えてもいる。その一例として，次節では近年の観光地でみかける顔ハメ看板と和装体験とスマホの関係について考えてみたい。

4　顔ハメ看板の復活と和装体験の流行

⑴　顔ハメ看板の復活

　観光地で，あるいは街中の店舗などで，いわゆる「顔ハメ看板」あるいは「顔出し看板」を目にしたことはないだろうか。郷土の英雄や歴史上の有名人物，地域や施設のキャラクター，動物ほかさまざまな事物が描かれた看板で，裏側から人間の顔を出せるよう一部がくりぬかれており，観光客たちはその穴から顔をのぞかせて記念撮影をする。

　もっともこの看板は，正式名称が定まっているわけではなく，またどのような歴史的経緯のもとに誕生したのかは明らかになっていない。だが2000年以降に出版された「顔ハメ愛好家」たちによる書の記述を総合すると，次のような流れに整理される。

　顔ハメ看板が最初のブームとなったのは，戦後の大衆観光が成熟しつつあった昭和40年代から50年代，西暦では1960年代から80年代である（いぢち，2001：近藤，2007）。その際看板の設置に重要な役割を果たしていたのが，「フジカラー」や「サクラカラー」といったフィルムメーカーであった。フィルムの消費を促したいメーカーが，観光施設やみやげ店などにその土地をモチーフにした顔ハメ看板の設置を提案していたため，看板には企業名が記されていた。

　だが1990年代以降，顔ハメ看板はいったん下火になる。その要因は，団体旅行から個人旅行へのシフトなど観光スタイルの変化や（近藤，2007），海外旅行の一般化によって国内観光が時代遅れとなったこと（いぢち，2001）などが指摘されているが，正確な根拠を示すことは難しい。博物館人類学者の吉田憲司は，2007年に出版された書籍のなかで，「名所」を消費する観光スタイルの変

図表14-2 新装された顔ハメ看板（新潟県佐渡島）

（出所）筆者撮影

質によって顔出し看板が急速に姿を消しているとしている（吉田，2007）。

しかし興味深いことに，吉田の見立てとは異なり，2000年代以降，とりわけ2010年代に入り，むしろ顔ハメ看板の「復活」が指摘されている（いぢち，2001；塩谷，2015）。複数の愛好家による研究書や看板記録集が発行されるだけでなく，愛好家によるイベント，観光振興のための顔ハメ看板とのタイアップ，さらに顔ハメ看板を紹介するサイトなどが複数存在している。[5]

ではなぜ顔ハメ看板が復活したのだろうか。その理由の一つとして考えられるのが，「顔ハメ看板ニスト」を名乗る愛好家の塩谷朋之が指摘するように，携帯電話にデジカメが搭載されたことによって顔ハメ撮影の敷居が下がったことがあげられる（塩谷，2015）。かつて大衆観光の黎明期に「フィルムを消費させるため」に登場した顔ハメ看板は，皮肉にも「フィルム不要」のデジカメとスマホの普及によって息を吹き返したのである。[6]

観光地で顔ハメ看板を見つけて撮影すれば，簡単にその場を訪れたことを証明できるだけでなく，ちょっとしたネタになるユニークな写真になる（**図表14-2**）。「旅の思い出作りに最適」だろうし，SNSを通じて共有すれば，「楽しみ」

---

(5) たとえば，「顔ハメパネル図鑑」というサイトでは，「顔ハメ兄さん」の名を持つ主宰者長吉優介氏によるイベントの様子がたびたび紹介されている。なおこの活動については，筆者のゼミ生で顔ハメ看板を題材とした卒業論文に取り組んだ菅原美咲氏から教示を受けた。

(6) 写真の顔ハメ看板が設置されている新潟県佐渡島の景勝地・尖閣湾は，昭和20年代に「日本中の銭湯の女湯を空にした」大人気ラジオドラマ，映画「君の名は」のロケ地であり，ヒロイン氏家真知子ゆかりの地として昭和30年代から人気の観光地である。現在ここを訪れる観光客の多くは「君の名を」を知らない世代であるが，令和になってこの顔ハメ看板は新装され，若者をはじめ多くの人びとが撮影している。

「コミュニケーション」の場にもなるだろう
（塩谷, 2015）。2010年代以降，Facebook や Insta-
gram の画面フレームを模した手持ちの顔ハメ
看板ですら，観光地では見かけるようになった。
これもまた，スマホが普及した現代において，
顔ハメ看板が撮影されるだけでなく共有される
ものであることを示しているといえよう。この
ように，時代遅れで廃れかけていた顔ハメ看板
は，スマホの登場がもたらした旅行写真の撮影
と共有の機会の常態化・遍在化によって復活し
たのである。

図表14-3　和装する観光客（東
京・浅草）

（出所）筆者撮影

(2)　和装体験の流行

　デジカメとスマホによって消滅した写真の物質性が，かえって新たな写真撮
影のパフォーマンスとそれに関連したモノの創造を誘発する。その意味では，
観光地における和装体験も同様の文脈で理解することが可能である。

　2010年代以降京都や浅草，金沢や鎌倉など有名寺社や伝統的な町並みで人気
の観光地では，着物や浴衣に着替えて散策する観光客，とくに若い女性グルー
プの姿を目にするようになった(7)（**図表14-3**）。一般的に和装体験は，5,000円前
後から1万円程度で季節に合わせた着物や浴衣がレンタル可能で，地元の呉服
店がサイドビジネスで行ったり，各観光地に複数の店舗を展開したりする事業
者も存在している。インバウンド観光客にも人気で，多言語表示の店舗も多い。

　レンタルされる着物のバリエーションは豊富で，比較的伝統的なデザインの
ものだけでなく，現代的で派手なデザインのもの，洋風の意匠が取りこまれ
レースがあしらわれたものまである。和装の観光客たちは，古き良き町並み，

---

(7)　筆者は2010年頃より，おみやげをテーマにした研究活動を行うなかで定期的に東京浅草・仲見世
　　での観察調査を行っている。記録写真を確認すると2010年代中ごろ以降頃から和装の観光客が頻繁
　　に登場している。

あるいは朱色に塗られた寺社の建造物の前で，ほかの観光客を周到に背景から除外しながらスマホで自らを撮影し，ときに画像加工アプリを用いて修正しつつSNSへ投稿する。このような観光客の姿は，新型コロナウイルス感染症流行後の東京・浅草でも数多く目にすることができた（鈴木，2021）。

　我々の日常生活から和装が姿を消して久しい。男女問わず，和装をまとうのは，花火大会や夏祭り，あるいは結婚式や卒業式などの一部の年中行事や人生儀礼に限られている。それらの場ですら，必ずしも全員が和装するとは限らない。一方で，先に挙げた観光地は，これまでも人気の観光地であったが，和装姿の観光客を目にすることは稀であった。つまり和装体験は，2010年代に入りスマホの普及とともに，従来の定番の観光地において新たに登場したアトラクションなのである。

　スマホの登場によって，観光における写真撮影というパフォーマンスの重要性は質的にも量的にも増大することになった。SNSへの投稿によって「非日常性のパフォーマティブな装飾の承認」（遠藤，2018）を求める人びとにとって，和装はある意味ではテーマパークでのキャラクター扮装や「おそろコーデ」と同様の仮装である。さらに言えば，そのような「映える」写真を撮影するという行為自体が，ディズニーランドのような拡張されたテーマパーク的な環境を成立させる（鈴木，2019：松本・黒澤，2021）。時代とともに日常生活において姿を消した和装は，デジタル技術の進展とともに観光という非日常の時間と空間において新たな活躍の場を得たのである。

(3) 新たなモノとパフォーマンスの創造

　あらためて，顔ハメ看板の復活と和装体験の流行が示唆しているのは，スマホの登場によって常態化・遍在化した撮影行為が，消えかかっていたモノを復活させたり，新たなモノの利用を要請したりしているということである。

　デジカメとパソコン，スマホ，そしてインターネットの普及とSNSの登場によって，フィルムカメラの時代に必要とされていたモノや作業の多くは過去のものとなった。一方でプリントされた写真は消滅したが，写真を撮影すると

いう行為自体はなくなっていない。むしろ撮影というパフォーマンスは，現代の観光においてますます存在感を増しつつある。フィルムというモノが不要なデジタル写真は，誰もが手にするスマホというデバイスでは撮影が簡単になっただけでなく，SNS を通じて観光経験を即時に共有できる。また，かつてはプリントした写真を各家庭で冊子のアルバムで保存し共有していたのに対し，現在の SNS にアップされる写真画像は，友人知人，さらには見知らぬ他人にも容易に共有されうる。

　それゆえ一部の観光客は，観光地において常に被写体を探し続ける。その結果，気軽にユニークな写真が撮影可能な顔ハメ看板は復活し，少し着付けが面倒でもきらびやかな別人へと変身した写真を約束してくれる和装体験は各地で人気となった。[8] スマホに集約された技術の進化がもたらす観光経験の記録と共有の在り方の変化は，写真の物質性の消滅とともに新たなモノとパフォーマンスを観光地に創り出したのである。

5　再編されるモノとパフォーマンス

　ここまでで論じた例から明らかなように，1990年代後半以降に登場した各種のデジタル技術は，観光経験の記録と共有のあり方を大きく変えてきた。写真の物質性が消失し，紙焼き写真が SNS 上の投稿にとって代わられている一方で，スマホの中に収納されるおみやげも登場した。

　ただしこの再編の過程は，経験の記録と共有方法の「進化」というような決して一方向的なものではなく，物質性とパフォーマンスの消失と保持，そして復活が入り混じった複雑で錯綜したものである。またこのような，観光経験の記録をと共有をめぐる技術の変化は，もちろん「良し悪し」の問題でもない。定番の名所で撮った集合写真を焼き増しして配っていたかつての団体旅行者が，SNS で「映える」写真を撮ることに心血を注ぐ現代の観光客よりも観光経験

---

(8)　その意味では SNS へのアップを目的とした「御朱印集め」もまた同様の文脈で理解されるだろう。

を「正確に」記録し共有しているという保証はどこにもない。

　人類学者の久保明教は，メディアで流通する AI をめぐる言説について考察するなかで，アクターネットワーク理論（ANT : Actor Network Theory）を参照しつつ，新たな技術と人間の関係についての議論が単純な「技術決定論」と「技術の社会的構成論」の二分法の隘路に陥ることについて警鐘を鳴らしている（久保，2018）。このような議論は，本章で論じてきたデジタル技術の登場と観光経験の記録と共有のあり方の変容について考える上でも示唆的である。現代においてスマホに集約されているさまざまな技術は，写真交換会やアルバム作成の手間を省いたりするために導入されたわけではないし，顔ハメ看板や和装体験の流行がデジタル技術から直接導かれたわけではない。観光経験の記録と共有をめぐる多様なパフォーマンスは，デジタル技術と偶発的に結びつきながら再編され，それと連動して一部のモノから物質性が消滅したり，廃れつつあったモノが復活したりする。いわば観光客という移動する人間をめぐるハイブリッドを構成するネットワークは，常に不確実性を伴いながら更新され，再生成され続けるのである。また，この再編を貫く論理の一部には，デジタル技術への反作用ともいうべき，アナログで素朴な非日常への憧憬も見え隠れしている。手づくりの工芸品はいまだ人気のおみやげであり，わざわざ看板に顔をハメる観光客，あえてフィルムカメラを利用する観光客も存在している。

　何より興味深いのは，技術的な環境が劇的に変化しても，おみやげを持ち帰り，写真を撮影するという，観光という営為を現前させる定番化され，ルーティン化されたパフォーマンスは，ある種の儀礼としてスマホ時代の観光のなかでも継続されているという点である。もっとも，将来もたらされるデジタル技術のさらなる進化によって，ポケモン GO や DQW，顔ハメ看板や和装体験も過去のものとなるだろう。そこで観光経験の記録と共有のありかたが再編されるときには，写真撮影やおみやげといったパフォーマンスは，いかなるモノを介して保持されているのだろうか。

引用・参考文献

アーリ, J.・ラースン, J. 加太宏邦訳（2014）『観光のまなざし』［増補改訂版］法政大学出版局。

いぢちひろゆき（2001）『全日本顔ハメ紀行——〈記念撮影パネルの傑作〉88カ所めぐり』新潮社。

遠藤英樹（2018）「モバイル＝デジタル時代のパンデミックな『承認』」高馬京子・松本健太郎編『越境する文化・コンテンツ・想像力——トランスナショナル化するポピュラー・カルチャー』ナカニシヤ出版。

久保明教（2018）『機械カニバリズム——人間なきあとの人類学へ』講談社。

近藤隆二郎（2007）「顔出し看板論Ⅰ」滋賀県「顔出し看板」発掘再生新規開発委員会編『顔出し看板大全カオダス——まちのキャラクター金太郎から「ひこにゃん」まで』サンライズ出版。

塩谷朋之（2015）『顔ハメ看板ハマり道』自由国民社。

鈴木涼太郎（2017）「おみやげと観光」塩見英治・堀雅通・島川崇・小島克己編著『観光交通ビジネス』成山堂書店。

───（2019）「舞台としての観光地——『小江戸川越』を創造する空間とパフォーマンス」西川克之・岡本亮輔・奈良雅史編『フィールドから読み解く観光文化学』ミネルヴァ書房。

───（2021）「パフォーマンスのインボリューション——ウィズCOVID-19の浅草における和装と写真と食べ歩き」遠藤英樹編『アフターコロナの観光学——COVID-19以後の「新しい観光様式」』新曜社。

橋本和也（2011）『観光経験の人類学——みやげものとガイドの「ものがたり」をめぐって』世界思想社。

松本健太郎（2021）「デジタルメディアが運ぶものとは何か——シミュレートされる「メディウム」と「コンテンツ」の輪郭」小西卓三・松本健太郎編『メディアとメッセージ——社会のなかのコミュニケーション』ナカニシヤ出版。

松本健太郎・黒澤優太（2021）「メディアミックス的なネットワークに組み込まれる人々の身体——サンリオピューロランドにおけるテーマ性／テーマパーク性の流動化」高馬京子・松本健太郎編『〈みる／みられる〉のメディア論』ナカニシヤ出版。

吉田憲司（2007）「顔出し看板という装置」滋賀県「顔出し看板」発掘再生新規開発委員会編『顔出し看板大全カオダス—まちのキャラクター金太郎から「ひこにゃ

ん」まで』サンライズ出版。

Edensor, T.（2001）, Performing Tourism,Staging Tourism：（Re）Producing Tourist Space and Practice. *Tourist Studies*, vol.1, no.1, pp. 59–81.

Gordon, B.（1986）, The Souvenir：Messenger of Extraordinary. *Journal of Popular Culture*, vol.20, no.3, pp. 135–146.

Hitchcock, M.（2000）, Introduction. In Hitchcock, M. and Teague, K（eds.）, *Souvenirs : The Material Culture of Tourism*. Ashgate, pp. 1–17.

第**15**章

歴史好きのリミックス
日本におけるパブリックヒストリー

福島幸宏

1　はじめに

　現在，パブリックヒストリーの存在感はどんどん大きくなっている（菅・北條，2019）。パブリックヒストリーはその特質上，メディアの存在が欠かせない。本稿では，メディアミックスが進むなかでの歴史に関する言説の拡大と分断を，とくにファン層の存在，そのアーカイブズへの距離と態度などに焦点を当てて述べる。

　ここで言うファンは社会学等で議論されている「アマチュア」とは異なる概念と位置づけたい。「アマチュア」とはシリアスレジャーの実践者である。シリアスレジャーとは，「真剣に打ち込む余暇活動」であり，そのためには，専門的な技能，知識，経験を組み合わせて習得する一種の専門性を必要とするものとされている。ただし，その専門性によって生計を立てている訳ではないので，その点でプロフェッショナルからも区別される。一方，ファンは，上記のような一種の専門性を伴わないため「アマチュア」にはなりきれないが歴史に関心を持ち続ける存在である。このファン層が，SNS時代に入って特定のテーマや研究者に固着することで，さまざまな課題が浮上してきている。

　本稿の行論は以下のようになる。パブリックヒストリーと捉えられる営為が

---

(1)　パブリックヒストリーの概要と日本における様々な実践の成果がまとめられている。
(2)　本稿での「アマチュア」シリアスレジャー理解は，杉山（2019）の整理に負うところ大である。
(3)　歴史学者が，SNSでのファンの無責任な〈声援〉を誤解することによって一種の自家中毒を起こし，しばしば「愚行」に走ることが見られるようになった。典型的な例は，北村（2021）を参照のこと。

成長するとともに，歴史学的に検証された歴史とメディアで構築された歴史像の乖離がより大きくなっていきている。この課題は歴史小説などを巡って以前から指摘されていたが，SNS 時代に入ってさらに混迷を深めている。この要因はファン層の拡大に歴史学が対応不能になっている点にも求められる。そもそも，それぞれの学問分野には基礎文献の体系と方法があり，歴史学の場合も同様である。「アマチュア」は，この要素を押さえた存在であるが，ファンは，この背景を共有し得ない。しかしファン層の存在は重要で，そこから「アマチュア」へ転化する入り口の確保を，パブリックヒストリーの重要な課題として考えたい。

　歴史学が他の分野と同様に社会のなかで翻弄され続けているなかで，一つの試案として提示するものである。

2　「歴史学」の拡大と分断

(1)　歴史学とファン・「アマチュア」

　もともと歴史学は，人文学の中でも特異にファンや「アマチュア」が多い学問分野であった。社会集団の自己主張のために歴史資料がとくに重要になったこともあって，近世後半から地域有力者の基礎教養に歴史的な知識が求められていた。また近代に入ってからは個々人の自己承認要求のためにも歴史は利用され，往々にして「過去の有名人の子孫である」という主張を行うために，歴史の知識が求められる面があった。また，歌舞伎等を引き合いに出すまでもなく，エンターテインメントの素材としても歴史は使われてきた。そのため，生業ではないもののシリアスレジャーの範囲をはるかに超えて歴史研究に打ち込む「アマチュア」は各地に存在する。その土台の上に『歴史読本』『歴史街道』

(4)　この動向は由緒研究という形で近年注目されている。例えば馬部（2020）は，この由緒に関わる偽文書を作成する人物に焦点をあて，その背景と地域社会の欲望を描き出している。
(5)　戦前から実業家として活躍し，戦後は油田開発に従事して「アラビア太郎」の異名を取った山下太郎は，自らを楠木正成の子孫と称して神戸市の湊川神社に多大の寄付を行っている（杉森，1970）。
(6)　奈良をフィールドに広い視野でこの課題を捉えた研究に，黒岩（2017）がある。

などの，研究者も小説家も「アマチュア」もファンも集う全国レベルの月刊誌が長年にわたって刊行されている学問分野は特殊と言えよう[7]。

　この状況は，ネット時代になって，大きな展開を見せることになる。すでにニフティサーブ時代から歴史関係のコミュニティは乱立していたと言われるが[8]，とくにSNSが一般化して以降，ネット経由での「新しい」ファンが形成されたことで，歴史学と社会との関係は大きく変化した。

　歴史学と社会との新しい関係のとり結び方，とくにネット社会を前提に新たな検討を試みる，という議論は，現在ではパブリックヒストリーという総称のもとに展開されている。パブリックヒストリーとは，その中心人物である菅豊によって以下のように説明されている。

　　歴史学の分野で何らかの訓練を受けた人びとが，大学の研究室や教室といった専門的で学術的な場の「外」の社会へと飛び出して，そこで歴史学の知見や技能，そして思想を活かす幅広い実践を意味する。それは博物館や文書館，史跡，歴史公園といった場での歴史保全や展示から，学校での歴史教材の制作，映画やテレビ会社での歴史ドラマやゲーム業界での歴史シミュレーションゲームの制作，さらに法廷における先住民の権利訴訟での資料提供，自分の故郷の歴史や家族史の探索，デジタル・ヒストリーによる歴史データベースの公開，家族のルーツ探し，トレジャー・ハンティング等々，実に多彩な現場で執り行われている活動である[9]（菅，2020）。

　このパブリックヒストリーの議論は2000年代にヨーロッパの歴史学を中心に展開され，日本では2010年代に議論されるようになってきた。歴史学を拓く試みとして大きな期待をもたれながら。しかし，一方の現実としては歴史に関わ

---

(7)　『歴史読本』は新人物往来社（当初は人物往来社）から刊行されていた月刊誌。1950年代から60年あまり刊行され，歴史小説と論説，読者からの投稿で構成されていた。『歴史街道』はPHP研究所が発行している月刊誌。1990年代から継続して刊行されている。テレビ等との連動企画に特徴がある。

(8)　この時期には中野（1994）なども刊行されている。

(9)　上記は注(1)の書籍の解説である。

る現実は混迷を深めている部分や歪みもある。

　もちろんこれらの問題群に歴史学関係者も敏感であり，最近では2022年秋に，歴史学界の総合誌の一つである『歴史評論』が，「特集　エンターテインメントの世界から見た日本中世史」を組んでいる。この特集は，パブリックヒストリーの動向を背景に「近年の歴史系エンターテインメント作品のありようと，それを歴史教育・歴史研究の現場でどう受け止めるか考える」という問題意識のもと，「娯楽性への偏重や，歴史修正主義に流されてしまう危険」も念頭に構成されたもので，本稿の問題意識と重なる点が多い(10)（『歴史評論の編集委員会，2022）。とくに歴史修正主義との関係は重要な問題である。しかし，本稿では紙幅と筆者の力量の関係から，歴史修正主義の課題には意識はしつつも深くは立ち入らない。

(2)　歴史学とメディア

　歴史学とメディアは，現代社会においても密接に関係してきた。メディアはその素材としてしばしば過去の出来事に言及し，人びとはメディアの描写を通じて過去の出来事に接し，その枠組みを参照しながら集合的記憶を構築している(11)。また，歴史学者もメディアを通じて研究成果を発表し，さらにメディアと連携しながら研究分野を確立することまで試みてきた(12)。考古学者や文献史家がメディアのスターとして扱われることも目新しいことではない(13)。また，歴史学においても Web を舞台にしての講演会や公開研究会の試みは以前からあったが，COVID-19以降の社会においては，専門家の活動として当然のことと認知

----

(10)　なお，この特集は以下の論考から構成されている。北條勝貴「過去／現在の創造的出会いに向けて——プラクティカル・パストからヒストリカル・パストを撃つ」，早島大祐「時代考証の経験」，田中誠「歴史マンガと日本中世史」，師茂樹「上書きされる蒙古襲来のイメージ——パブリック・ヒストリーとしての『Ghost of Tsushima』」，杉浦鈴「多声的な歴史叙述のために——フィクション・フェミニズム・日本中世史」。

(11)　この論点は今や一般的なものであるが，近年のまとめとしては，佐藤（2022）を参照。

(12)　三重大学国際忍者研究センターの展開などはまさにその到達点であろう。しかし，その達成を得るために，それまでの豊穣な研究を選択的に再構成している。

(13)　戦前からこの傾向はあったが，戦後の考古学への注目のなかでの末永雅雄，森浩一などへの言及や，社会史ブームのなかでの網野善彦，阿部謹也などの活躍，近年ではメディアタレントとしての磯田道史，本郷和人などの存在がある。

されるようになってきており，Web での展開は専門的な研究成果の発表も含め，Web でのカンファレンスは日々の活動の一部となっている。そして，2010年代前半の国会図書館のデジタルコレクションの公開や東寺百合文書 Web の公開以降（福島，2014），Web で直接利活用出来る歴史資料は爆発的に増加したが，これらの歴史資料の存在の周知においても，メディアの力は大きなものであった。[14]

　このように歴史学とメディアは，複雑に絡み合いながらその関係を深めてきている。

(3)　対応不全の歴史学

　しかし，多様なメディアによる歴史像は，歴史学による学問的蓄積とは当然のことながら異なる文脈で構築されてきている。この課題は，以前は歴史小説を巡って焦点化されていた。活発に著作を発表し，とくにサラリーマンや会社経営者に大きな影響を与え，「国民作家」とも称された司馬遼太郎を巡っての議論がその典型であろう。戦国期のものや伝奇的な作品も多い司馬だが，歴史小説と歴史学の関係が論じられる際には，日露戦争を対象に描かれた『坂の上の雲』や幕末を描いた『竜馬がゆく』が多く取り上げられる。日清戦争や朝鮮問題を専門としていた中塚明は，「司馬遼太郎の『坂の上の雲』が，「日本近代史のテキスト代わり」にもなっている小説」としたうえで，司馬の小説やエッセイ群がもつ資料操作の課題と，近代でも明治期と昭和戦前期（この時代は司馬自身が戦車兵として体験している）を切り離す傾向を批判的に検討している（中塚，2009）。[15]

　しかし，これらの批判は十分には社会に届いていない。たとえば，司馬の作品で大衆化して以降，維新の英雄や革新者としてイメージ化された坂本龍馬の

---

(14)　歴史資料としての訴求力が高い写真を扱って大きなメディア露出を行っている渡邊英徳や庭田杏珠による記憶の解凍プロジェクト（https://hillslife.jp/learning/2020/08/14/rebooting-memories/）の事例などがすぐに想起されるだろう。

(15)　もっとも歴史学者の司馬遼太郎論としては，エッセイや講演までも対象として「司馬さんの認識が現代日本人の認識を表現している」という観点から論じた原田（2011）がより的確に論点を提出している。

場合はどうだろう。幕末維新史研究自体の進展のなかで，坂本龍馬に関する研究が進展し，各勢力の調停者もしくは代弁者として位置づけが明確になってきている[16]。坂本龍馬はあくまでも幕末の志士のなかでの一有力者に過ぎないのである。一方で，司馬の「竜馬」像を祖型に，実在の人物である龍馬のイメージが展開し，政治家や経営者は尊敬する人物として挙げ，出身地の高知県では，空港名が高知龍馬空港と改称され，観光キャンペーンは「リョーマの休日」と名づけられた。司馬の描く「竜馬」像をなぞり，またそこからも踏み出す形での「竜馬」イメージの奔流を止められないままである[17]。

　歴史学はメディアによってその領域を拡大しながらも，それによってコントロール不能な空間を現出させつつある。

3　「プロフェッション」「アマチュア」とファンの分岐点

(1)　基礎文献と方法

　列島社会を対象とする文献史学の場合，その対象とする時代や分野がなんであれ，佐藤進一の『古文書学入門』[18]を一度は学び，学部のどこかの段階で，その対象が地域社会であれ資料館や図書館などの広義のアーカイブズであれ，資料調査を経験することが望ましいと考えられている[19]。これは文献史学が，作成者と宛先が存在する文書（とくに中世の古文書）の分析を基礎として学問を形成したきたことが背景となっている。もちろん佐藤の『古文書学入門』は単独では存在し得ず，明治以来の近代史学で鍛えられてきた考え方を受け継ぎ，戦後歴史学のなかで統合したものであり，その後も多くの文献が産み出され，それが体系づけられることによって方法論が鍛えられて来ている。

　この，分野の基礎となる文献と調査経験による方法の獲得という要素は，文

[16]　このズレをメディア関係者と研究者が議論した成果に，時代考証学会・大石学編（2013）がある。
[17]　2022年の参議院選挙で国政政党となった参政党の母体は，2010年に超党派の地方議員の集団として設立された龍馬プロジェクト（https://www.ryouma-project.com/）である。
[18]　法政大学出版会，新版は2005年。初版は1971年。
[19]　白水（2015）など，地域資料の調査を軸に歴史像を組み立てていく営為に注目した書籍が近年改めて刊行されてきている。

献史学のみならず考古学でも同様であるし，他の学問分野でも同じであろう。この点は各大学の歴史学の講義の冒頭で，どの教員も必ず口にする。たとえば，慶應義塾大学文学部の日本史専攻の Web サイトには以下のようにある。「試験勉強の日本史と，本専攻で専門的に学ぶ日本史学は異なるものです」「日本史研究は地道な史料の発掘と丹念な史料の分析に依拠し，過去の国内外におけるさまざまな事象間の関係を理解していく総合的な学問です」(慶應義塾大学文学部史学系日本史学専攻，2021)。他大学でもほぼ異口同音で歴史学を試験勉強での歴史と切り離すよう強調する。本稿の行論からすると，この「日本史研究」は，「アマチュア」が歴史学方面で実践するシリアスレジャーを支える「専門的な技能，知識，経験」に当たるだろう。そして強調されているのは「地道な史料の発掘と丹念な史料の分析」である。つまり「プロフェッション」「アマチュア」とファンとの分岐は，アーカイブズや資料そのものへの距離によって存在する。

(2)　アーカイブズへの距離

　ファンの場合，上記の「試験勉強」の範囲に留まる部分が多いであろう。歴史の情報は，動画サイトも含めた SNS 上の情報を軸に収集し，Wikipedia や他の Web サイトでの解説で充足する。どんな筋のものであろうが書籍にたどり着いてもらえばありがたい，という状況であろう。この傾向を逆転させて文化観光の入り口に使おう，という議論が積み重ねられてきているほどである[20](文化庁編，2022)。もちろん学術系の Web サイトでは記述の根拠を周到に資料自体やアーカイブズの存在に結びつけようという努力はされているが，資料やアーカイブズが歴史像の根幹を形成している，という認識が社会一般に浸透しきれてないのではないか。

　これは，歴史ファンたちがこの間の公文書改竄問題に対して，一種冷淡な態度を取っていることにも裏づけられよう。[21]つまり，誰かが処理したコンテンツ

---

[20]　文化庁には各地で展開されている事業が紹介されており，文化観光の展開には非常に参考になる。ただ，文化資源そのものとの関係では，期せずして指摘したような展開になっている。

からのみ情報を摂取しているため，その根源の情報群の重要性に視線が届かないのである。

(3)　オミットされる現代的課題

　この結果として，どのような問題が引き起こされるだろうか。たとえば，歴史ファンの京都イメージに，在日朝鮮人の存在が入っているだろうか。この点については，以前からもその隠蔽についての指摘と強い批判がある[22]。そしてその結果として，歴史に興味があると述べながらも歴史資料を放火によって焼失させる存在を生むことになった。

　京都市の南郊，宇治市伊勢田ウトロ51番地には戦時中の軍事飛行場建設をきっかけに朝鮮人集落が形成され，紆余曲折を経て，現在は市営住宅への転換が進みウトロ平和記念館が建設された（中村，2022；斎藤，2022）。しかし，2021年8月に発生した放火事件によって，資料館のために準備されていた歴史資料の多くが焼失した。これらについて板垣竜太は，「被告人の放火によって36枚もの看板や生活用品や建物が焼失したことは，ウトロの歴史を後世に伝えるためのかけがえのない史料，この地に生きて死んでいった人びとの魂の証とも言えるものが永遠に喪失してしまったということを意味している」と述べ，その背景に犯行者が「歴史認識と現状認識の両面において，コリアンが日本（人）に何らかの「害悪」を及ぼしているという先入観を抱いていることが確認される」としている（板垣，2022）。歴史を意識しながら（しているからこそ）歴史資料を毀損するという行為に到達しているのである。歴史ファンの一部において現代的課題がオミットされ続けてきた一つの帰結とも言えよう。

---

[21]　これは，SNSで活発に活動する存在がいわゆるネット右翼的な世界観を持っている場合が多いという課題と連動しているのかもしれない。この点については，伊藤（2019）がまず参照されるべきであろう。

[22]　例えば，京都市国際交流協会編（1994）。

[23]　このなかで大澤が，「見た目の美しさや，学術的な正確性，ちょっとマニアックな内容など」とグッズの魅力を分解しつつ，それらを「ときめき」という視点で統合しているのは興味深い。

4　おわりに

　対象について偏愛とも言うべき深い興味をもつこと自体は歓迎されるべきことである。そして，ファンをひろく獲得することをまずは目標に，そしてファンから「アマチュア」に変化する動向を支援するのが，パブリックヒストリーの使命の一つとなろう。ファンも含めたステークホルダーの再編成が必要になるのである。本稿で取り上げたような問題群に早期から気がつき，活動を行ってきた集団として，2009年に設立された時代考証学会を挙げることができよう。その創設者であり会長である大石学は，時代考証学会を「時代考証学の普及・発展をめざす，市民と諸分野の専門家の組織」としたうえで，以下のように述べている。「日本・世界を取り巻く環境が大きく変わりつつある現在，私たちは，歴史作品といかに接するのか，歴史作品は今後どのように作られるのか，皆さんとともに考え，語り合いたいと考えています」（大石，2022）。これは本稿の文脈ではファンの広範な獲得ということになろう。また，近年のミュージアムグッズのブームを牽引している大澤夏美は「来館者の心がときめくものをきちんと提供することが，ミュージアムショップへの信頼につながる。ひいてはミュージアムへの信頼につながる」としている[23]（大澤，2022）。こういう形での広義のアーカイブズへの関心の引きつけ方なども今後ますます重要になろう。

　そして，冒頭に述べたパブリックヒストリーの試みを，再び個々人に取り戻す行為，「アマチュア」への転化の入り口として，1970年代から90年代にかけて一世を風靡した「自分史」の試みが検討されても良い。自分史という言葉を作り，そのブームを牽引した「異端の歴史家」色川大吉は，自分史の発端を以下のように述べている。今や古色を帯びつつある文言かもしれないが，この視点こそがリミックスの向こうに獲得されてよいものであろう。

　　そうだ遠い過去の歴史や，自分の外にあると思い込んでいた社会や国や世界の動向ばかり見るのは止めよう。自分の生きた道の中に，この国の社会

や世界の動きを見なくてはならないし，民の中に自分を，自分の中に民を見なくては，ほんとうのことはわからない。そう思って視点を転換したんです（色川，2000）。

引用・参考文献

板垣竜太（2022）「ウトロ放火事件公判への意見書」『評論・社会科学』第142号。

伊藤昌亮（2019）『ネット右派の歴史社会学　アンダーグラウンド平成史1990–2000年代』青弓社。

色川大吉（2000）『"元祖"が語る　自分史のすべて』草の根出版会。

大石学（2022）「時代考証学会会長あいさつ」https://jidaikousyou.jp/aboutus/greeting/

大石学・時代考証学会編（2023）『明治・大正・昭和の時代劇メディアと時代考証』勉誠出版。

大澤夏美（2022）『ときめきのミュージアムグッズ』玄光社。

北村紗衣（2021）「文春のウェブサイトの取材に答えました」Commentarius Saevus　https://saebou.hatenablog.com/entry/2021/04/02/212433

黒岩康博（2017）『好古の瘴気——近代奈良の蒐集家と郷土研究』慶應義塾大学出版会。

慶應義塾大学文学部史学系日本史学専攻（2021）「イントロダクション——日本史学へのいざない」http://web.flet.keio.ac.jp/jhis/introduction.html

斎藤正樹（2022）『ウトロ・強制立ち退きとの闘い』東信堂。

佐藤進一（1971／2005）『古文書学入門』法政大学出版会。

佐藤信吾（2022）「メディア記憶論の現代的展開」『メディア・コミュニケーション』第72号。

時代考証学会・大石学編（2013）『大河ドラマと市民の歴史意識』岩田書店。

白水智（2015）『古文書はいかに歴史を描くのか——フィールドワークがつなぐ過去と未来』NHK出版。

菅豊（2020）UTokyo BiblioPlaza 東京大学教員の著作を著者自らが語る広場『パブリックヒストリー入門』https://www.u-tokyo.ac.jp/biblioplaza/ja/F_00203.html

菅豊・北條勝貴編（2019）『パブリック・ヒストリー入門——開かれた歴史学への挑戦』勉誠出版。

杉森久英（1970）『アラビア太郎』文藝春秋。

杉山昂平（2019）「レジャースタディーズにおけるシリアスレジャー研究の動向——日本での導入に向けて」『余暇ツーリズム学会誌』第6号。

中塚明（2009）『司馬遼太郎の歴史観——その「朝鮮観」と「明治栄光論」を問う』高文研。

中野栄夫（1994）『コンピュータ歴史学のすすめ』名著出版。

中村一成（2022）『ウトロ　ここで生き，ここで死ぬ』三一書房。

馬部隆弘（2020）『椿井文書——日本最大級の偽文書』中公新書。

原田敬一（2011）『「坂の上の雲」と日本近代史』新日本出版社。

福島幸宏（2014）「京都府立総合資料館による東寺百合文書のWeb公開とその反響」カレントアウェアネス—E　https://current.ndl.go.jp/e 1561

文化庁編（2022）『「文化資源の高付加価値化」課題解決への事例集——ウィズコロナに対応した文化資源の高付加価値化促進事業』。

『歴史評論』編集委員会（2022）「特集にあたって」『歴史評論』第870号。

第16章

歴史と物語のリミックス
コンテンツツーリズムにおける歴史のフィクション化を題材に

増淵敏之

1　はじめに

　本章は筆者にとってまったくの専門外の領域をコンテンツツーリズムの視点から論じていく。筆者は2019年から栃木県在住の有志と，地元のヒーローである藤原秀郷を活かした地域創生事業を手伝うことになり，門外漢ながらに歴史なるものに手を染めてしまった（**図表16-1**）。もちろんそれでも歴史には少なからず興味はもってきた。学問的な素養はないが，ある程度の知識は持ち合わせてはいる。しかしながら地元，栃木県でも藤原秀郷はそれほど知られてはいない。彼が本拠としていたといわれる佐野には彼の築いた城跡に建っているとされる唐沢山神社や秀郷流流鏑馬が行われる「さの秀郷まつり[(1)]」も実施されているが，栃木県内全体ではというと総じて知名度は高くはない。

図表16-1　栃木の武将『藤原秀郷』をヒーローにする会

（出所）https://twitter.com/hidesatodoumeki

---

(1)　1993年に第1回が実施される。前身は1954年にはじまった「佐野七夕まつり」である。

　藤原秀郷に関していえば彼の墓といわれる土を盛った小山のようなものも存在するが，ほとんどが史実に沿ったものか不確定だ。[(2)]藤原氏の流れにある一族が関東に受領などとして派遣されて，土着したことは間違いない。ただ秀郷が活躍するのは『将門記』[(3)]などの軍記ものや「俵 藤太」という別名で蜈蚣や百目鬼などの妖怪を退治する『御伽草子』[(4)]などの説話集が中心になる。つまり藤原秀郷はフィクションのなかで作られた伝説の人物ということになる。彼が活躍したといわれる時代は平安時代後期になる。たとえば戦国時代の武将は多くの史実が残っているが，さすがに平安時代後期となるとほぼ確証がもてない。戦国時代でも明智光秀のように出自が定かではない武将も少なくはない。

　注目していきたいのはフィクション化が，メディアやコンテンツが多様に変化するとともに進展してきたという点だ。つまりかつての史実から展開していった読み物，戯作などが，さらに近代において小説化，マンガ化，ゲーム化，ドラマ化，映画化という手法において，史実がそれぞれにリミックスされ，一般認知を拡大してきた。

　本章ではこれまでのフィクションの議論を適宜，援用しながら進めていきたい。もちろん筆者は専門領域の違う門外漢であるので，その点をお含みいただければ幸いである。また考察に関しては二次資料を多く使うことになるが，その点にもご容赦いただきたい。

2　読み物，戯作時代のフィクション化

　ユヴァル・ノア・ハラリ（2016）は，日本でも邦訳書が刊行され，大きな注目を集めたことで知られるが，そこでは一つの論点として，サピエンスがフィ

---

(2)　直径24メートル，高さ３メートルの円墳，別名，東明寺古墳とも呼ばれているが，真偽のほどはわからない。

(3)　『国史大辞典』によれば，平安時代，承平・天慶の乱における平将門の行動について記した漢文体の書。作者・成立年時未詳。一巻とされる。

(4)　『デジタル大辞典』によれば，室町時代から江戸初期にかけて作られた短編物語の総称，平安時代の物語文学から仮名草紙に続くもので，空想的・教訓的な童話風の作品が多いと記載されている。

クションを生み出し，それをみんなで共有し力を合わせるようになるという点が強調されていた。本章においてもその点に大きく依拠することにする。物語を創る行為もここに依拠しており，そのフィクションへの共感が現在，一般化したコンテンツツーリズムという観光行動に発展したとも考えられる。

　また関（2019）は，歴史を彩る「英雄」は，どのように語り継がれ，創作され，人びとの記憶と歴史認識のなかに定着してきたのだろうかという視点から，具体的な歴史上の人物をあげて考察している。「記憶としての伝説が含意するニュアンスはたしかに複雑だ。時代の本質が凍結したまま伝説は歴史の古層に沈殿している。いうまでもなく伝説とは時代とともに変化する。史実との距離はむろん遠くなる」（関，2019：3）と記す。

　平安末期にはじまる内乱の時代の経験は，後世においていくつもの「いくさ物語」となって語られていった。日下（2008）は「いくさ物語」という文学の一形態について新たな文学の誕生を説いたものだが，「そうした逸話の類が寄り集まって，軍記物語は形成されたとする考え方がある。虚実の入り混じった説話が，物語の根幹を作ったと見るのである。単純に歴史書として見るのでもなく，創作物として文学に偏してとらえるのでもない」（日下，2008：5）と述べている。

　樋口他編著（2014）は多くの研究者が，文学作品がどこまで史料たりうるかという課題に取り組んだものだが，やはり史実をもとにしたものだとしても，フィクションであるという事実は否定できないという側面が指摘されている。つまりそれは本章で取り上げる藤原秀郷に関しても同様だ。

　藤原秀郷に関しても纏まった資料はほとんどないに等しく，彼が世に知られる契機になるのは，冒頭述べた後世の軍記ものや説話集が中心になっていく。つまり彼の人物像そのものがフィクションの産物だということになる。実際，彼が生きた時代が平安時代だというに限らず，近代にいたる前にはフィクション要素を抜きにしてみることはできない。

　秀郷に関する代表的な文献である野口（2001）においても，『将門紀』『吾妻鏡』『尊卑文脈』などによるところが多い。他の資料も混合しての人物像の記

述になっており，やはり曖昧模糊とした部分が多い。たとえば秀郷の資料上の初見は『日本紀略』延喜16年（916）年8月12日条の記事としているが，そこでは「下野国言す。罪人藤原秀郷，同兼有，高郷，興定等18人。重ねて国宰に仰せて，その罪料に随い，おのおの配流せしめるの由，重ねてこれを下知す」とあると述べられている。

しかし秀郷が復命した様子もなく，やがて平将門を倒して，秀郷は「鎮守府将軍」[5]「従四位下」に任じられている。この辺りに経緯も歴史学者にしても推察の域を出ないのが現実である。また将門を討つという大功をあげながらも，それ以降は史料にほとんど名前がみられなくなる。

逆に史実が明瞭に残されていないので，フィクション化もしやすいのだろうか。たとえば陰陽師として名高い安倍晴明は，現代では『蘆屋道満大内鑑』による人物像が定着しているが，晴明は没後まもなくフィクション化がはじまる。歴史物語『大鏡』，『十訓抄』，説話集『今昔物語』『宇治拾遺物語』はいくつかの彼の神秘的な逸話を載せている。また他にも『源平盛衰記』『北条九代記』『古事談』などにも登場する。また後の陰陽道もの経典となる「簠簋内伝」の著者ともされ，実際の彼の著作としては土御門家に伝わった『占事略決』がある。晴明は本来的には「天道学」に通じた，当時の最先端の陰陽道の識者だったのだが，現代の小説やマンガに登場するスーパーヒーローとして多くの現代人にも認知されている。

カルロ・ギンズブルグ（2001）によれば，かつてロラン・バルトは，歴史記述をレトリックの一形態であるとして「歴史のディスクール」を唱えたとし，またヘイドン・ホワイトは歴史叙述をナラティヴ的・レトリック的次元に還元しようとしたとする。だが，歴史においては，証跡や目撃証言をつぶさに調べ上げて過去の出来事を復元することはできないのだろうかという視点で書かれたものだ。

---

(5)　奈良時代から平安時代にかけて陸奥国に置かれた軍政府である鎮守府の長官のことを指す。ちなみに征夷大将軍も元来は，東夷である東北地方における争乱を制圧するために設けられた臨時職だったが，源頼朝が征夷大将軍に補任されて以降は東北地方に限らず，日本全国に影響をもたらすこととなり，その役割に変化が生じた。

しかし彼はまた別の論考で歴史家たちは現実に直接，アプローチをすることができず，彼らの作業は必然的に推断にもとづくものなのだとする。つまり極論を言えば歴史はある種，レトリックであり，推断が不可欠なのだということである。今日，私たちが認識している歴史が少なからず，この文脈で捉えていく必要がある。すなわち本章で取り上げている藤原秀郷や先に触れた安倍晴明も同様である。

ただ後世に説話などが編まれ，その物語がひとり歩きしている点には着目すべきだろう。つまりフィクションを史実として解釈してしまっているという疑義も生じる。近代史ならば相当な史実の精査，積み上げも歴史家の手によってなされているが，さすがに平安時代中期ともなれば，ほとんどがフィクションなのかもしれない。謎が多すぎてどれが真実なのかわからないといったところだろうか。

3　メディア・リミックスによって生まれた安倍晴明像

先にも触れたが，平安時代は事実を記した資料も少ない。しかしその時代の代表的人物として名声を博しているのは安倍晴明であろう。安倍晴明が現在，一般に認知されるようになったのは，1986年に夢枕獏が『オール読物』に短編小説『陰陽師』からだろう。彼は1988年に単行本をシリーズ化させ，1993年に岡野玲子がマンガ化して，さらに認知が進んだ。

またその前段として直接，安倍晴明は登場しないが，1985年に刊行された荒俣宏の小説『帝都物語』，そしてそれを原作として映画化も３作に渡り，「陰陽師」という存在が知れ渡った。そういう意味では安倍晴明が読み物，戯作の時代に比べて，より高度な次元でのメディア・リミックスによって生まれたヒーローとも呼べる。

『陰陽師』は2001，2003年に映画化され，またそれ以降，ゲーム化もされ，近年では中国でも数本映画化，日本だけのものではなくなりつつある。舞台設定は中国なのだが，「晴明」「博雅」と日本名で登場しているし，その出自に関

しても日本の伝承を踏襲している。近年，『陰陽師』は安倍晴明とともに知名度を上げ，またいつの間にかグローバル化したということでもあろう。

　安倍晴明は平安時代中期の陰陽家だ。安倍益材の子で，賀茂忠行，保憲父子から陰陽道を学んだ。保憲からは天文道の奥義を授かったとされる。大膳太夫，左京権太夫，天文博士などの官職を歴任，邸が土御門の北にあったので，その子孫は土御門家と呼ばれて長く陰陽家として栄えた。逸話も多く残り，『今昔物語』『古今著聞集』『宇治拾遺物語』などで語られている。

　現在では『蘆屋道満大内鑑』による人物像が一般化しているが，この蘆屋道満はライバルであった。当時としては最先端の学問であった天文道をはじめとして，体系化した人物とされる。没後，彼の事績は伝説化され，やがて陰陽道の経典になる『金烏玉兎集』の著者に仮託されてもいる。

　彼の伝説でもっとも有名なのはその出自だろう。この伝承の初出は『金烏玉兎集』だ。人間の父と狐の母の間に生まれたという婚姻譚だが，『蘆屋道満大内鑑』，通称『葛の葉』と呼ばれる人形浄瑠璃や歌舞伎の演目である。正体がばれた狐は次の一首を残して去っていく。

　　「恋しくば尋ね来て見よ　和泉なる信太の森のうらみ葛の葉」

　安倍晴明に脚光を当たることになった夢枕獏の『陰陽師』をはじめとして近年に至るまでこの説話は数々の文学作品になっている。それが晴明の人物像を確固たるものにしたといえるだろう。つまり彼は長い時間のなかで伝説化した。どこまでがリアルで，どこまでがフィクションなのか，判断は極めて難しい。

　藤原秀郷と安倍晴明は時代を異にする。近年，小説，マンガなどで両人を同時代的に描いているものもあるが，史実でいえば晴明に近い武士としては源満仲，頼光が挙げられる。武士の名門である源氏は満仲の時代に確立，彼は朝廷と距離を詰め，自らの地位を確立していく。子息の頼光は摂津源氏の開祖でもあり，『今昔物語』などの大江山の酒呑童子退治などの説話が紹介されている。

　秀郷は将門を討ったことで従四位下，下野，武蔵2ヵ国の国司，鎮守府将軍

を命じられ，栄華を誇った。しかし969（安和2）年の安和の変で右大臣源高明の失脚に伴い，秀郷の長子である従5位下相模介，鎮守府将軍を継いだ千晴が連座したことで隠岐に流刑となる。同じ武士であり，反目していた源満仲の密告によるものだった。秀郷の本系は千晴の弟，千常が継いだが，中央から締め出された形となり，満仲がその位置に就くことになった。

　つまり武士の主役の交代劇があったということだ。満仲の子，頼光は渡辺綱，坂田金時など四天王を従えて説話の鬼退治の説話に主役になっていくのである。千常以降の秀郷流は地方に展開，比企氏，小山氏，佐野氏など関東に広がり，また平泉の本拠を構えた奥州藤原氏にもつながっていく。晴明はその武士の主役交代のさなかに生きた。そして彼は現在まで多くのコンテンツ作品のなかに登場する知名度の高い人物となった。

4　平将門

　藤原秀郷を見ていくうえで，ライバルとなった平将門について触れる。彼もまた近年，メディア・リミックスによって，さらなるフィクション化がなされたとみてもいい。藤原秀郷は平将門を倒したことで一介の武装貴族から脱却した。しかし日本の歴史特有の判官贔屓（はんがんびいき）の傾向から敗れた方の将門の方の知名度が高い。これは後の源義経と頼朝の関係にも似ている。将門も武装貴族であり，本拠地は秀郷が下野，将門が下総と伝えられているが，確たる証拠はない。『将門紀』は関東で将門の起こした乱を描いている。同時期に藤原純友が瀬戸内海で起こした乱と合わせて承平天慶の乱とも呼ばれている。

　『将門記』は一族の私闘から新皇と称して国家に反逆し，打ち取られるまでと，乱の始末，死後に地獄から伝えたという「冥界消息」が付記されている。ただ『将門記』の原本は存在しておらず，『真福寺本』『楊守敬旧蔵本』の二つの写本及び11の抄本が残されている。成立は11世紀前期から末期とされる。将門が忠告された契機は近世になると江戸幕府が開かれ，関東に視点が移ってからのことになる，それゆえに神田明神が江戸の総鎮守府となり，将門は歌舞伎，

浮世絵の題材としても扱われるようになる。つまり将門伝説は江戸文化の開花とともに庶民に浸透していったと考えられる。

また現代でいえばスピンオフに当たる瀧夜叉姫の伝承⁽⁶⁾なども生まれた。瀧夜叉姫は将門の娘とされ，もともとは五月姫といったとされるが，実在の人物だったかは不明である。しかし『栄花物語』『御伽草子』などにも登場し，江戸時代に山東京伝や近松門左衛門の作品で，瀧夜叉姫の復讐譚は浄瑠璃，歌舞伎で数多く取り上げられるようになった。

時代的には瀧夜叉姫は安倍晴明とほぼ同時代であり，なかには頼光四天王の渡辺綱とのエピソードが描かれているものもある。将門所縁の神田明神や首塚も今日まで存在しているが，この渡辺綱も現在の東京に名残を残している。綱は大江山の酒呑童子退治や一条戻橋の鬼退治などの伝説で知られる武将だ。東京・三田の慶応義塾大学の裏，三井倶楽部とイタリア大使館の間の坂は「綱坂」という。また坂を上って突き当りは「綱の手引き坂」である。町名改正以前にはこの界隈はかつて三田綱町といった。近隣に綱生山當光寺などの，彼にちなんだ神社もいくつかあり，晩年をここで過ごしたという説もある。他に埼玉県鴻巣が生地という説もあるが，平安時代なので，史実も多くは残っておらず，説話によるフィクション化がなされたに違いない。

福田（1981：39）でも『将門記』について以下の記述を残している。「言うまでもなく，『将門記』を史料によりながらも創作を含めた文学作品とみることは，『将門記』の価値を高めることであっても低めることではない。しかし，これを歴史史料として扱う場合には，その記述にしたがって将門の行動を追うことで満足するわけにはいかない」とし，「やはり彼の生活した現地を歩き，同時代の他の史料や考古学的な知見と『将門記』の記述とを対照しながら，彼をとりまく地理的・社会的・経済的な環境を明らかにするところから仕事をはじめねばならない」とつづけている。

話は少しずれたが，将門伝説も多岐に渡り，村上（2001）では以下のような

---

(6)　夢枕獏の原作をもとに近年，伊勢努によりコミック化もなされている。ここには藤原秀郷も登場する。

分類を試みている。冥界伝説（地獄に堕ちた将門の伝説），調伏伝説，祭祀伝説（将門を祀った神社），王城伝説（将門が建設した都の伝説），首の伝説，鉄身伝説（将門はこめかみにだけ弱点があると言う伝説），七人将門の伝説（将門の影武者の伝説），東西呼応の伝説，将門一族の伝説，追討者の伝説である。

　つまり事実として将門は実在の人物であり，中央政府に反旗を翻し，それが承平天慶の乱という形になったことは事実であろう。しかし大半の将門像は，その後のフィクション作品が形成してきたのだという事実も同時に理解すべきだ。また近代の歴史小説の効用も大きい。代表的な作品は歴史小説の大家，吉川英治（1953）『平の将門』であろう。また海音寺潮五郎（1955）『平将門』，（1967）『海と風と虹と』も多くの人びとに読まれ，後者のタイトルで1976年のNHK大河ドラマ化され，平将門の知名度はさらに上がった。主演は加藤剛であった。

　『海と風と虹と』は平将門と同時期に，中央政府に対して瀬戸内海で乱を起こした藤原純友も描かれている。律令制度の衰退や武士の台頭が顕著になってきたことがこの乱に伺われる。結局，この武士の時代は江戸時代が終わるまで約千年に渡って続くことになる。そして江戸時代から平安時代でいうところの「東国」の時代に移行する。そういう意味でも江戸時代に将門が注目されるわけである。

5　NHK大河ドラマの効果による歴史のフィクション化

　NHK大河ドラマについて述べる。これも歴史上の人物の新たなフィクション化を生じさせた。平将門もこの範疇に入る人物だが，大河ドラマは1963年に第1作が放映開始となった。NHKが毎年違うテーマで制作・放映している時代劇ドラマシリーズがいわゆる大河ドラマである。第1作の『花の生涯』では大型時代劇と呼称されていたが，その後，大型歴史ドラマと変わり，1980年の『獅子の時代』から正式に大河ドラマという呼び方をされるようになった。2022年の『鎌倉殿と13人』で第61作目となった（**図表16-2**）。

図表16-2　NHK 大河ドラマ視聴率

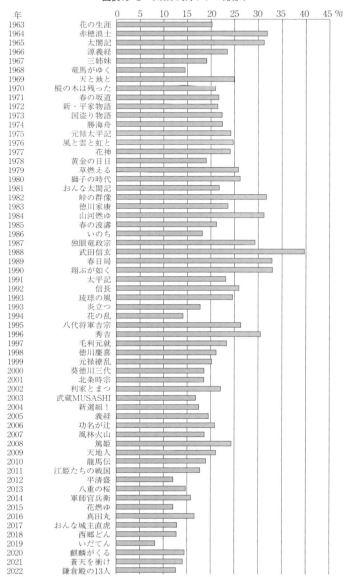

年				
1963	花の生涯			
1964	赤穂浪士			
1965	太閤記			
1966	源義経			
1967	三姉妹			
1968	竜馬がゆく			
1969	天と地と			
1970	樅の木は残った			
1971	春の坂道			
1972	新・平家物語			
1973	国盗り物語			
1974	勝海舟			
1975	元禄太平記			
1976	風と雲と虹と			
1977	花神			
1978	黄金の日日			
1979	草燃える			
1980	獅子の時代			
1981	おんな太閤記			
1982	峠の群像			
1983	徳川家康			
1984	山河燃ゆ			
1985	春の波濤			
1986	いのち			
1987	独眼竜政宗			
1988	武田信玄			
1989	春日局			
1990	翔ぶが如く			
1991	太平記			
1992	信長			
1993	琉球の風			
1993	炎立つ			
1994	花の乱			
1995	八代将軍吉宗			
1996	秀吉			
1997	毛利元就			
1998	徳川慶喜			
1999	元禄繚乱			
2000	葵徳川三代			
2001	北条時宗			
2002	利家とまつ			
2003	武蔵MUSASHI			
2004	新選組！			
2005	義経			
2006	功名が辻			
2007	風林火山			
2008	篤姫			
2009	天地人			
2010	龍馬伝			
2011	江姫たちの戦国			
2012	平清盛			
2013	八重の桜			
2014	軍師官兵衛			
2015	花燃ゆ			
2016	真田丸			
2017	おんな城主直虎			
2018	西郷どん			
2019	いだてん			
2020	麒麟がくる			
2021	蒼天を衝け			
2022	鎌倉殿の13人			

（出所）ビデオリサーチ HP の視聴率を同社許諾のもとに引用し筆者が作成

注：琉球の風は93年 1 ～ 6 月，炎立つは93年 7 月～94年 3 月，花の乱は94年 4
　　～12月の放送

　NHK 大河ドラマは主に歴史上の人物や事件などをテーマに，基本的に毎年1月から12月の1年間，毎週日曜日の夜8時から放映される。しかし実在しない人物が登場することも多く，また作品によっては主人公も架空の人物の場合もある。通常，年末には総集編も製作される。出演者は，通常のドラマでは主役級の男優・女優が共演することが多く，これに名脇役と呼ばれる俳優も加わるため，普段は見られない顔合わせも作品の一つの魅力になっている。番組初期は五社協定により映画会社所属の俳優はテレビ出演が制限されていたため，新劇の俳優や歌舞伎俳優が多く起用された。

　しかし1965年の『太閤記』で緒形拳，高橋幸治，石坂浩二ら無名の新人俳優が抜擢され，一躍人気スターとなった。1983年の『織田信長』では徳川家康を演じた役所広司，1987年の『独眼竜政宗』で伊達政宗を演じた渡辺謙をはじめとして知名度の低かった俳優が一躍，脚光を浴びることも多い。また2000年以降はさらにジャニーズ所属の俳優や若手の俳優が主役級に抜擢されることが増えてきている。同時に「大河ドラマ」誘致を契機にして，地域の活性化を図る施策展開が増えている。それによって旅行会社の商品化も進んでいる現状にある。いわゆるフィクションを軸にした観光創出ということになる。

　大原 (1985) によれば1966年の『源義経』が観光化の端緒の作品だとされる。制作発表時点から番組に関するさまざまな情報が電話や投書によって NHK に舞い込み，平泉では毎年12月に行われる「藤原まつり」を5月に繰り上げてやることになり，平泉を通る国鉄東北線の急行列車に「義経号」という名前を付けてもらおうと陳情した地方議員も登場したという。京都の鞍馬寺も放送開始以降，見学者が増え，石川県の能登半島でも義経の移動した経路順に船などを利用した「義経めぐり」，山形県では「義経史跡ライン」が作られたりもした。

　その後も大河ドラマによって引き起こされた観光ブームは以降も続き，1969年の第7作第8作『天と地と』，1970年の『樅の木は残った』，1971年の第9作

---

(7)　『鎌倉殿の13人』では暗殺者として登場する善児が想起されるだろう。
(8)　『鎌倉殿の13人』では鎌倉市の鎌倉文華館「鶴岡ミュージアム」に「鎌倉殿の13人・大河ドラマ館」が設置されている。

『春の坂道』，1972年の第10作『新・平家物語』へと続き，李（2006）ではこの観光ブームが大河ドラマのジャンル形成の過程とほぼ重なることを指摘している。この時期はくしくも1970年の大阪万博以降の観光振興を射程に入れた国鉄のキャンペーン企画「ディスカバー・ジャパン」の動きと並行する。つまり「ディスカバー・ジャパン」が語られるときに必ず取り上げられる『nonno』『anan』の創刊も同時期に当たり，個人の趣向の強い観光に注目が集まりはじめる。大河ドラマによる観光もどちらかといえ個人の趣向が根底にあってのものであろう。

またその流れに乗った形で1969年の『天と地と』も観光化に一役買った作品だったといえる。山梨県甲府市は戦前からあった武田神社の祭りを大河ドラマに絡めて，1970年から「信玄公祭り」として5日間の大規模なものにした。武田二十四将をはじめとして，武田軍団1,200人が鎧，兜に身を包んだ武者たちが旗ざし物を立てて出陣絵巻を再現した。観光業者が登場人物にちなんだ饅頭，煎餅などを売り出し，国鉄が『天と地と』にまつわるツアーを企画するなどの現象が起こる。

1970年の『樅の木は残った』，1971年の『春の坂道』，1972年の『新・平家物語』に観光化は引き継がれ，1987年の『独眼竜正宗』によって大河バブルの幕が切って落とされる。本作はバブル景気初期に放送され，好景気による国民の高揚感と，受け入れ側の仙台市の政令指定都市化（1989年）前の関連インフラ整備（仙台市営地下鉄南北線開通など）や各種イベントの開始（「青葉まつり」再開，「SENDAI光のページェント」開始，「'87未来の東北博覧会」開催など）などが重なった結果であった。

こうしてみていくと1960年代から1980年代にかけてNHK大河ドラマ観光が一般化の途を辿っていったことがわかるだろう。

大河ドラマの制作費を数年前からNHKは公表するようになり，『功名が辻』で1本当たり6,110万円だという。これはNHKの度重なる不祥事の情報開示の面が色濃いが，ただ今後もこの数字を維持するのは社会的な今後の変化如何だろう。日本の最大の社会的課題は人口の減少にあり，国立社会保障・人口問題

研究所は2023年4月に，2070年までの日本の将来推計人口を公表した。総人口は2020年の1億2,615万人から2070年には約3割減少し，8,700万人となると推計している。NHKは基本的に受信料で運用しているため，人口減が制作予算に影響していくことも将来的には十分，予想できるだろう。

　上記がNHK大河ドラマの概要だが，史実をもとにという前提はあるものの，原作や脚本に寄るのであくまでフィクションとして捉えるのが賢明だろう。とくに歴史上の人物のイメージは俳優に依拠するところが大きい。近年でいえば源頼朝は大泉洋，明智光秀は長谷川博己，坂本龍馬は福山雅治，黒田官兵衛は岡田准一ということになるだろうか。歴史小説はフィクション性が高いとしても，人物のイメージは読者の想像力に委ねられるが，映像作品はそのイメージを固定化する力をもつ。つまり歴史上の人物が映像作品の主人公や登場人物に描かれる際にフィクション化は進展していく。

　NHK大河ドラマは映像化の一端である。アニメ，マンガもそうだが，映像化，画像化のイメージの発信力は大きい。当然，NHK大河ドラマ以外のテレビドラマや映画の影響も大きい。ある意味，これがフィクションの罠ともいえよう。コンテンツをフィクションと理解しつつ，それを史実と捉えてしまう向きも少なくはない。ただ現代からその時代が遠ければ遠いほど資料は少なくなり，大規模なフィクション化が行われることになる。そして絶えずメディア・リミックスによってフィクションの再生産を繰り返していく。

6　まちおこしとコンテンツツーリズム

　一部の政令市，中核市以下の人口規模の都市は少子高齢化に直面しているようにみえる。中心商店街でも日中，ほとんど人が歩いていないようなところもある。全体的に見ると中核市規模でも人口が減少していない都市もあるのだが，全体的にはその波に巻き込まれているというのが現状だ。

　また東京を中心にする三大都市圏でも大阪圏，名古屋圏では横ばい，もしくは減少基調にある。厚生労働省が2017年6月2日に公表した「2016年人口動態

統計（速報値）」で明らかになった。出生数は97万6,979人で初めて100万人の大台を下回り，少子化の加速化が浮き彫りとなった。合計特殊出生率（1人の女性が生涯に産むと見込まれる子どもの数）は，その年の15〜49歳の女性が産んだ子どもの数を元に計算される。過去最低は2005年の1.26だった。人口を維持するのには，合計特殊出生率は2.07以上であることが必要とされる。

「地方創世」は，第二次安倍政権において掲げられたものだが，東京一極集中を是正し，地方の人口減少に歯止めをかけ，日本全体の活力を上げることを目的とした一連の政策である。東京圏1都3県の人口転出入を，2020年までに均衡させるというものだが，すでに政府目標の達成が危険水域に突入した。地方での雇用創出効果が見えないまま，流入超過が拡大し，東京一極集中が加速しているからだ。

ただ近年では1都3県の人口も減少基調に入り，[9]またパンデミックによる周辺事情の変化も見て取れる。一部の企業では本社の東京からの地方移転，また大学生の地元進学など，前者ではテレワークの普及，後者では東京と地方の経済格差の所産であろう。ただ地方の就業機会が改善したわけではない。単純に経済的な理由で地元大学への進学という選択を余儀なくされていると捉えてもいい。ただ前者のように地方への本社移転が活発化すれば就業機会も是正する可能性はある。

ただし日本全体の人口減少はもはや避けられない状況に来ており，各自治体も移住，定住促進に躍起になってはいるが，現実的にそれで衰退した都市や地域を抜本的に救うことはできない。やはり多くは集客人口を増やす政策に依拠するしかないだろう。そういう意味ではフィクション化された歴史上の人物やその物語を一つの地域資源として活用することの効用はあるに違いない。

考え方によっては地元所縁に歴史上の人物のフィクション化は物語化と同義語なのかもしれない。そういう意味ではコンテンツツーリズムの文脈で捉えて

---

(9)　コロナ禍が本格化した2020年4月以降の東京都の人口は，2020年5月をピークに減少に転じ，2021年9月以降は現在まで一貫して2020年1月の水準を下回っている。東京圏の他の3県で転入超過数が大きく減少している県はない。千葉県，埼玉県，神奈川県も微減し始めている。

もいいだろう。確かにコンテンツツーリズムはアニメツーリズムが先鞭を切った形になっているが，先にあげた人物はそれぞれアニメ，マンガ，ゲームの主要キャラクターにもなっている。そこでは一応，史実に依拠したデフォルメがなされている。

つまりまちおこしとフィクション化の関係構築には，コンテンツツーリズムの考え方が援用できる。集客人口を増やすためにはいかに当該地域の魅力をアピールするかが重要だが，歴史上の人物やその物語はその魅力の一つになりうる。わかりやすくいえば甲府の武田信玄，上越の上杉謙信などの戦国武将，京都や函館などの新撰組などがあげられるだろう。もちろんそれらはフィクション化された人物像を観光資源として活用している。先述したNHK大河ドラマの活用も然り，また人物の名前を冠にした祭事，イベント，ゆるキャラ化などもその代表的な施策だ。

ただ知名度のある歴史上の人物の活用は集客にも結び付けられるが，本章の対象である藤原秀郷クラスはまず地元に評価されるだけの知名度を獲得するところからはじめなければならない。実際に筆者も顧問として関わっている一般社団法人「武将伝説」では，2017年から「藤原秀郷をヒーローにする会」のHP，X（旧Twitter）などを立ち上げ，キャラクターデザイン，秀郷流の武将図鑑，講演会，シンポジウム，所縁の地巡りなどを実施しているが，まだまだ認知度を上げることには成功していない。

座組としては民間企業を軸に，各自治体，地元メディアの協力を得てという形を標榜しているが，まだ地元でも大きな動きは作れてはいない。しかしコンテンツツーリズムの文脈で考えると，一過性に終わらせないためには時間をかけて丁寧にという姿勢が重要なので，拙速に結果を求めようとは考えてはいない。NHK大河ドラマ『風と雲と虹と』でも藤原秀郷は重要な登場人物のひとりではあったのだが，地元で知名度が上がったかというとそうでもなかったようだ。先述した佐野市で開催されている「さの秀郷祭り」も1993年の開始なので，大河ドラマの直接的な影響はなかったとみてもいいだろう。

一方でフィクション化された歴史上の人物を地域アイデンティティの喚起に

活用することもある。これも極めて重要な視点だ。その地域に対する誇りやプライドと置き換えることもできる。とくに若年層の域外流出が顕著な地域では不可欠な要素かもしれない。

7　おわりに

　歴史のフィクション化はテレビドラマ，映画をはじめとして，小説，マンガ，アニメ，ゲームなどのメディアやコンテンツがリミックスして生じる。ただそれはあくまで史実ではなく，フィクションである部分が多いという点には留意しなければならない。ファクション化は確かにコンテンツの進化のためには不可欠な作業でもあるから，一概に否定できない。

　とくに近代以前は資料も少なく，それゆえにフィクション化がしやすいのだが，近代においてはメディアが多様化することでの相互作用により，歴史上の人物のキャラクターが決まっていく。しかしまちおこしや観光文脈で捉えていくと，魅力ある歴史上の人物のキャラクターは極めて重要な要素といえる。それに人は引き寄せられていく。観光文脈で捉えると，この結果を一概に否定もできないが，あくまでフィクション色が濃いという点は押さえておく必要もある。

引用・参考文献

大原誠（1985）『大河ドラマの歳月』日本放送出版協会。

ギンズブルグ，C.，上村忠男訳（2001）『歴史・レトリック・立証』みすず書房。

日下力（2008）『いくさ物語の世界――中世軍記文学を読む』岩波書店。

関幸彦（2019）『英雄伝説の日本史』講談社。

野口実（2001）『伝説の将軍　藤原秀郷』吉川弘文館。

ハラリ，Y. N.，柴田裕之訳（2016）『サピエンス全史』河出書房新社。

樋口州男・村岡薫・戸川点・野口華世・田中暁龍編著（2014）『歴史と文学――文学作品はどこまで史料たりうるか』小径社。

ビデオリサーチ　https://www.videor.co.jp/tvrating/past_tvrating/drama/03/nhk-1.

html（2023年 7 月19日閲覧）

福田豊彦（1981）『平将門の乱』岩波書店。

増淵敏之（2010）『物語を旅するひとびと——コンテンツツーリズムとは何か？』彩流社。

村上春樹（2001）『平将門伝説』汲古書院。

夢枕獏（1988）『陰陽師』文藝春秋。

李受美（2006）「「大河ドラマ」ジャンルの登場とその社会的意味の形成過程」『東京大学大学院情報学環紀要情報学研究』第70号　pp 147-160。

第**17**章

コンテンツ文化のリミックス
「ゲーム実況／VTuber／聖地巡礼」を研究する視点とその変容

岡本　健

1　はじめに

　本書における他の章からも理解されるように，現在は「メディア・リミックスの時代」といいうるような様相を呈している。私たちが体験するコンテンツは，メディアや空間を横断し，時間を超えて眼前にあらわれる。本章の目的は，そんなメディア・リミックス環境のなかで，読者のみなさんが，より深く，より広くコンテンツを研究する際の「てがかり」を示すことにある。

　本章でとりあげるのはゲーム実況，VTuber，YouTuber など，2022年11月時点で多くの人びとに楽しまれているメディア・コンテンツ群である。これらは個々に独自の文化をもちつつも，それぞれが有機的にネットワークをなし，相互にかかわっている。こうした文化を自然に享受している人びとは，そのことをとくに意識せず楽しめるが，それらにまったく接していない人にその魅力や面白さを説明しようとすると，意外と苦労することに気づく。そして，その苦労は，こうした文化を研究対象として論文やレポートで扱う際に，さらに増すと思われる。

　「自分の興味のあること」を研究する際には，気軽さや楽しさとともに，辛さや困難さが伴うことも多い。本章では，目の前にあるメディア・コンテンツを分析するために，どのように自身の知識や体験を拡げていきながら，「研究的な視点」に接続しうるのかを示したい。そのため，例として，筆者がコロナ禍への対応をきっかけに開始した「メディア・リミックス時代のフィールドワーク」をとりあげる。まず，第 2 節では，YouTuber，ゲーム実況，VTuber

などについて，簡単に説明を行う。これらは，こうした文化に精通している人からすると説明不要なことであろうが，研究として扱う場合，対象を体験していない人や知識がない人にもわかるように，なるべく心を配る必要がある。つぎに第3節では「メディア・リミックス時代のフィールドワーク」を考えるために，筆者がVTuber「ゾンビ先生」として活動するようになった経緯を描出する。そして第4節では，コロナ禍をつうじて実践を行いながら調査のなかで発見した，過去のデジタルゲームのコンテンツツーリズム事象を紹介し，メディア・リミックス時代の研究手法を提示してみたいと考えている。

　本章で掲げる「メディア・リミックス時代のフィールドワーク」について付言しておこう。コロナ禍，とくに2020年以後に日本社会を揺るがした新型コロナウイルス感染症（COVID-19）によって，外出の自粛や施設の休業などが要請されるなか，リアル空間における自由なフィールドワークが制限される状況が発生した。そしてそのなかで，たとえば「研究室と調査地，そして，それらをつなぐサイバー空間とを縦横無尽に横断しながら行う」というメディア人類学のフィールドワークが提起されることもあった（藤野，2021：6）し，あるいは「オンライン・フィールドワーク」（遠藤，2022：vii）や「デジタル民族誌」（近藤，2021：257）といった概念が語られたこともあった。コロナ禍において，人びとの社会的活動の拠点がオンラインへと移行する状況のなかで，研究上のアプローチも多様化していったのである。

　筆者はコロナ禍以前に，スマートフォン向けゲーム『Pokémon GO』を分析する手法として「現実空間のみならず，情報空間や虚構空間の存在を前提としたハイブリッドなフィールドワーク」（岡本，2018a：37）を用いた。この時は『Pokémon GO』という位置情報ゲームをプレイしたため，現実空間における物理的身体の移動も含まれていたが，今回は現実空間よりもメディア空間（情報空間）やコンテンツ空間（虚構空間）が前景化したフィールドである。そして筆者がゲーム実況・VTuber・聖地巡礼などを題材に，本章で報告する「メディア・リミックス時代のフィールドワーク」もまた，オンライン／オフラインを越境して展開される新たな研究アプローチに数えることができるだろう。

そしてそれは本章で後述するように,「コンテンツを縦横無尽に旅する楽しさ」
と不可分なものといえる。

2　壱百満天原サロメと動画投稿プラットフォーム・YouTuber・ゲーム実況

　メディア空間やコンテンツ空間を「フィールドワーク」するには,何が必要
だろうか。本節ではまず,その具体例を示すために,YouTuber,ゲーム実況
などの文化事象について概説する。メディア・リミックス時代のメディア実践
のあり方,そしてそれを研究する際に重要な点を示す。
　まずは,「壱百満天原サロメ」(以下,「サロメ嬢」と記載)について説明しよ
う。サロメ嬢は,にじさんじ所属の VTuber である。2022年5月24日に初配
信を開始し,6月2日にはチャンネル登録者数80万人を突破した。その5日後
の6月7日には,初配信から2週間で100万人を達成した。2022年11月13日に
YouTube チャンネル「壱百満天原サロメ／Hyakumantenbara Salome」を確
認したところ,チャンネル登録者数は169万人を超えていた。サロメ嬢の大き
な特徴の一つは「お嬢様言葉」で,彼女が人気を博した初期のコンテンツは
「ゲーム実況」である。とくに『バイオハザード7 レジデント イービル』お
よび『バイオハザード ヴィレッジ』の実況配信はおおきな注目を集めた。
　さて,ここまでの「サロメ嬢」の解説を読んで,その意味を理解すること が
できただろうか。この説明の向こう側にどのような現実があるか,イメージで
きただろうか。単語の意味はすべてわかっただろうか。歴史的展開を理解でき
ただろうか。おそらく,すべて理解することができた人は,こうした文化に親
しみのある人だろう。一方で,サロメ嬢のことをはじめて知ったという人もい
るかもしれない。仮に耳にしたことがあっても,サロメ嬢の配信を実際に視聴
したことがない人もいるかもしれない。また,読者がこの文章を読むときには,
サロメ嬢はすでに現在進行形の文化ではないかもしれない。上記の短い説明の
なかには,さまざまなメディアやコンテンツ,そして,それにかかわる文化が
登場する。以下,それぞれについて説明しながら,本節で取り扱う事象の背景

を整理しておきたい。

　「YouTube」はインターネット上の動画投稿プラットフォームの一つであり，アメリカ合衆国に本社がある。2005年からサービスが開始され，日本語版は2007年から開始されている。YouTube には，クリエイターが撮影した動画を投稿することができ，視聴者はそれを視聴することができる。さらに，その動画を評価したり，動画に対してコメントを付したりすることができる。『YouTuber の教科書』によると，2021年時点で全世界に約20億人のアクティブユーザーがおり，日本でも約6,500万人のユーザーがいる（大須賀，2021）。

　クリエイターといってもプロの創作者である必要はなく，アカウントを取得すれば誰でも動画を投稿することができる。2011年 4 月 8 日には「YouTube Live」という新たなサービスが開始されたが，これにより YouTube チャンネルからライブ配信ができるようになり，クリエイターが生放送を行ったり，それに対して視聴者がリアルタイムでチャット欄にコメントを書き込んだりすることが可能になった。2022年11月現在，動画投稿プラットフォームは YouTube だけではなく，日本で作られた「ニコニコ動画」や Amazon が提供する「Twitch」などを含め，さまざまなものがある。

　動画投稿プラットフォームにはさまざまなコンテンツがアップロードされ，配信される。そして，YouTube にはクリエイターが収入を得ることができる機能が実装されている。クリエイターが収入を得る方法はいくつかあるが，そのうちの一つは「広告収入」である。投稿した動画に対して自動的にコマーシャル動画がつき，視聴者がそれを視聴した回数に応じてクリエイターに所定の金額が支払われる。もう一つは「投げ銭」である。「スーパーチャット（略称はスパチャ）」と呼ばれ，チャットを送る際に送り手が設定した金額をクリエイターに支払う。なお，YouTube チャンネルを収入が得られる状態にすることを「収益化」と呼ぶ。収益化の条件は変化してきているが，2018年 2 月20日に規定された，「チャンネル登録者数が1,000人以上あること」「直近12ヵ月の合計視聴時間が4,000時間以上あること」が2022年11月時点でも継続している。YouTube に実装されたこれらの機能がクリエイターとファンによるコミュニ

ケーションを活性化し，特有の文化を生み出す源泉になるとともに，プラットフォームそのものの収益構造を支えている。

　このようなシステムを活用して，YouTube に動画を投稿したり配信したりすることにより，収益を得て生活する「YouTuber」と呼ばれる職業が登場した。なかでもとくに有名性を獲得しているのが「HIKAKIN（ヒカキン）」である。HIKAKIN は2006年に YouTube チャンネル「HIKAKIN」を立ち上げ，2022年11月現在で245万人の登録者がいる。ちなみにチャンネルは複数展開することが可能であり，メインチャンネルともいえる「HikakinTV」(2011年開設) のチャンネル登録者数は1,090万人，そして，「ゲーム実況」をコンテンツのメインに据えた「HikakinGames」(2013年) には568万人のチャンネル登録者数がいる。

　なお，YouTuber の HIKAKIN も，VTuber のサロメ嬢も，自身のチャンネルにおけるコンテンツに「ゲーム実況」が含まれているが，これは何だろうか。YouTube には，人気のジャンルがある。たとえば，「チャレンジ系動画」「製品レビュー系動画」「音楽系動画」「Vlog (Video Blog) 系動画」などがあり，「ゲーム実況」もその一つである (大須賀，2021)。「ゲーム実況」とは，もともと「ニコニコ動画で高い人気を誇るジャンル」であり，「ゲームをしながらプレイヤーが感想や解説を喋る」ものとして説明されている (ゲーム実況愛好会，2011)。デジタルゲームのプレイ画面を配信しながらゲームの展開に関連することを話すのがオーソドックスだが，場合によっては，ゲームとは無関係の話をすることもあり，「実況」といってもその内実はさまざまである。

　「ゲーム実況」を行う人びとは「ゲーム実況者」と呼ばれる。人気のゲーム実況者は数多くいるが (『ゲーム実況の中の人』の中の人，2012；2013；2014)，本章では相互にコラボを行うことも多い 4 人のゲーム実況者を紹介しておきたい。チャンネル登録者数 (2022年11月時点) の多い順でいうと，「キヨ。」(405万人)，「レトルト」(231万人)，「あまり驚かないガッチマンはホラーゲームばかりやっている」(173万人)，「牛沢」(141万人) である。彼らはいずれも男性であり，普段は素顔を画面にうつさない方式により，ゲーム画面と声によって構成された

動画を投稿している。ちなみにガッチマンについては，VTuber「ガッチマンV」(49.5万人) としても活動している。

　それでは，サロメ嬢も該当するVTuberについても整理しておこう。『バーチャルYouTuberはじめてみる』によると，バーチャルYouTuberは「２Dや３DのCGキャラクターと音声を組み合わせた動画をYouTubeに投稿する配信者の呼称。バーチャル (Virtual) を略して「VTuber」と呼ばれることもあります。ニコニコ動画などに代表されるネットカルチャーやマンガ・アニメ・ゲームを好きな人たちとの親和性が高く，多種多様なエンターテイナーやクリエイターが参加する“自由な遊び場”として大きな盛り上がりを見せています。」と説明されている (スタジオ・ハードデラックス, 2018)。ニコニコ動画をめぐるネットカルチャーの特徴については，濱野智史の『アーキテクチャの生態系』(濱野, 2008) などに詳しい。ここでは紙幅の都合で詳しく触れることはできないが，現在の文化につながる歴史的展開を抑えておくことは，当該文化を分析するための基礎として非常に重要である。[1]

　以上に実施してきたような外形的な説明は非常に重要であり，これを詳しく記述することは忘れてはならない。ただし，こうした説明を重ねるだけでは，対象との距離はいまだ遠いものといえる。次節では「VTuber」や「ゲーム実況者」の文化をより深く理解するため，筆者が実際に当事者になって活動しながら調査した「メディア・リミックス時代のフィールドワーク」の成果について報告してみたい。

3　メディア・リミックス時代のフィールドワーク①
——VTuber「ゾンビ先生」の事例から

　『超人女子戦士 ガリベンガーV』というテレビ番組がある (以下，『ガリベン

---

[1]　本節では，人気VTuber「サロメ嬢」を理解するために必要な情報を整理した。これでもまだかなり簡素な説明である (紙幅の都合で，必要最低限とでもいえるレベルである)。現代のメディア文化は，それについての知識や経験がない人に対して説明するのはかなり大変なのだ。しかし，この点をおろそかにすると，当該文化のファンのあいだでしか流通しない文章となってしまう。それは趣味のコミュニティのなかで楽しまれる分には良いが，レポートや論文といった学術的に開かれた文章としては問題がある。

ガー V』と記す）。本番組は，2019年1月18日にテレビ朝日系列で放送が開始された。お笑いコンビ「バイきんぐ」の小峠英二が司会を務め，3人の VTuber が「生徒」として教室に座る。ゲスト講師が登場し，その日のテーマについて解説して，VTuber がそれに関するクイズに回答する。VTuber のうち「電脳少女シロ」はレギュラー出演で，残りの2名は毎回交代する。

　筆者は，この番組の「第44話 ゾンビの謎を解明せよ！」にゲスト講師として出演した（2020年4月3日 1:26〜1:56放送）。その際に出演した VTuber は電脳少女シロ，花京院ちえり，周防パトラの3人だった。筆者は，『ゾンビ学』（岡本，2017）および『大学で学ぶゾンビ学』（岡本，2020）という書籍を出版していたため，ゾンビの専門家として出演したのである。

　VTuber が1,000人以上掲載されている『バーチャル YouTuber 名鑑』（にゃんら，2018）を参照すると，「世界初のバーチャル YouTuber」というタイトルにより「キズナアイ」を取り上げた後，バーチャルユーチューバー四天王と呼ばれる「輝夜月（かぐやるな）」「ねこます」「ミライアカリ」「電脳少女シロ」を紹介している。補足しておくと，VTuber には個人で活動しているものと，グループで活動しているものがいる。人気を博している VTuber グループには「にじさんじ」や「ホロライブ」などがある。「電脳少女シロ」「花京院ちえり」は，「どっとライブ」というグループに所属しており，他には「ヤマトイオリ」，「七星みりり」などがいる。「周防パトラ」は，「ハニーストラップ」所属で，他には「西園寺メアリ」，「島村シャルロット」などがいる。

　筆者は『ガリベンガー V』の撮影に参加し，3人の VTuber と共演したが，当時はまだ「VTuber」についての知識は乏しかった。もちろん「バーチャル YouTuber」という存在は知っていたが，「キズナアイ」の名前と姿を認識している程度であり，実際に動画を視聴しているわけではなかった。しかしその一方で，学生たちがこの文化を話題にすることが多かったため気になる存在であり，かつてニコニコ動画で創作活動が盛り上がった「初音ミク現象」に似ているのかもしれない，などと想像していた。

　筆者はかつて大学院時代，2008年3月頃から「アニメ聖地巡礼」や「コンテ

ンツツーリズム」について研究を開始し，その成果を博士論文にまとめて観光
学の博士号を取得したことがある（岡本，2018b）。研究成果のなかで明らかに
したことの一つが，インターネットが普及した情報社会を背景として，（ニコ
ニコ動画などで行われていた創作の連鎖である）「N 次創作」（濱野，2008）が観光情
報のやりとりにおいても，また，観光地で創発される文化においても盛んに展
開されている事実であり，その様子を「n 次創作観光」として概念化したので
ある（岡本，2013）。そしてそのなかで，アニメ聖地巡礼を含むコンテンツツー
リズムにおいては，現実空間における身体的・物理的移動のみならず，情報空
間，虚構空間での精神的移動が重要な役割を担っており，観光を考える際には
それらを複合的に分析していく必要があることを指摘した（岡本，2018c）。そ
してその後，コンテンツそのものに関する研究を深めるべく，ゾンビコンテン
ツについての研究を展開してきたのである（岡本，2017；2020）。

　テレビ朝日本社のスタジオで『ガリベンガー V』の収録があったのは2020年
3 月 8 日だった。COVID-19の感染拡大によって 7 都府県に緊急事態宣言が発
出されたのが2020年 4 月 7 日であり，また，ダイヤモンド・プリンセス号の乗
客のなかに罹患者が確認されたのが 2 月 1 日であったため，ちょうど狭間の期
間にあたる。COVID-19の流行により，人と人との距離を保つ「ソーシャル
ディスタンス」や外出時にマスクを着用することが励行され，三密（密集，密
接，密閉）を避けることが重要であると周知された。COVID-19は社会のさま
ざまな場面に影響を与えたが，それは大学においても例外ではなかった。大学
という場は，広範囲のエリアから学生や教職員が集い，コミュニケーションを
とる場である。そのような場である大学においても，感染拡大を抑制する必要
性から「オンライン授業」が導入された（松井・岡本，2021）。

　筆者が所属する近畿大学も例外ではなく，2020年 4 月 3 日から 5 月31日まで，
学生のキャンパスへの立ち入りを原則禁止し，授業は全面的にオンライン化し
た。教員に対しては，オンライン会議サービスである「Zoom」の有償アカウ
ントが割り振られ，授業運営は「Google Classroom」をもちいて実施されるこ
とになった。当初はとにかく自身の授業を動画にしてアップロードする作業に

追われていたが，ふと，自分の授業動画を見直してみた際に，そのクオリティの低さに愕然とした。そのときに思い出したのが『ガリベンガーＶ』での体験だった。アカデミックな内容を，わかりやすく楽しく学べる構成になっていたのはもちろん，VTuber が登場することで親しみやすさも増しているように感じられた。また，筆者は VTuber そのものにも研究上の関心を抱きつつあったため，授業動画の制作のみならず，YouTube をもちいて VTuber 活動を実践してみようと思いついたのである。

　筆者は，『図書館とゲーム』（井上他，2018）の編者の一人である「格闘系司書」こと高倉暁大や，私のゼミに所属する学生たちの力を借りて環境を整え，2021年７月25日に VTuber「ゾンビ先生」として活動を開始した。チャンネル名は「ゾンビ先生の『YouTube ゾンビ大学』」である。デビューに際して選んだのは，『バイオハザード』の実況プレイだった。『バイオハザード』は，1996年に株式会社カプコンから発売されたプレイステーション向けのゲーム作品である。その後，ゲーム実況にとどまらず，論文・レポートの書き方，講義などの動画投稿やライブ配信を重ね，2022年11月27日時点で400本程度の動画をアップし，チャンネル登録者数は1,735人にまで成長している。

4　メディア・リミックス時代のフィールドワーク②
――『かまいたちの夜』とコンテンツツーリズム

　2022年11月時点の「ゾンビ先生の『YouTube ゾンビ大学』」では，Nintendo Switch 用ソフト『アパシー　鳴神学園七不思議』の実況プレイを実施している。これは Shannon が開発し，メビウスが2022年８月４日に発売したゲーム作品で，飯島多紀哉が原作・脚本を担当している。「YouTube ゾンビ大学」では発売日翌日の８月５日に１本目の動画をアップし，その後，実況動画の投稿やライブ配信を継続している。

　本作の内容は，新聞部員の主人公が，先輩部員から学校の七不思議に関する特集記事を書くように依頼され，先輩が声をかけて集めた生徒たち一人一人から怖い話を聞いていく，というものだ。ゲームといっても複雑な操作は必要な

く，提示されたテキストを読み，ボタンを押してそれを送っていく。ところどころで選択肢が提示され，その選択によってその先の展開が変化していき，さまざまなエンディングにたどりつく。このシリーズの一作目は，1995年8月4日に発売されたスーパーファミコン向けソフトの『学校であった怖い話』であった。飯島健男（飯島多紀哉と同一人物）がプロデュースし，パンドラボックスが開発し，バンプレストが発売した。ゲームシステムも同様で，テキストベースのアドベンチャーゲームであった。

「YouTube ゾンビ大学」では，すでに『学校であった怖い話』を2022年7月23日から実況プレイしていた。本作の実況を実施した理由は，それ以前に，類似のゲームシステムをもつ作品『かまいたちの夜』を実況して楽しんでいたためである。

『かまいたちの夜』はテキストベースのミステリーアドベンチャーゲームである。『スーパーファミコン パーフェクトカタログ』（前田，2019）によると，これは1994年11月25日に発売され，定価は10,800円であった。なお，同書では『かまいたちの夜』の作品内容は次のように説明されている。

　　我孫子武丸をシナリオに迎えて制作されたサウンドノベル。「こんや，12じ，だれかがしぬ」をキャッチコピーに，ガールフレンドと共に冬のペンションへ訪れた青年を中心とした物語が描かれる。殺人事件を解明する「ミステリー篇」のほか，「スパイ篇」「悪霊篇」など多彩なシナリオを収録。シナリオクリアするたび話が広がる構成から人気を集め，サウンドノベルを1ジャンルとして定着させた（前田，2019: 144）。

本作では，テキストが画面に表示され，プレイヤーはそれらを読みながら，時折登場する選択肢を選んで話を進めていく。テキストの背後にはストーリーのイメージを示す風景のグラフィックや人影が表示される。効果音や音楽も挿入され，まさに「サウンドノベル」である。ゲームジャンルはアドベンチャーゲームに分類できるだろう。なお，アドベンチャーゲームの代表作を解説して

いる書籍，『甦る 至上のアドベンチャーゲーム大全 Vol.3 1993年～2000年』によると，『かまいたちの夜』は，チュンソフトによるサウンドノベルゲームの2作目であり，その1作目は『弟切草』であった。本作はオカルトをテーマとするものだが，『かまいたちの夜』はシナリオに推理作家の我孫子武丸を迎えたミステリー仕立てになっている。

　上述した一連のプレイ履歴を振り返ってみると，筆者はサウンドノベルジャンルに分類される1990年代の作品と2020年代の作品を舞台として，ゲーム実況というプレイスタイルをつうじて，それらを並行的に遊んでいたことになる。そして，『かまいたちの夜』の攻略本を研究資料として収集して分析した結果，以下のようなコンテンツツーリズム実践が行われていた事実を，図らずも知ることになったのである。

　1995年に発売された『公式ファンブック かまいたちの夜』には，作品の舞台となった白馬村のスキー場や自然，観光資源，名産，マップなどとともに，物語の舞台であるペンション「シュプール」のモデルとなったペンション「クヌルプ」が紹介されている。さらに『公式ファンブック改訂版 かまいたちの夜 特別篇』（1998年）には，「クヌルプ」を訪れた『かまいたちの夜』のファンに関する記事が掲載されている。高校の演劇部の人びとがオリジナルの脚本で実写版の『かまいたちの夜』を撮影していた，というエピソードである。ゲームの舞台となった場所で，彼らは二次創作の映像作品を制作していたのだ。

　さらに，2002年に発売された『かまいたちの夜 完全攻略本』には，『かまいたちの夜』が誘発したクヌルプへの集客効果に関する記述が含まれている――「ゲームが発売されてから8年の歳月が流れたが，その間にペンションを訪れた人は，なんと約1万1千人にも上るというのだ」という文章や，「ゲーム発売後の8年間で，のべ約3万泊ほどペンションの利用客がいたのですが，そのうちの約1万泊が『かまいたちの夜』を遊んだのがきっかけという人だったんです」，あるいは「とくに，発売の翌々年がいちばん多くて，トータルで約4,500泊お客さまがいたのですが，そのうち約2,000泊がゲームを遊んでという人でした」という文章が掲載されているのだ。

　さらに本書では，テレビドラマ『かまいたちの夜』のことも紹介されている。これによると，ドラマ版は主演が藤原竜也および内山理名であり，単発の2時間ドラマとして，2002年7月3日に水曜日にTBS系で放送された。その内容であるが，ゲーム『かまいたちの夜』のインターネットにおけるファンサイトのオフ会として，舞台となったペンション「クヌルプ」に宿泊し，ゲーム『かまいたちの夜』を再現する二次創作的な映像作品を撮影しようとするものとなっている。これは先ほど紹介した，ペンション「クヌルプ」で実際にファンたちが行った試みをモチーフにしている可能性がある。なお，このドラマが放送されることによって『かまいたちの夜』はあらためて注目されることになり，当然ながら，その舞台地であるペンションには，さらに新規顧客が訪れたと考えられる。

　筆者は2000年代後半に「n次創作観光」の実態を明らかにしたが，それと類似した構造をもった行動が，ゲームのコンテンツが生成する虚構空間をめぐって，（規模的には「一つのペンション」と小さくはあるものの）1990年代後半から2000年代初頭にはすでに起こっていたことが判明したのである。

　本章ではあえて，過去から現在への，一方向的な時間の流れをたどるかたちでコンテンツの歴史を記述していない。そうではなく，むしろ新旧のメディアやコンテンツが複雑に絡み合った状況のなかに飛び込み，メディア世界／コンテンツ世界に対するフィールドワークを展開し，研究成果を獲得するにいたる様子を描写しようとした。

　いま読者のみなさんが楽しんでいるメディア・コンテンツは，必ず歴史のなかにある。YouTubeなどのプラットフォームによって多種多様なコンテンツへ手軽にアクセスできる現在，個々の作品に出会う順番は自由で良い。むしろ現実／虚構，リアル／バーチャル，オンライン／オフラインなど既存の垣根を越境しつつ，こうしたつながりをたどりながら，そして，さまざまな資料を駆使しながら歴史を整理することで，それが研究へと昇華されていくのである。

5　まとめ——コンテンツを縦横無尽に旅する楽しさ

さて，本章の冒頭で「壱百満天原サロメ」を解説した文章をあらためて読み
返してほしい。少し見方が変わったのではないだろうか。最初に読んだときよ
りも理解が深まり，解像度が高まっていれば，本章をお読みいただいた甲斐が
あるというものだ。そして，それにより「新たな疑問」が湧いたのであれば，
それはさらなる調査を要するポイントであり，もしかすると，まだ誰も取り組
んでいない「あなたの研究テーマ」を発見した瞬間かもしれない。

　本章で議論してきたように，いま目の前にある現象は，同時代のさまざまな
現象とつながる「横」の拡がりをもっている。そしてまた現在へといたる，さ
まざまな歴史的事象とつながる「縦」の拡がりももっている。私たちが直面し
た「コロナ禍」もまた，この歴史のなかにあるわけだが，こうした未曽有の現
象を前にしたとき，そこから目をそらさず，何かのせいにしてごまかさず，落
胆して終わらず，そのなかでできることを探っていくことが重要である——こ
れはコロナ禍の，実際にフィールドワークに行けない制約的状況のなかで，Vtu-
ber「ゾンビ先生」として「メディア・リミックス時代のフィールドワーク」
に挑戦した筆者が得た教訓である。

　みずからが置かれた環境のなかで，現在／過去を問わずさまざまな情報源に
あたり，その全体像を描き出すことは研究の第一歩になる。そのプロセスをつ
うじて，自分が取り組もうと考えるテーマや研究対象に出会ったり，思いもよ
らない新たな発見が得られたりする。メディア・リミックス時代にコンテンツ
やツーリズムを「研究する」際に必要とされるのは，自身の好奇心を動力に，
現実空間のみならず情報空間，虚構空間を含めた広範なフィールドを縦横無尽
に旅することなのである。[2]

引用・参考文献

井上奈智・高倉暁大・日向良和（2018）『図書館とゲーム——イベントから収集へ』日本図書館協会。

遠藤英樹編（2022）『フィールドワークの現代思想——パンデミック以後のフィールドワーカーのために』ナカニシヤ出版。

大須賀淳（2021）『YouTuberの教科書——視聴者がグングン増える！撮影・編集・運営テクニック』インプレス。

岡本健（2013）『n次創作観光——アニメ聖地巡礼／コンテンツツーリズム／観光社会学の可能性』北海道冒険芸術出版。

——（2017）『ゾンビ学』人文書院。

——（2018a）「スマートフォンゲームの観光メディアコミュニケーション——『Pokemon GO』のフィールドワークからの観光の再定義」『奈良県立大学研究季報』第28巻第3号，pp. 37-62。

——（2018b）『アニメ聖地巡礼の観光社会学——コンテンツツーリズムのメディア・コミュニケーション分析』法律文化社。

——（2018c）『巡礼ビジネス——ポップカルチャーが観光資産になる時代』KADOKAWA。

——（2020）『大学で学ぶゾンビ学』扶桑社。

——（2023a）「YouTuber, ゲーム実況者, VTuberなどの複合的で複雑な現代文化を研究する際に有用な研究手法の提案——コロナ禍におけるVTuber「ゾンビ先生」による情報空間のフィールドワーク」『近畿大学総合社会学部紀要：総社る』第11巻第2号, pp. 15-30。

——（2023b）「コンテンツツーリズム史の構築——アニメ聖地作品の量的変化およびアニメ・マンガ・ゲームと観光・旅行とのかかわりの質的変化から」『コンテンツ文化史研究』第14号, pp. 48-87。

ゲーム実況愛好会（2011）『つもる話もあるけれど，とりあえずみんなゲーム実況みようぜ！』ハーヴェスト出版。

---

(2) 本章で紹介した「メディア・リミックス時代のフィールドワーク」から得られた成果は，2つの方向性の異なる論文として形を成した。第3節は「YouTuber, ゲーム実況者, VTuberなどの複合的で複雑な現代文化を研究する際に有用な研究手法の提案」（岡本, 2023a）という，方法論に関する論文に結実した。一方，第4節の内容は他のさまざまな情報と組み合わせて，「コンテンツツーリズム史の構築」（岡本, 2023b）という論文として世に問うた。これは，アニメ，マンガ，ゲーム等を横断的に関連づけながら，総合的なコンテンツツーリズム史の構築を試みたものだ。みなさんも，このように，「発見した事実」を「どのような文脈に位置づけるか」を考え，論文やレポートなどとして後世に残してほしい。

『ゲーム実況の中の人』の中の人（2012）『ゲーム実況の中の人』PHP 研究所。

――（2013）『ゲーム実況の中の人 2 冊目』PHP 研究所。

――（2014）『ゲーム実況の中の人 3 冊目』PHP 研究所。

近藤祉秋（2021）「デジタル民族誌の実践――コロナ禍中の民族誌調査を考える」藤野
　　　陽平・奈良雅史・近藤祉秋編『モノとメディアの人類学』ナカニシヤ出版。

スタジオハードデラックス（2018）『バーチャル YouTuber はじめてみる』河出書房新
　　　社。

チュンソフト（1995）『公式ファンブックかまいたちの夜』チュンソフト。

――（1998）『サウンドノベル・エボリューション 2 かまいたちの夜【特別篇】公式
　　　ファンブック』［改訂版］チュンソフト。

――（2002）『かまいたちの夜完全攻略本』チュンソフト。

にゃるら（2018）『バーチャル YouTuber 名鑑2018』三才ブックス。

濱野智史（2008）『アーキテクチャの生態系――情報環境はいかに設計されてきたか』NTT
　　　出版。

ファイティングスタジオ（1995）『学校であった怖い話――必勝攻略法』双葉社。

藤野陽平（2021）「メディアと人類学の微妙な関係を乗り越えよう――新しい社会とメ
　　　ディアのエスノグラフィに向けて」藤野陽平・奈良雅史・近藤祉秋編『モノとメ
　　　ディアの人類学』ナカニシヤ出版。

前田尋之（2019）『スーパーファミコンパーフェクトカタログ』ジーウォーク。

メディアパル（2022）『甦る 至上のアドベンチャーゲーム大全 Vol. 3 1993年～2000年』
　　　メディアパル。

松井広志・岡本健（2021）「ソーシャルメディアの教育活用――コロナ禍のなかで」松
　　　井広志・岡本健［編］『ソーシャルメディア・スタディーズ』北樹出版，pp. 134-
　　　143。

第18章

エスノグラフィのリミックス
スマホ時代の人類学とアフター・コロナ時代の人類学

藤野陽平

1　はじめに

　人類学が提唱し近年，人口に膾炙するようになってきた方法論にエスノグラフィを挙げることができるだろう。単に現地を訪問したりインタビューしたりするだけではなく，その社会の構成員となりながら調査する方法というような意味で使われているようであるが，エスノグラフィは人類学にとって学問的アイデンティティとなる重要な方法論である。

　社会の一員となって内側から考えるということ以外にも，人類学的なエスノグラフィにはより細かい要素がある。たとえば異文化において，長期間実施することが必要と考えられている。つまり，人類学者にとって海外での長期調査が必要不可欠というわけであるのだが，2019年末からの新型コロナウイルスのパンデミックは，従来型のエスノグラフィの実施を困難にさせた。

　新型コロナウイルスのパンデミックは社会のありとあらゆる局面に大きな影響を与えただけでなく，人類学という学問分野にとってはその存続がかかる重大問題であった。[1]とくに深刻なのはこれから長期調査を控えていた若手研究者である。すでに長期調査を終えていれば，言語の習得や人間関係の構築はでき

---

[1]　実際に日本文化人類学会などで各種のシンポジウム，ワークショップが開催されるなどしている。例えば2020年9月19日の公開シンポジウム「コロナ時代におけるフィールドワーク教育をめぐって」（主催：日本学術会議地域研究委員会文化人類学分科会，共催：日本文化人類学会，日本学術会議統合生物学委員会自然人類学分科会，日本学術会議地域研究委員会地域研究基盤強化分科会，後援：日本人類学会）や，2022年6月3日の第56回日本文化人類学会研究大会，前夜祭次世代支援WG2021＋人類学若手交流会共催イベント「フィールドに行けない人類学——院生3分リレートーク」等である。

ているので，オンライン・インタビューなど次善策を取ることもできなくもないが，長期調査を終えていないとそうもいかない。当然博士論文にも影響が出る。このまま若手研究者が育たなければ，その学問分野は先細りしていってしまう。

　パンデミックは文化人類学やエスノグラフィを終わらせてしまうのだろうか。物理的にフィールドへ移動できない時代の人類学とエスノグラフィとは，それ以前のものとどう変化するのか，今後どのようにリミックスされていくのか。本章では新しいメディアの登場と関連させて論じてみたい。

2　ビフォー・コロナ時代のメディア環境とエスノグラフィ

(1)　マリノフスキーの方法論の影響

　初めてエスノグラフィ法を提唱したのはブロニスワフ・カスペル・マリノフスキーとされている。その主著『西太平洋の遠洋航海者』において，彼は人類学者が行うべき方法を提示した。本書は主題であるクラ交換についての卓越した民族誌であるだけではなく，エスノグラフィの方法論を述べたバイブル的存在で，今日でも繰り返し参照されている。このマリノフスキーの方法論は人類学やエスノグラフィの教科書的な書籍には必ずといってよいほど紹介され，たとえば本章の執筆中の最も新しい人類学の教科書の一つ，箕輪らによる『人類学者たちのフィールド教育』においても「このマリノフスキー流のフィールドワークは，長らく人類学者の手本となってきた。とりわけ，(1)現場（異境）での長期にわたる滞在（基本的には一から二年）(2)現地の言語の習得，(3)現地の人びととの信頼関係（ラポール）の形成，(4)現地社会の一員としての需要といった技術的条件は，およそ100年が経過した今日においても人類学を志す多くの大学院生が実践しており，さらにはこれを経験することが人類学者になるための一種の通過儀礼のようなものになっている」（箕曲ほか，2021：5）と紹介されている。

　私自身を例とすると台湾で2005年から2007年にかけて長期調査を行った。さ

らに韓国には2010年の９月から2011年の３月にも滞在したことがあるが１年に満たない半年ほどである。そのため私は台湾を自分のフィールドであると考えているものの，１年に満たない滞在しかしていない韓国を自分のフィールドと胸を張っていうことができない，後ろめたさを感じている。

こうした人類学者たちが引き継いできた伝統的なエスノグラフィは，トランスナショナルに情報を伝える新しいメディアの登場でどのような変化にさらされてきたのだろうか。

(2) ビフォー・コロナのメディア環境とエスノグラフィ①――インターネットの普及

私がフィールドである台湾を初めて訪問したのは1998年の９月のことだった。奇しくも Windows98の日本でのリリースが同年の７月であるので，私の台湾フィールドワーク人生はインターネットが普及していくのと同時代であったといえる。ホームとの断絶を求めるマリノフスキーのメソッドからは逸脱するかもしれないが，フィールドにありながらも Eメールを通じてホームと連絡が取れる状態であった。

大学院生になり本格的にエスノグラフィを実施しはじめた2000年代初頭はノートパソコンをフィールドに持ち込んでいたが，ホテルからインターネットに接続することはできなかった。そこで，すでに小さな町にも普及していたインターネットカフェを利用して日本国内のニュースを確認し，知人たちとメールのやり取りを行っていた。

音声での連絡には国際電話を使用していた。1999年に台湾で発生した921大地震の発生時，日本に無事を伝えたいが宿泊していた台北市内のゲストハウスは停電し電話も不通だった。どうしたものかと苦慮していたところ，近くの高級ホテルの公衆電話は通じているという情報があったため，コレクトコールで国際電話を使用して家に電話をした。それから数年経った留学時代には無料音声通話ができる Skype が開発されていたので，相手が PC さえ立ち上げていれば，いつでも無料で気軽に通話が可能となっていた。

(3) ビフォー・コロナのメディア環境とエスノグラフィ②──スマホと SNS の登場

インターネット後の変化のなかで特筆すべきは，スマートフォンと SNS の登場だろう。LINE や Facebook Messenger を通じて，ホームにいながらにして常にフィールドのインフォーマントと連絡を取ることができる。しかも，スマホなら PC の前にいなくてもやりとりができ，E メールに比べて相当気軽に，である。実際にこの原稿を書いている今，私は台湾の友人から札幌ではどの回転寿司屋が美味しいのかという問合せに答えさせられている。

それまでメディアを研究対象としてこなかった私にとってスマホ×SNS 時代のメディアを取り扱わざるをえないと感じさせた出来事がある。それは2014年に台湾で発生したひまわり学生運動であった。宗教と民主化運動について研究しているので，すぐにでも現地を訪問して調査したかったのだが，それが叶わず忸怩たる思いでいた。

しかし，東京で居ても立っても居られない状況でいた私の手元にあるスマートフォンには Facebook や YouTube を通じて，リアルタイムの情報が飛び込んできた。しかも学生たちが占拠する国会議事堂のなかからである。たとえすぐに台湾に渡ったとしても得られないであろう内部からの情報が驚くべきスピードでホームにいる私のポケットのなかのスマホに飛び込んでくるのである。

この経験を通じてメディアと人類学をリンクさせる必要を強く意識し，不可逆的かつ急速に広がるメディアの影響について考えはじめることとなった。こうした問題意識を共有する仲間たちと刊行したのが拙編著『モノとメディアの人類学』である。

メディア人類学をリードする研究者は，ビフォー・コロナの時代におけるメディア人類学についてインターネット時代からスマホ時代の変化を軸に議論している。原（2004）は印刷メディアと電子メディアに焦点を当て，テクノロジーの面から捉え，そのテクノロジーとしてのマスメディアを社会からひとまず切り離して捉えることを訴えた。その上でコミュニケーションを扱うメディア人類学Ⅰと教育を扱うメディア人類学Ⅱが存在していることをレビューし，

両者を統合したメディア人類学Ⅲの必要性を主張している。

　このインターネット時代のメディアの捉え方として原（2021）は「1990年代から2000年代初めごろの筆者は，メディアを主に社会的コミュニケーションの媒介物という観点から捉えていた。すなわちテレビ・映画・雑誌などの旧来のマスメディアであれ，携帯電話やインターネットなどの比較的新しいメディアであれ，フィールドの人びとの間，フィールドと人類学者の間，あるいはフィールドの人びととホームの人びとの間のコミュニケーションの媒介物という観点から捉えていた」と振り返り，その上で15年近く経った2020年代初めのスマホ時代の状況について「メディアは，社会的コミュニケーションの媒介物という以外の性格が強まってき」ており，「スマホに代表されるようにメディアのデジタル化・多機能化・個人化・モバイル化・偏在化が進んできたことで，社会的コミュニケーションという範疇に収まらない人びとのメディア実践が，一層顕著になってきた」という。その結果，「人間–非人間」「非人間–非人間」「非人間–人間–非人間」の間のコミュニケーションが増加し，「あらゆるものが相互に結びついて」いく時代になっていくだろうと指摘している（原，2021：53-54）。

3　アフター・コロナ時代のメディア環境とエスノグラフィ

　それではエスノグラフィのリミックス後として，新型コロナウイルスのパンデミック後の話に入っていきたい。人の移動が憚られ，都道府県を跨ぐ移動の自粛が求められる危機的な状況のなか，異文化での長期調査を求められる人類学にとって海外への渡航が困難になるという状況は，上述の通り人類学の崩壊にもつながりかねない重大事項であった。もちろんこれまでも，感染症の流行や各地での紛争によってフィールド調査の継続が困難になることもあったが，これほど大規模で全世界的な状況は極めて異例であった。

　一方でこの時期のコミュニケーションを支えたのは，新しいメディアであった。Zoomに代表されるオンライン会議のアプリケーションの広がりは，オン

ライン会議，オンライン授業，オンライン飲み会……といった具合に，従来で
あれば物理的に人が移動することが必要であったコミュニケーションが，スク
リーンとインターネットとを介して行われることとなり，必然的にヒト・モ
ノ・社会は従来以上にサイバー空間へと導かれることとなった。そのサイバー
空間という無限に広がるフロンティアは，これまでの人類が暮らしていた場所
とは性質を異にする。この間に生じた変化は新しい空間において通用する新し
いエスノグラフィの模索を人類学者に強いている。矛盾するようだが人の移動
が制限されることによって，それまでの人類学のフィールドが拡大するという
新たな局面を迎えたのである。

　そこで本章では移動に制限があるなかにあっても，ヒトがいかに移動するの
かということと，人類学者がどのように移動しながらフィールドワークをして
いくべきなのかということ（両者はパラレルな関係にある）について考えること
で，この時代のエスノグラフィのあり方を考えていきたい。

(1)　新たな観光実践にみるコロナ禍の人の移動

　遠藤（2021）が「移動し，互いがふれあい，遊ぶということが，他者に関心
を示し，自分を知り，それによって社会を築くうえで決定的に重要なこと」と
述べるようにコロナ禍における人の移動を考える上で最も示唆に富む対象の一
つは観光と言っていいだろう。エリオットとアーリー（2016：i）は『モバイ
ル・ライブズ』の冒頭で「今や人びとは，毎年230億 Km 旅していると推定さ
れている。2050年までには，資源の制約さえなければ，約4倍の毎年1,060億
km に達すると予想されている。旅や観光は世界で最も大きな産業を形成する
ようになり，毎年7兆ドル以上の価値を生み出している。国際航空分の数は，10
億便近くとなっている」と述べる。「より遠く，より速く，そして（少なくと
も）より頻繁に」旅に出ていくと予見されていた現代社会であるが，たった一
種類のウイルスの登場によって，その予想は大きく覆されてしまった。

　この間，オンラインツーリズム，GOTO トラベル，マイクロツーリズム，
都道府県民割など観光にまつわる聞きなれない単語が飛び交い，さまざまな移

動を伴わない観光実践が登場した。

(2)　イベントが中止でも集まる人びと──初日の出 in てっぺん2021のケース

　移動が制限される中，すべての人が素直に外出自粛の依頼に従っていたのではなく，移動を伴った観光実践を行う人びとも一定数存在した。ここでは「初日の出 in てっぺん」というイベントを事例として考えてみたい。このイベントは日本の最北端稚内の宗谷岬で初日の出を見るために人びとが集まるというもので，ウェブサイトによれば1988年から開催されているようである。会場の日本最北端の地の碑の周辺の駐車場には12月31日の昼ごろから徐々に人が集まりはじめ，車中泊をする人びとの車で満車になる。自動車だけではなく，オートバイや自転車で参加する人もおり，その人たちは強風で有名な宗谷岬にテントで夜を明かす。暴風雪の中，アイスバーンの路面を二輪車で移動することには冒険的要素を強く感じ取れる。

　同ウェブサイトの情報によればイベントの内容は2020年のケースでは１月１日早朝５時30分にかがり火が灯され，６時15分には花火の打ち上げ，６時25分には稚内市長の挨拶，６時35分より記念品の配布（先着1,000名），７時12分ご来光，８時にイベント終了となっている。オフィシャルなイベント以外には年がかわる12月31日の12時50分ごろに参加者は最北端の碑のあたりに集まり，カウントダウンを行う。直後に各々，記念撮影会をし，すぐ近くにある宗谷岬神社へ参拝する。とにかく寒いため，新しい年を迎えたことの感慨や余韻に浸ることもなく，用が済めばそそくさと車やテントに戻っていく。

　その他にはとくに何か興味を引くイベントというのが行われることもなく，各々車やテントのなかで過ごしているのだが，駐車場で隣に停まっている車の人などと挨拶をしたり，他の参加者との交流もある。とくに暖房の効いているトイレはサロンのような状態となる。ここはテント泊の人びとにとって暖を取れる唯一の場所である。ここで談笑している人びとがおり，情報交換や旅の過

(2)　最北のまち稚内観光情報（稚内市役所建設産業部観光交流課）「初日の出 in てっぺん」（2021年１月11日閲覧）。

酷さ自慢大会の様相を呈する。私のように車で参加していると伝えると「なんだ車か…」というやや冷ややかなリアクションを受けることもあり，二輪車でやってきて，テント泊をしている人びとの方が高い評価を受けがちである。巡礼をバスや自動車で行うより，徒歩で行う方に価値が置かれているのと同じようなことなのだろう。

　道外からの参加者は，フェリーに乗って小樽や苫小牧といった港から一路最北端の宗谷岬を目指す。冬の北海道であるため，道路のコンディションは極めて良くない。雪のない時期のようにスピードを出すことはできず，ノロノロ運転を余儀なくされる。少なくとも1週間以上，人によっては2週間ほどこのために時間を作って参加する。

　この「初日の出 in てっぺん」であるが，2021年は国内の他のイベントと同様に新型コロナウイルス感染拡大のため，中止となった。しかし，イベントを行わないだけで会場の駐車場は閉鎖されず，開放されている。つまりオフィシャルなイベントは開催されないだけで，同じ場所に赴き，年を越し，初日の出を見ようと思えばできなくもないという状況が整っていたのである。

　私は数年前からこのイベントの存在を知っており，いつか参加してみたいと思っていた。札幌在住の私にとって北海道内の移動だけで済み，都道府県は跨がずに済むうえに，独り車で参加すれば三密にもならない。都道府県を跨ぐ移動の自粛が求められていたので，東京への帰省を断念し，レンタカーを借りて参加することとした。

　2020年12月31日，午前4時30分に札幌を出発し，数年に一度と言われる暴風雪の中，北上する。途中，吹雪で前方の視野が失われるホワイトアウトの状態で，先行する車のブレーキランプを頼りに慎重に運転していく。12時ごろに稚内市内に到着し，情報収集と買い出しをして，宗谷岬へ向かう。この辺りになるとバイクに加えて，自転車の参加者を追い越すこともある。

　14時30分ごろ宗谷岬に到着する。私の到着時点では二つの駐車場ともに空きがあったが，夜にはほぼ満車となっており，少なくない人がここに集まっていた。少し休憩をした後に，紅白歌合戦をラジオで聴きながら，読書をしたり，

年賀状を書いたりしながら時間を過ごし，夜になると研究者仲間たちとオンライン飲み会をしながら夕食をとった。12時が迫ってくる頃，年越しのカウントダウンに参加し，宗谷岬神社で初詣する人びとの撮影をし，車に戻り就寝する。翌1月1日には日の出の時間7時ごろにご来光を見ようと海岸に向かってみたのだが，生憎の天気で初日の出は見えないという残念な結果となった。移動に時間がかかるので，車中泊をした車内を片付けて8時に宗谷岬を出発。16時ごろ札幌に帰着した。

(3)　テレビの中のアウラ，アウラなき「いまここ」

　この旅のなかで経験し本章の課題と関連するエピソードとして給油の際に経験したことを紹介したい。北海道ではガソリンスタンド間の距離があるので，早め早めに給油する必要があることはご存知かもしれない。ただ，1月1日には，数少ないガソリンスタンドまでも休業してしまうということはご存知ないのではないだろうか。少なくとも当時の私は知らなかった。往路で一度給油をしたのだが，車中泊をしたので一晩中エンジンをかけ続け，帰路に就いたのでどこかで給油する必要を感じ，Googleマップで検索したガソリンスタンドに立ち寄るも休業している。仕方がないので，数十キロ離れた次のガソリンスタンドを目指すもやはり休業している。この辺りで冷や汗が出たのを記憶している。まだガソリンに余裕はあるがとても札幌までたどり着けるほどは残っていない。とにかく検索をして経路にあるガソリンスタンドをしらみ潰しをしながら札幌を目指すがほぼ全滅。当日でも空室のある宿に泊まってガソリンスタンドの営業再開を待つほかないかと覚悟を決めたあたりで，一軒だけ営業している店舗を発見する。地獄に仏とはこの気持ちであった。

　レギュラーガソリンが満タンになるまでの間，女性の店員さんと会話をする。ガス欠になって救助を求めることも覚悟していた，営業していてくれて本当に助かったという旨を伝えると，どこから来てどこまで行くのかと聞かれるので，稚内で車中泊して初日の出を見るために札幌から来たが，あいにくの天気で見えなかったと伝えると「私は富士山から登る初日の出をテレビでみた。そんな

ことするなんてばかねえ」というようなことを言われる。

　写真や映像の登場によって「いまここ」にあることの真正性をアウラとして議論しはじめたのはベンヤミンであるが，この現象はどう考えればいいのだろうか。本来，初日の出は「いまここ」にいるからこそ見ることができるものであるはずだが，今回の宗谷岬では見ることができなかった。一方でテレビというメディアを通じて「いまここ」からは遠く離れていたからこそ初日の出を見ることができた人がいる。この場合のアウラはどこにあるのだろうか。宗谷岬という「いまここ」に集まっている人たちは，たとえ初日の出が見られなくても，年に一度の冒険を経験することはできており，「初日の出 in てっぺん」というイベントの真正性を感じることができたかもしれない。テレビで初日の出を視聴した場合，それはどうなるのだろうか。「いまここ」にいくからこそ見られるはずのものが見えないという，ねじれた真正性がそこにはある。メタバースのようなサイバー空間が広がるにつれ，物理的な移動では見ることができないものや，移動しなくても見ることができるものという現象は広がっていくだろう。移動が憚られる時代に移動する人と，移動しない人の間の「いま，ここ」やアウラの問題は今後ますます議論が必要になってくるだろう。ここにアフター・コロナのメディアのあり方を考え，さらにエスノグラフィのあり方についても考えるヒントがあるのではないだろうか。

4　アフター・コロナとポスト・ヒューマン

(1)　メディアを通じてポスト・ヒューマン化する我々

　ダナ・ハラウェイが『サイボーグ宣言』（1991）によって，人間と機械との境界が曖昧になる状況について世に問うてから30年以上が経ち，当時と今とではメディアの状況は大きく変化した。コロナ以前からすでに我々はパソコンやスマートフォンを手放せなくって言った。スマホのアラームで目を覚ましてから，目が覚めているときには常にスマホを操作し続ける。起きているときだけではなく，スマートウォッチを使って睡眠スコアを測っている人もいるので，

すでに人類は寝ても覚めてもスマホと共にある。スマホの OS の名前が An-droid ということに象徴的に現れているが，すでに我々はスマホと一体化し切り離すことのできないスマホ人間となっている。つまり我々はすでにスマホを通じ身体が拡張したポスト・ヒューマンなのだ。

　新型コロナウイルスのパンデミックは，スマホ人間化した我々をさらにポスト・ヒューマン化させることになった。たとえば Zoom に代表される Web 会議サービスはコロナ後に急速に普及した。私たちヒューマンの体の一部となっているスマホや PC についているカメラが他人の目になり，その他人と一体化した PC やスマホのスピーカーが本人の口となっている。つまり私の身体の一部である PC やスマホが他人の身体の一部になっているということだ。しかも，私と私の PC やスマホと一体化する他人は一人ではない。私の PC やスマホのマイクはそこにつながる全員の耳になっている。個人という概念は英語で indi-vidual というように，分けられないという前提があった。しかし，アフター・コロナの時代にますます機械と一体化しポスト・ヒューマン化した我々は，他者との一体化を加速させている。サイバー空間に拡張したポスト・ヒューマンである我々を取り巻く世界はヒト・モノ，自己・他者，ヒト・動物，ココロ・カラダといった二元論的発想で理解することは困難になっている。ジェンダー，エスニシティ，ナショナリズム等，二元論的に分断することで生じてきた現代社会のさまざまな限界を突破する可能性も秘めている。

　一方で新たなメディアを通じてポスト・ヒューマン化した世界は明るいばかりではない。インターネット上でのフェイクニュース，ポピュリズムの興隆といった問題に加えて，ジョディー・ディーンの議論を発展的に伊藤ほか(2020) が論じたようにコミュニケーション資本主義という状況が広がりを見せている。コミュニケーション資本主義概念をここで一言で述べるのは紙幅の関係上難しいが，私の理解では従来は資本とは独立していたコミュニケーションが，資本に取り込まれていく状況を示した概念で，たとえば従来写真とは個人や家族，友人といったごく小さな関係性のなかで共有されていたものが，インスタグラムのような SNS の登場によって，世界規模の範囲で閲覧されるよ

うになり，いいねやフォロアー数によって資本の対象となるというような状況である。

　ここで注意が必要なのは「情動のハイジャック」と呼ばれる状況で，利用者は喜んで「労働」してしまうことである。スマホのアプリケーションなどは無料で利用できるものが多い。いずれも便利で，ゲームなどのめり込んでしまうほど面白い。一方で，こうしたアプリケーションでは利用者の情報を企業が収集することでビッグデータを構築している。私たちはたとえばオンラインゲームのガチャでレアが当たるとちょっとした興奮を味わうことができるが，それはあらかじめプログラムされたもので誰からが計算されたプロトコル上でデザインされた我々の情動は，文字通りハイジャックされ，コントロールされてしまっている。ここでは従来の武力や領土の拡張といったものとは異なる，国家やGAFAによる新しい統治のあり方が生まれており，ポスト・コロナ・ヒューマンの世界では「個人」はあまりに脆弱である。

(2)　メディアがシンプルにする社会とそれに争うポスト・ヒューマンのエスノグラフィ

　仙人の会という東アジア研究の研究会の2021年度10月例会にて「合評会：藤野陽平・奈良雅史・近藤祉秋編（2021）『モノとメディアの人類学』ナカニシヤ出版」が開催された。評者をしていただいた松本健太郎さんは拙稿の「メディア人類学のフィールドワークは安楽椅子に座りながらインターネットで収集した情報だけをコラージュするのではなく研究室と調査地，そして，それらをつなぐサイバー空間とを縦横無尽に横断しながら行う」べきである（藤野，2021）という部分に対して，メディアとは物事をシンプルにする特徴があることに触れ，メディア人類学，もしくはメディアのエスノグラフィへの可能性を指摘した。五感を通じて環境を認識していたヒューマンは，ポスト・ヒューマン化し一部スマホやPCを触る触覚が残る以外は視覚と聴覚に集中しており，シンプル化が進んでいる。この特性はメディア人類学のフィールドでも広く見出すことができるため，欠くことのできない重要な視点である。

　一方で，ヒューマンはただ単純になるだけなのかという問いも残る。従来の
人類学が扱ってきた儀礼・宗教・遊び・芸術といった「無駄」で，「非合理」
な行為は今後なくなったり，シンプルになったりするだけなのだろうか。たと
えコロナ禍で都道府県を跨ぐ移動の自粛が求められ，イベントも中止になって
いて，「初日の出 in てっぺん」を目指して年末年始の宗谷岬を目指して暴風雪
のなか，移動してしまう人たちはいなくならなかったように，当然シンプル化
一辺倒というわけではない。興味深いのはシンプル化を拒否して現地に移動す
る人がいるのと同時に，シンプル化を受け入れてテレビで初日の出が見られる
からと，こうした行為を馬鹿馬鹿しいと感じる人との両方のヒトが共存する社
会のあり方である。

　いかにポスト・ヒューマン化が進んでいるとはいえ，完全にロボットになっ
たわけでもない。無駄（と思われるもの，本当に無駄というわけではない）を極力
切り捨ててシンプルでスマートなだけの社会になってしまうということはあり
えない。数値化だけでは測れない価値をもつが「無駄」とされるものと共存す
る，効率と無駄のあわいを探ることが，メディア人類学のエスノグラフィの
フィールドであるのだろう。

　渡部（2021）はリアルな旅の紛い物として捉えられがちのオンラインツアー
は五感の刺激，ヒューマンタッチな要素を加えることで，リアルと仮想の二重
構造を作ることで，「現地に行ったような行っていないような錯覚」を引き起
こし，リアルな観光とは別の観光形態となるのではないかとしている。伊藤
（2017：237）もメディアの「制約を避けることではなく，制約とともにプレイ
することの重要性」を指摘している。ヒトと社会のデジタル化は急速にそして
不可逆的に進んでいく。極端な効率化や大手 IT 企業の支配に問題があるとは
いえ，これを完全に排除することはもはや現実的ではない。ここに効率化に乗
りつつ，それに争う方法を模索する必要性がある。そしてそれはポスト・
ヒューマン化したアフター・コロナのエスノグラフィも同様である。単純化だ
けでは捉えきれないメディア人類学のフィールドにおける複雑なヒト・モノ・
社会の関係を考えること，効率化の波に飲み込まれることに争う方法をフィー

ルドに見出すこと，これがポスト・コロナ・ヒューマンとなった時代における
メディア人類学の一丁目一番地であるのだろう。

引用・参考文献

伊藤　守（2017）『情動の社会学　ポストメディア時代における"ミクロ知覚"の探究』
　　青土社。

――（2020）「デジタルメディア環境の生態系と言説空間の変容」伊藤守編『コミュニ
　　ケーション資本主義と〈コモン〉の探究ポスト・ヒューマン時代のメディア論』
　　東京大学出版会。

――編（2020）『コミュニケーション資本主義と〈コモン〉の探究ポスト・ヒューマン
　　時代のメディア論』東京大学出版会。

エリオット，アンソニー・アーリ，ジョン　遠藤英樹訳（2016）『モバイル・ライブズ――
　　「移動」が社会を変える』ミネルヴァ書房。

遠藤英樹（2021）「はじめに」遠藤英樹編『アフターコロナの観光学――COVID-19以降
　　の「新しい観光様式」』新曜社。

ハラウェイ，ダナほか著　巽孝之，小谷真理訳（1991）『サイボーグ・フェミニズム』トレ
　　ヴィル。

原　知章（2004）「メディア人類学の射程」『文化人類学』第69巻第１号。

――（2021）「スマホ時代のメディア人類学」藤野陽平，奈良雅史，近藤祉秋編『モノ
　　とメディアの人類学』ナカニシヤ出版。

藤野陽平（2021）「メディアと人類学の微妙な関係を乗り越えよう」藤野陽平，奈良雅
　　史，近藤祉秋編『モノとメディアの人類学』ナカニシヤ出版。

ベンヤミン，ヴァルター著　佐々木基一編（1970）『ヴァルター・ベンヤミン著作集２複製
　　技術時代の芸術』晶文社。

マリノフスキー（1967）「西太平洋の遠洋航海者」泉靖一編『世界の名著』59中央公論
　　社。

箕曲在弘，二文字屋脩，小西公大編（2021）『人類学者たちのフィールド教育――自己
　　変容に向けた学びのデザイン』ナカニシヤ出版。

渡部瑞希（2021）「アフターコロナ期に向けたオンラインツアーの仕組みづくり」遠藤
　　英樹編著『アフターコロナの観光学――COVID-19以後の「新しい観光様式」』新
　　曜社。

人名索引

事項索引

《執筆者紹介》執筆順 ＊は編著者

＊谷島貫太 (たにしま かんた) 序論・第1章
　　略歴は《編著者紹介》参照

水島久光 (みずしま ひさみつ) 第2章
　2003年　東京大学大学院学際情報学府修士課程修了
　現　在　東海大学文化社会学部教授
　著　書　『戦争をいかに語り継ぐか――「映像」と「証言」から考える戦後史』NHK出版，2020
　　　　　年。『「新しい生活」とはなにか――災禍と風景と物語』書籍工房早山，2021年。「無限
　　　　　の発見――『鬼滅の刃』と時間経験」『大正イマジュリィ』第17号，大正イマジュリィ
　　　　　学会，2023年。

西　兼志 (にし けんじ) 第3章
　2004年　東京大学大学院総合文化研究科言語情報科学博士課程単位取得後退学
　2006年　グルノーブル第三大学情報コミュニケーション学科博士課程修了
　2008年　グルノーブル第二大学哲学科博士課程修了
　現　在　成蹊大学文学部現代社会学科教授
　著　書　『＜顔＞のメディア論――メディアの相貌』法政大学出版局，2016年。『アイドル／メ
　　　　　ディア論講義』東京大学出版会，2017年。

塙　幸枝 (ばん ゆきえ) 第4章
　2018年　国際基督教大学大学院アーツ・サイエンス研究科博士後期課程修了
　2018年　博士（学術，国際基督教大学）
　現　在　成城大学文芸学部講師
　著　書　『障害者と笑い――障害をめぐるコミュニケーションを拓く』新曜社，2018年。『グ
　　　　　ローバル社会における異文化コミュニケーション――身近な「異」から考える』（共編
　　　　　著）三修社，2019年。『コンテンツのメディア論』（共著）新曜社，2022年。

近藤和都 (こんどう かずと) 第5章
　2017年　東京大学大学院学際情報学府博士課程単位取得満期退学
　2018年　博士（学際情報学，東京大学）
　現　在　大妻女子大学社会情報学部社会情報学科准教授
　著　書　『映画館と観客のメディア論――戦前期日本の「映画を読む／書く」という経験』青弓
　　　　　社，2020年。『技術と文化のメディア論』（共編著）ナカニシヤ出版，2021年。『ビデオ
　　　　　のメディア論』（共著）青弓社，2022年。

大塚泰造 (おおつか たいぞう) 第6章
　2013年　早稲田大学大学院スポーツ科学研究科博士前期課程修了
　現　在　株式会社フラッグ取締役／株式会社雨風太陽取締役
　著　書　『ショッピングモールと地域』（共著）ナカニシヤ出版，2016年。『理論で読むメディア
　　　　　文化「今」を理解するためのリテラシー』（共著）新曜社，2016年。『フードビジネス
　　　　　と地域』（共著）ナカニシヤ出版 2018年。

阿部卓也（あべ　たくや）　**第7章**

2009年　東京大学大学院学際情報学府博士課程単位取得満期退学
現　在　愛知淑徳大学創造表現学部メディアプロデュース専攻准教授
著　書　『ハイブリッド・リーディング——新しい読書と文字学』（編著）新曜社，2016年。『デジタル時代のアーカイブ系譜学』（共著）みすず書房，2022年。『杉浦康平と写植の時代——光学技術と日本語のデザイン』慶應義塾大学出版会，2023年。

松井広志（まつい　ひろし）　**第8章**

2013年　大阪市立大学大学院文学研究科人間行動学専攻後期博士課程単位取得退学
2015年　博士（文学，大阪市立大学）
現　在　愛知淑徳大学創造表現学部メディアプロデュース専攻准教授
著　書　『模型のメディア論』青弓社，2017年。『多元化するゲーム文化と社会』（共編著）ニューゲームズオーダー，2018年。『ソーシャルメディア・スタディーズ』（共編著）北樹出版，2021年。

＊松本健太郎（まつもと　けんたろう）　**第9章**

略歴は《編著者紹介》参照

石野隆美（いしの　たかよし）　**第10章**

2018年　立教大学大学院観光学研究科観光学専攻博士課程前期課程修了
現　在　立教大学大学院観光学研究科観光学専攻博士課程後期課程
著　書　「ツーリストアクセス——「アクセス」概念が拓くツーリスト像の検討に向けた理論的整理」『観光学評論』第9巻2号，観光学術学会，2021年。『アフターコロナの観光学——COVID-19以後の「新しい観光様式」』（共著）新曜社，2021年。『新型コロナウイルス感染症と人類学——パンデミックとともに考える』（共著）水声社，2021年。

ポンサピタックサンティ　ピヤ（PONGSAPITAKSANTI, Piya）　**第11章**

2009年　京都大学大学院文学研究科博士課程後期課程修了
　　　　博士（文学，京都大学）
現　在　京都産業大学現代社会学部現代社会学科教授
著　書　「アジアのテレビ広告におけるジェンダー役割」『日本ジェンダー研究』第21号，pp. 25-36，2018年。"Gender and Working Roles in Television Commercials : A Comparison between Japanese and Thai Television Commercials," *Manusya, Journal of Humanities*, no.24, pp. 355-372 (2021). 「タイBLドラマの発展——特徴・制作過程とその影響」『年報タイ研究』第23号，pp. 19-29，2023年。

遠藤英樹（えんどう　ひでき）　**第12章**

1995年　関西学院大学大学院社会学研究科後期博士課程単位取得退学
2023年　博士（観光学，立教大学）
現　在　立命館大学文学部地域研究学域教授
著　書　『ワードマップ　現代観光学』（編著）新曜社，2019年。*Understanding tourism mobilities in Japan*（編著）Routledge, 2020.『ポップカルチャーで学ぶ社会学入門』ミネルヴァ書

房，2021年。

新井克弥 （あらい かつや） **第13章**

1988年　東洋大学大学院社会学研究科博士前期課程修了

1993年　東洋大学大学委員社会学研究科博士後期課程単位取得満期退学

現　在　関東学院大学社会学部教授

著　書　『劇場型社会の構造——「お祭り党」という視点』青弓社，2009年。『ディズニーランドの社会学——脱ディズニー化する TDR』青弓社，2016年。『バックパッカーズタウン・カオサン探検』双葉社，2000年。

鈴木涼太郎 （すずき りょうたろう） **第14章**

2008年　立教大学大学院観光学研究科博士課程後期課程修了。博士（観光学，立教大学）

現　在　獨協大学外国語学部交流文化学科教授

著　書　『観光という商品の生産——日本〜ベトナム　旅行会社のエスノグラフィ』勉誠出版，2010年。『観光概論』［第11版］（共著）JTB 総合研究所，2019年。『観光のレッスン——ツーリズムリテラシー入門』（共著）新曜社，2021年。

福島幸宏 （ふくしま ゆきひろ） **第15章**

2004年　大阪市立大学大学院文学研究科日本史学専攻単位取得満期退学

現　在　慶應義塾大学文学部准教授

著　書　『占領期の都市空間を考える』（共著）水声社，2020年。『デジタル時代のアーカイブ系譜学』（共著）みすず書房，2022年。『戦後京都の「色」はアメリカにあった！』［増補新版］（共著）小さ子社，2023年。

増淵敏之 （ますぶち としゆき） **第16章**

2007年　東京大学大学院総合文化研究科広域科学専攻博士課程修了。博士（学術，東京大学）

現　在　法政大学大学院政策創造研究科教授

著　書　『物語を旅するひとびと——コンテンツ・ツーリズムとは何か』彩流社，2010年。『ローカルコンテンツと地域再生』水曜社，2018年。『白球の「物語」を巡る旅——コンテンツツーリズムから見る野球の「聖地巡礼」』大月書店，2021年。

岡本　健 （おかもと たけし） **第17章**

2012年　北海道大学大学院国際広報メディア・観光学院観光創造専攻博士後期課程修了
　　　　博士（観光学，北海道大学）

現　在　近畿大学総合社会学部総合社会学科／情報学研究所 ICT 教育部門准教授

著　書　『ゾンビ学』人文書院，2017年。『アニメ聖地巡礼の観光社会学』法律文化社，2018年。『コンテンツツーリズム研究——アニメ・マンガ・ゲームと観光・文化・社会』［増補改訂版］（編著）福村出版，2019年。

藤野陽平 （ふじの ようへい） **第18章**

2006年　慶應義塾大学大学院社会学研究科博士課程単位取得退学

2009年　博士（社会学，慶應義塾大学）

現　在　北海道大学大学院メディア・コミュニケーション研究院准教授

著　書　『台湾における民衆キリスト教の人類学——社会的文脈と癒しの実践』風響社，2013年。
　　　　『ポストコロナ時代の東アジア』（共編著）勉誠出版，2020年。『モノとメディアの人類
　　　　学』（共編著）ナカニシヤ出版，2021年。

《編著者紹介》

谷島貫太（たにしま　かんた）

　2008年　修士（学際情報学，東京大学）
　2013年　東京大学大学院学際情報学府文化・人間情報学コース博士後期課程単位取得満期退学
　現　在　二松学舎大学文学部都市文化デザイン学科准教授
　著　書　『記録と記憶のメディア論』（共編著）ナカニシヤ出版，2017年。『『ロードス島戦記』
　　　　　とその時代――黎明期角川メディアミックス証言集』（共編著）KADOKAWA，2018
　　　　　年。『アンドロイド基本原則――誰が漱石を甦らせる権利をもつのか？』（共編著）日
　　　　　刊工業新聞社，2019年。

松本健太郎（まつもと　けんたろう）

　2005年　京都大学大学院人間・環境学研究科博士後期課程修了，博士（人間・環境学，京都大学）
　現　在　二松学舎大学文学部都市文化デザイン学科教授
　著　書　『デジタル記号論――視覚に従属する触覚がひきよせるリアリティ』新曜社，2019年。
　　　　　『よくわかる観光コミュニケーション論』（共編著）ミネルヴァ書房，2022年。『コンテ
　　　　　ンツのメディア論――コンテンツの循環とそこから派生するコミュニケーション』（共
　　　　　著）新曜社，2022年。

メディア・リミックス
デジタル文化の〈いま〉を解きほぐす

2023年11月20日　初版第1刷発行　　　　　　　〈検印省略〉

定価はカバーに
表示しています

編 著 者	谷　島　貫　太	
	松　本　健太郎	
発 行 者	杉　田　啓　三	
印 刷 者	藤　森　英　夫	

発行所　株式会社　ミネルヴァ書房
607-8494　京都市山科区日ノ岡堤谷町1
電話代表　（075）581-5191
振替口座　01020-0-8076

© 谷島・松本ほか，2023　　　　　　亜細亜印刷・新生製本

ISBN978-4-623-09621-3
Printed in Japan